高职高专国际商务核心课程系列

现代经济学

（第二版）

张炳达　杨　慧　俞春英　主编

上海财经大学出版社

图书在版编目(CIP)数据

现代经济学/张炳达,杨慧,俞春英主编. —2版. —上海:上海财经大学出版社,2017.9
(高职高专国际商务核心课程系列)
ISBN 978-7-5642-2801-9/F·2801

Ⅰ.①现… Ⅱ.①张… ②杨… ③俞… Ⅲ.①现代经济学-高等职业教育-教材 Ⅳ.①F091.3

中国版本图书馆CIP数据核字(2017)第189559号

□ 责任编辑 黄 荟
□ 封面设计 钱宇辰

XIANDAI JINGJIXUE
现 代 经 济 学
(第二版)

张炳达 杨 慧 俞春英 主编

上海财经大学出版社出版发行
(上海市中山北一路369号 邮编200083)
网 址:http://www.sufep.com
电子邮箱:webmaster@sufep.com
全国新华书店经销
上海华业装璜印刷厂有限公司印刷装订
2017年9月第2版 2024年8月第2次印刷

787mm×1092mm 1/16 12.5印张 296千字
印数:11 501—12 000 定价:36.00元

第二版前言

本教材自2007年12月出版发行以来，深受广大读者的喜爱，已经重印4次，累计印数已超过2万册。由于本教材相对其他经济学教材而言，集科学性、实用性、应用性于一体，本着让学生“易读、易懂、易掌握”的原则，叙述语言上尽可能做到简练、直白，力求使学生从总体上把握经济理论框架、掌握经济学分析问题的基本原理和方法，帮助初学经济学的学生树立起经济学的思维方式。

随着社会经济的飞速发展，在当前互联网＋大数据时代，经济学的理论和内容也不断丰富，有必要对本教材进行修订，以满足读者和经济学教学的需要。第二版修订主要根据读者的意见和建议，结合我们自己在教学过程中的一些经验和体会，在保留教材基本内容和框架的前提下，适当调整了各章节部分内容，增加了每章的导入案例，更新了部分案例，增加了知识窗和趣味窗，力求使本教材的内容与时俱进，更能满足学习者和教学者的需求。

根据出版社对修订工作的总体策划和要求，参与本次具体修订工作的有张炳达、杨慧、俞春英和沈敏奇。其中：第一章到第四章由杨慧负责修订，重点对第四章内容进行了补充和完善；第五章到第八章由俞春英负责修订，重点对第五章和第六章内容做了调整，增加了第七章的理论部分；第九章到第十二章由沈敏奇负责修订，重点对第九章、第十章和第十一章做了重新调整和补充。本教材由杨慧拟定大纲，由张炳达、杨慧负责全书的总纂和统稿。

在对本教材修订的过程中，听取了应诚敏教授等主讲教师的意见，在此向使用本教材和对原教材提出改进建议的所有师生、专家表示衷心的感谢，并期望对本教材的第二版继续给予支持和指教。

在本教材的编写过程中，参考了大量的著作和文献，借鉴了较多国内外学者的研究成果，特别感谢上海财经大学出版社李成军同志的大力支持和指导，在此一并致谢。由于编者水平有限，书中不妥之处，还望读者予以指正。

为了方便教学，本教材配有教学课件和习题集参考答案等教学资料，需要的教师请到上海财经大学出版社网站下载。

编著者

2017年6月

第一版前言

国内外的经济发展表明，市场是配置资源的有效方式。为促进我国社会主义市场经济的持续健康发展，迫切需要社会各界人士重视和加强对现代经济学的学习。对于高职高专的学生来说，自然也不例外。高职高专教育应该注重学生实践应用能力的培养，但目前大多数教材往往还是沿用或借鉴本科的教材，比较强调课程知识的系统性、完整性，教材中缺乏经济学知识在社会实践或社会生活中的应用实例。这种教材显然难以适应当前高职高专教育发展的要求。

为了给高职高专的学生提供一本融科学性、实用性、应用性于一体的现代经济学学习用书，长期以来，本书作者做了大量调查研究，听取了不少专家学者的指导建议，也参阅了诸多同行的著作文献。尤其是在翻阅了不少国外的教材以后，不由得深受触动。深奥的理论化为平实浅显的语言，复杂的理论框架通过活泼的形式展现，一本教材就像一本科普读物，专家和学生可以从不同的层次进行阅读，国外的不少教材在这方面做得十分成功。正是受到上述启发，本书编者在编写本书时，努力使本教材体现高职高专特点，从内容选择、体例安排、案例选用等方面既体现最新的经济学理论动态，又突出高职高专教育注重应用能力培养的特点，使教材摆脱了冗长的理论分析，增加并充实了图、表、应用实例的内容；对职业岗位所需知识和能力结构进行恰当的设计安排，在知识的实用性、综合性上下了很大的功夫，注重理论联系实际，强化思维训练，把学生应用能力培养融入教材之中。

本着让学生“易读、易懂、易掌握”的原则，本书对流行的经济学教科书体系结构做了改进，并在叙述语言上尽可能做到简练、直白，力求使学生从总体上把握经济理论框架、掌握经济学分析问题的基本原理和方法，帮助初学经济学的学生树立起经济学的思维方式。

与许多同类教科书相比，本书把立足点放在学生一方，使沉闷的经济学让人读起来感到亲切，消除学生对经济学的“恐惧”心理，让学生做到自己也能读懂、看懂经济学。

本书的写作，可谓集体智慧的结晶，参加本书各章编写的人员及其具体分工是：第 1 章由罗素梅编写，第 2 章由芮晔平编写，第 3、12 章由杨奕编写，第 4 章由刘敏编写，第 5 章由孙爱丽编写，第 6 章由罗英编写，第 7、9 章由赵金胜编写，第 8 章由王晓静编写，第 10 章由顾涛编写，第 11 章由杜庆波编写，第 13 章由刘云编写，最后由张炳达负责全书的总纂与修改。

在本书的编写过程中，参考了大量的著作和文献，借鉴了国内外同行专家的不少研究成果，尤其是得到了上海财经大学出版社李成军同志的大力支持和热情指导，在此一并表示衷心的感谢。本书凝聚了作者的一些思考，但碍于作者的水平，本书疏漏和不足之处在所难免，敬请同行专家和广大读者批评指正。（联系方式为 Email：128zhang@126. com。）

编著者

2007 年 12 月

目　录

第一章　现代经济学概论

【学习目标】

1. 了解经济学的定义；
2. 了解经济学的发展脉络；
3. 掌握经济学的基本问题和内容；
4. 理解经济学的研究方法。

【重点】

经济学的定义、经济学的基本问题和内容、经济学的研究方法

【难点】

经济学的定义、经济学的基本问题和内容

导入案例

学习经济学的好处

英国文豪萧伯纳说过一句经典的话："经济学是一门使人生幸福的艺术。"通俗地说，经济学更是一门帮助你思考的学问，它有助于你作出更好的个人决策，因为从你每天早上醒来的一刻到你每天晚上睡下的一刻，你的生活充满了选择。例如，对于准备上大学的学生，学习机会成本，让你知道高中毕业时，应该选择读大学还是读中专；成本收益分析，会告诉你该出国还是在国内读大学；边际效用理论，能帮你分析出应该读几年；比较优势理论，则能帮你决定读什么专业，并如何找到自己最合适的工作。

经济学隶属于社会学，作为一个社会的人其实无时无刻不存在于经济现象中，从这点来说，经济学反映的是社会关系，它是人类互动的基础。它的意义远超过经济活动的范畴，亚

当·斯密的《国富论》其实是对社会现状的一次伟大思考，然后才是顺便成为经济学的基石。

最直观也是最密切的就是与钱有关的各种经济决策，经济学能帮助你成为一个最好的消费者，可以让你在商场、超市中清醒地根据自己的意愿消费。宏观经济和金融学知识则能帮助你在股票、基金投资中提高获胜的概率。即使这些你都不关心，但作为合格的公民，在你掌握了经济学基本原理之后，你就能够对政府赤字、税收、自由贸易、通货膨胀以及失业等问题作出判断。知道了这些，你就明白了为什么经济学是西方大学里听众最多的选修课。

你可以走进超市，发现各种促销手段其实都是诱使你多花钱的花招；搜集一下最近的报纸，会发现经济新闻比娱乐新闻更有看头；无论是投资股票、基金还是不动产，你都会更加游刃有余。

当然，经济学并不是教你一套可以立竿见影的致富术，而是教会你如何像经济学家那样思考，并且一定能让你更聪明。没有一个学科能像经济学那样，能够充分解释如此广泛的人类行为。经济学就像一张指路图，它设想了现实中的许多细节，使你更清楚自己要去的地方。

经济与每个人的生活息息相关；经济是大海，我们就是漂浮在上面的一片叶子，大多数人的生活状态就像叶子一样随波浪起伏翻滚，多数情况不由自己主宰。小到民工返乡，大到政客下台，背后都有一只无形的经济之手在推动；我们每个人如果想更多地主宰自己的命运，就应该多去了解经济学这门学问，更早预见自己和社会的未来。

无论是古今哪种经济学说都有自己看问题的角度和思维，如果你能将这些思维和看问题的角度熟练掌握和运用，那么当你的基础信息积累到一定程度的时候，你就能比一般人看得更透彻，能够想得更长远和更准确，在别人可能受到蛊惑的时候有自己的分析和判断！

（资料来源：尚少鹏，知乎，https://www.zhihu.com/question/19728246/answer/12797477；http://blog.sina.com.cn/s/blog_4ae344c601009lmz.html，朱晨朱_178 的博客。）

经济学被称为“最古老的艺术和最新颖的科学”、“社会科学的皇后”。它为什么会有这么高的地位？经济学是什么？它的基本问题和研究方法有哪些？学习经济学有何意义？这是我们学习经济学时应该了解的，也是本章的主要内容。

第一节　经济学的基本问题及内容

一、经济学的基本问题

（一）经济学的定义

对于经济学的定义，经济学家有多种表述：

美国经济学家约瑟夫·斯蒂格利茨指出：经济学是有关选择的科学，它研究我们社会中的个人、厂商、政府和其他组织如何进行选择，以及这些选择如何决定社会资源的使用方式。

英国著名经济学家阿尔弗雷德·马歇尔提出，经济学是“日常生活中对人的研究”。

简单地说，经济学研究如何改善社会。经济学是对人类从事日常事务、赚钱与享受生活的研究。

美国著名经济学家曼昆在其名著《经济学原理》中曾经提出经济学十大原理，“人们面临权衡取舍”就是其中之一。所谓人们面临权衡取舍，说到底就是如何选择的问题，那么为什么选择能够成为经济学的十大原理之一呢？社会资源是稀缺的，正因为稀缺才会导致我们在选择一种资源投入某种用途时，就有可能会错失另一种用途，因此选择是一个很难的问题。所以我们可以说经济学是一门关于选择的科学——经济学的本质就在于选择。

在微观经济学中讲的就是个体(包括家庭和企业)如何选择的问题。例如，企业扩大产量是通过提高技术还是增加要素投入量呢？消费者是购买普通商品还是高档商品呢？在宏观经济学中也存在这样的问题，国家有钱了，是去消费还是投资呢？国家在面临通货膨胀和失业的时候，到底是先解决哪个问题呢？这些都说明在经济学中选择无处不在！

其实，生活中也处处充满了选择。比如，一个上班族是选择休假还是继续加班呢？家里来了多年未见的朋友，是在家里做饭吃还是到饭店就餐呢？面对如此多的选择，我们究竟该何去何从呢？

经济学家们对经济学的定义虽有不同的表述方式，但它们都离不开经济学研究的基本问题——资源配置。经济学研究的起点是建立在资源稀缺性这一前提条件下的。所有的经济问题都根源于资源的稀缺性，经济学研究的基本问题正是由资源的稀缺性所决定的。

定义一：经济学是一门选择的科学。

定义二：经济学是研究人类一般生活事务的学问。

定义三：经济学是研究社会如何管理自己的稀缺资源的一门选择的科学。

定义四：经济学是研究稀缺资源在各种可供选择的用途之间如何进行分配的一门学科。对于这个定义，至少有下列五点认识：

其一，资源的稀缺性是指相对于人们无穷的欲望，资源的数量、质量和种类是不足的。这一点决定了有效利用资源的重要性。

其二，经济学是选择的科学。用于满足人们多种需要的资源是有限的，所以人和社会都要进行选择，以使资源有效利用。

其三，厂商选择生产什么、生产多少，以获得最大利润。

其四，家庭选择有限收入用于购买什么商品、购买多少商品，即如何消费，以获得效用最大。

其五，政府选择资源合理配置的最优方案，以实现社会福利最大化。

因此，经济学就是一门关于如何在给定的约束条件下做出最佳选择的学问。

梁小民提出，经济学不是教人发财致富、经邦治国，而是教人正确对待人生。经济学是一种人生哲学。经济学实际上是教人一种思维方法，重在提高人的整体素质。经济学的许多道理能够让人们更好地了解人生。

在实际生活当中，我们也在面对众多的选择，有些时候我们真的是一筹莫展。

例如，即将毕业的大学生会面临是工作还是继续深造读研的两难选择，以及在就业的时候是选择国有企业还是私营企业，而读研是读名校的研究生还是一般高校的研究生等。

在面对如此之多的选择时，只有在学习有关经济学知识之后，利用经济学去分析每一种选择可能会给我们带来哪些收益或者我们会受到哪些损失，才能做出更好的选择，促进我们进步。

（二）资源的稀缺性

如今，人们都在积极倡导营造低碳生活，尽量减少化石燃料（如石油、煤）的使用，为什么呢？这正是因为化石燃料是稀缺的，所以一方面我们要学会节约，千万不能浪费稀缺资源，另一方面要学习经济学，只有学好了经济学，才可以帮助我们更好地处理稀缺性问题。

此外，古语有云“知足者常乐”，就是告诉我们在面对相对稀缺的资源时，要能克制自己的欲望，若放任自身欲望膨胀，不仅对自然环境有害，而且自己也不会得到真正的快乐！

无论是个人还是集体，在我们这个有限的世界上都面临着稀缺问题。稀缺是指现有的时间、物品和资源永远不能满足人类需要的状况。由于存在稀缺性，要想满足所有愿望是不可能的。我们暂且停下来列出一些你还不能得到满足的需要。也许你想要有一幢大房子、厚厚的牛排、由设计师专门设计的服装、清洁的空气、更好的医疗保健、更多的闲暇时间，或者为无家可归者提供栖身之处，等等。不幸的是，自然界并没有提供满足每种欲望的伊甸园，相反地，却对满足无限欲望的能力有很多限制。稀缺是无处不在的，所以“你不可能满足所有欲望”。

你可能会认为，如果富有，稀缺问题就会消失。但是，财富并不能解决所有的问题。无论一个人多么富足，他的愿望都会不断增长。我们都非常熟悉那些永远都得不到满足的“名利双收的人”。尽管他们生活得很好，但他们仍然希望得到更好的房子、更快的飞机、更大的庭院。简而言之，稀缺状况意味着，所有的人，无论贫富，都对他们现在的物质财富感到不满足，并想得到更多。对个人来说正确的理论，同样也适用于社会。当然，稀缺是生活中的现实，它贯穿于整个世界。

在经济学中，资源是指用于生产能满足人类需要的用品或劳务的那些物品。通常情况下，资源可分为劳动力、资本、土地和企业家才能四种类型。在一定时期内，相对于人类无限需要而言，可用于生产物品和提供劳务的资源总是不足的，这就是资源的稀缺性。西方经济学家认为，经济学是由于稀缺性的存在而产生的。这里要注意的是，经济学上所说的稀缺性是指相对的稀缺性；这也就是说，稀缺性强调的不是资源的绝对数量的多少，而是相对于人类欲望的无限性来说，再多的物品和资源也是不足的。

（三）资源配置

稀缺性决定了每一个社会和个人必须做出选择，因为同一种资源总是具备多种用途。选择就是将有限的资源在各种可能的用途上进行择优分配，以尽可能生产出人们最迫切需要的物品，从而最大限度地满足人类的欲望。这种择优分配资源的经济活动被经济学家称为资源配置问题，资源配置是经济学研究的基本问题之一。研究资源的合理配置就是要解决以下三个相关问题：

第一，生产什么（what），要解决的问题是如何选择用总量既定的生产资源来生产哪些产品，并最大限度地满足人们的需要。生产什么就是应该生产什么、分别生产多少。由于资源有限，用于生产某种产品的资源多一些，那么用于生产另一种产品的资源就会少一些。人们必须做出选择：用多少资源生产某一种产品，用多少资源生产其他的产品。

第二，如何生产（how），要解决的问题是在生产同一种产品的许多种不同方法中选择一种最有效率的方法，这既要从技术角度考虑，也要从经济角度考虑。怎么生产，就是在确定生产什么的前提下，该怎样利用有限的资源实现最有效的生产，如何生产是指用什么样的方法来生产出产品和劳务。不同的生产方法和资源组合是可以相互替代的。同样的产品可以有不同的资源组合(劳动密集型方法、资源密集型方法和技术密集型方法)。例如,快递公司送快件,选择不同的交通工具,管理者更多地从劳动力和资本两种生产要素进行考虑和选择。

第三,为谁生产(for whom),在相当程度上是一个收入分配问题,对此,不同社会制度、不同风俗习惯、不同道德规范会有不同的看法。为谁生产,就是厂家生产出来的产品该给谁,也就是分配的问题,这自然是给有需求的消费者。

在经济学中认为用于生产的资源是有限的,所以要通过以上决策来实现资源的最有效配置,而这三个问题中,市场需求决定生产什么,技术、资源等限制条件决定如何生产,价格则决定了为谁生产。为谁生产是指生产出来的产品和劳务如何分配给社会的各个集团和个人。如谁来享受经济活动的成果?社会产品如何在不同的居民之间进行分配?根据什么原则、采用什么机制进行分配?分配的数量界限如何把握?……生产什么、如何生产、为谁生产是西方经济学的三个基本经济问题。

(四)资源利用

人类社会往往面临这样一种矛盾:一方面资源是稀缺的,另一方面稀缺的资源还得不到充分利用。这种情况就是,一个社会或一国的既定资源所能达到的最大产量没有实现,稀缺的资源被浪费了。因此,如何有效地利用稀缺资源生产出尽可能多的物品来满足人们的需要,就成为经济学研究的另一个基本问题,或称为资源利用问题。研究资源利用即要解决以下三个相关问题:

第一,如何实现充分就业。即如何使稀缺资源得到充分利用,使社会既定资源所能实现的产量达到最大,没有资源闲置和浪费的现象。

第二,如何实现经济增长。资源的充分利用不仅是一个时点的要求,它还是一个时期的要求。但在现实中,在相同的资源限制条件下,一国的产量不能始终保持最大,产量会时高时低,这表现为一国经济的周期性波动。研究资源的充分利用就是要考虑如何用既定资源生产出更多的物品,即实现经济的持续增长。

第三,如何保持物价稳定。现代社会是一个以货币为交换媒介的商品社会,物价的变动会影响经济运行的稳定性。物价水平过低会导致资源利用不足、失业增加,这就是通货紧缩问题;物价水平过高可能导致资源利用过度,造成通货膨胀问题。因此,经济学研究资源的充分利用,就必须涉及货币购买力的变动,即如何实现物价稳定的问题。

二、经济学的内容

经济学研究的基本问题是资源配置与资源利用,由此经济学被分为两个领域:微观经济学和宏观经济学。

(一)微观经济学

1. 什么是微观经济学

“微观”的英文为“Micro”,原意是“小”。微观经济学以单个经济单位为研究对象,通过研究单个经济单位的经济行为和相应的经济变量单项数值的决定,来说明价格机制如何解决社会的资源配置问题。

在理解微观经济学的定义时,要注意这样几点:

第一,研究的对象是单个经济单位的经济行为。单个经济单位是组成经济的最基本的单位:居民户与厂商。居民户又称家庭,是经济中的消费者。厂商又称企业,是经济中的生产者。在微观经济学的研究中,假设居民户与厂商经济行为的目标是实现最大化,即消费者居民户要实现满足程度(即效用)最大化,生产者厂商要实现利润最大化。微观经济学研究居民户与厂商的经济行为,就是研究居民户如何把有限的收入分配给各种物品的消费,以实现满足程度最大化,以及厂商如何把有限的资源用于各种物品的生产,以实现利润最大化。在西方经济学家给微观经济学所下的定义中特别强调了这一点。例如,美国经济学家 J. 亨德逊(J. Henderson)强调:"居民户与厂商这种单个单位的最优化行为奠定了微观经济学的基础。"

第二,解决的问题是资源配置。资源配置即生产什么、如何生产和为谁生产的问题。解决资源配置问题就是要使资源配置达到最优化,微观经济学从研究单个经济单位的最大化行为入手,来解决社会资源的最优配置问题。因为如果每个经济单位都实现了最大化,那么,整个社会的资源配置也就实现了最优化。

第三,中心理论是价格理论。在市场经济中,居民户和厂商的行为要受价格的支配,生产什么、如何生产和为谁生产都由价格决定。价格像一只看不见的手,调节着整个社会的经济活动,通过价格的调节,社会资源的配置实现了最优化。微观经济学正是要说明价格如何使资源配置达到最优化。因此,价格理论是微观经济学的中心,其他内容是围绕这一中心问题展开的。也正因为这样,微观经济学也被称为价格理论。微观经济学的中心理论实际上解释了英国古典经济学家亚当·斯密的"看不见的手"这一原理。斯密认为,每个人都在追求自己的个人利益,但在这样做时,由于一只看不见的手的指引,结果是增进了社会利益。"看不见的手"就是价格。微观经济学的中心就是要解释价格如何实现资源配置最优化。

第四,研究方法是个量分析。个量分析是研究经济变量的单项数值如何决定。例如,某种商品的价格,就是价格这种经济变量的单项数值。微观经济学中所涉及的变量,例如,某种产品的产量、价格等都属于这一类。微观经济学分析这类个量决定、变动及其相互间的关系。美国著名经济学家 P. 萨缪尔森(P. Samuelson)强调了微观经济学个量分析的特征,即微观经济学是"关于经济中单个因素,诸如一种产品价格的决定或单个消费者或企业的行为的分析"。

2. 微观经济学的基本内容

微观经济学包括的内容相当广泛。其中主要有:

第一,均衡价格理论。也称价格理论,研究商品的价格如何决定,以及价格如何调节整个经济的运行。如上所说,这一部分是微观经济学的中心,其他内容都是围绕这一中心展开的。

第二,消费者行为理论。研究消费者如何把有限的收入分配在各种物品的消费上,以实现效用最大化。这一部分是对需求的进一步解释。

第三,生产理论,即生产者行为理论。研究生产者如何把有限的资源用于各种物品的生产,以实现利润最大化。这一部分包括研究生产要素与产量之间关系的生产理论、研究成本与收益理论,以及研究不同市场条件下厂商行为的厂商理论。这一部分是对供给的进一步解释,以及对如何生产的论述。

第四,分配理论。研究产品按什么原则分配给社会各个集团与个人,即工资、利息、地租和利润如何决定。这一部分是运用价格理论来说明为谁生产问题。

第五，一般均衡理论与福利经济学。研究社会资源配置最优化的实现，以及社会经济福利的实现等问题。

第六，市场失灵与微观经济政策。按微观经济学的理论，市场机制能使社会资源得到有效配置。但实际上，市场机制的作用并不是万能的。其原因主要有三点：一是市场机制发挥作用的前提是完全竞争，但实际上不同程度垄断的存在是一种极为普遍的现象。这样，市场机制往往不能正常发挥作用。二是市场机制对经济的调节是自发的，其结果不一定符合社会的要求。三是市场机制不能解决经济中的某些问题。例如，不能提供公共物品，无法解决个体经济活动对社会的不利影响。正因为如此，就需要相应的微观经济政策。

现代微观经济学还包括更为广泛的内容，诸如产权经济学、成本收益分析、时间经济学、家庭经济学、人力资本理论等。这些都是在微观经济学基本理论的基础之上发展起来的。微观经济学还是现代管理科学的基础。在本书中，我们介绍微观经济学最基本的内容：均衡价格理论、消费者行为理论、生产理论、分配理论以及相关的微观经济政策。

（二）宏观经济学

1. 什么是宏观经济学

"宏观"的英文为"Macro"，原意是"大"。宏观经济学以整个国民经济为研究对象，通过研究经济中各有关总量的决定及其变化，来说明资源如何才能得到充分利用。

在理解宏观经济学的定义时，要注意这样几点：

第一，研究的对象是整个经济。这就是说，宏观经济学所研究的不是经济中的各个单位，而是由这些单位所组成的整体；不是树木，而是由这些树木所组成的森林。这样，宏观经济学就是研究整个经济的运行方式与规律，从总体上分析经济问题。正如 P. 萨缪尔森所说，宏观经济学是"根据产量、收入、价格水平和失业来分析整体经济行为"。美国经济学家 E. 夏皮罗(E. Shapiro)则强调了"宏观经济学考察国民经济作为一个整体的功能"。

第二，解决的问题是资源利用。宏观经济学把资源配置作为既定的前提，研究现有资源未能得到充分利用的原因、达到充分利用的途径，以及如何增长等问题。微观经济学把资源的充分利用作为既定的前提，但 20 世纪 30 年代的大危机打破了这个神话。这样，资源利用就被作为经济学的另一个组成部分——宏观经济学——所要解决的问题。

第三，中心理论是国民收入决定理论。宏观经济学把国民收入作为最基本的总量，以国民收入的决定为中心来研究资源利用问题，分析整个国民经济的运行。国民收入决定理论被称为宏观经济学的核心，其他理论则是运用这一理论来解释整体经济中的各种问题。宏观经济政策则是这种理论的运用。

第四，研究方法是总量分析。总量是指能反映整个经济运行情况的经济变量。这种总量有两类：一类是个量的总和，例如，国民收入是组成整个经济的各个单位的收入之总和，总投资是各个厂商的投资之和，总消费是各个居民户消费的总和，等等；另一类是平均量，例如，价格水平是各种商品与劳务的平均价格。宏观经济学所涉及的总量很多，其中主要有国民生产总值、总投资、总消费、价格水平、增长率、利率、国际收支、汇率、货币供给量、货币需求量等。总量分析就是分析这些总量的决定、变动及其相互关系，并通过这种分析说明经济的运行状况，决定经济政策。因此，宏观经济学也称为“总量经济学”。

2. 宏观经济学的基本内容

宏观经济学的内容相当广泛，包括宏观经济理论、宏观经济政策以及宏观经济计量模型。

第一，国民收入决定理论。国民收入是衡量一国经济资源利用情况和整个国民经济状况的基本指标。国民收入决定理论就是要从总需求和总供给的角度出发，分析国民收入决定及其变动的规律。这是宏观经济学的中心。

第二，失业与通货膨胀理论。失业与通货膨胀是各国经济中最主要的问题。宏观经济学把失业与通货膨胀同国民收入联系起来，分析原因及其相互关系，以便找出解决这两个问题的途径。

第三，经济周期与经济增长理论。经济周期指国民收入的短期波动。经济增长指国民收入的长期增长趋势。这一理论分析国民收入短期波动的原因、长期增长的源泉等问题，以期实现经济长期稳定地发展。在经济学界，对经济增长的理解并不完全一致，美国经济学家西蒙·库兹涅茨曾给经济增长下了这样一个定义：“一个国家的经济增长，是指给居民提供种类日益繁多的经济产品的能力长期上升，这种不断增长的能力是建立在先进技术以及所需要的制度和思想意识之相应的调整的基础上的。”

第四，宏观经济政策。宏观经济学是为国家干预经济服务的，宏观经济理论要为这种干预提供理论依据，而宏观经济政策则是要为这种干预提供具体的措施。政策问题包括：政策目标，即通过宏观经济政策的调节要达到什么目的；政策工具，即用什么具体办法来达到这些目的；政策效应，即宏观经济政策对经济的作用。

（三）微观经济学与宏观经济学的联系

微观经济学和宏观经济学是密切相关的，主要表现为：

1. 微观经济学和宏观经济学是互相补充的

微观经济学和宏观经济学是经济学的两个领域。微观经济学是在假定资源已经充分利用的前提下，分析如何实现资源的最优配置问题；宏观经济学是在假定资源已实现最优配置的前提下，分析如何实现充分利用问题。它们从不同的角度分析社会经济问题。这种互为前提的关系表明，微观经济学和宏观经济学是互相补充的，它们共同构成经济学的理论体系。

2. 微观经济学是宏观经济学的基础

宏观经济学研究一个社会的整体经济，而整体经济是单个经济单位的总和，整体经济的变动产生于千千万万个体的决策。因此，对宏观经济运行的理解离不开对微观经济主体行为的分析，或者说，不考虑相关的微观经济决策就无法理解宏观经济问题。

知识窗 1—1　　稳中有进，2014 年经济比上年增长 7.4%

2014 年，我国经济社会发展总体平稳，稳中有进。“稳”的主要标志是，经济运行处于合理区间。增速稳，国内生产总值达到 63.6 万亿元，比上年增长 7.4%，在世界主要经济体中名列前茅。就业稳，城镇新增就业 1 322 万人，高于上年。价格稳，居民消费价格上涨 2%。“进”的总体特征是，发展的协调性和可持续性增强。经济结构有新的优化，粮食产量达到1.21万亿斤，消费对经济增长的贡献率上升3个百分点，达到51.2%，服务业增加值比重由46.9%提高到48.2%，新产业、新业态、新商业模式不断涌现。

编者梳理发现，2014年中国GDP同比增长7.4%，这一增速创下了1990年以来的新低。各地GDP增速也普遍放缓，2015年初，31个省市区亮出GDP预期目标，其中29个明确下调了GDP增长目标。上海则干脆取消了GDP目标，只提出了"经济平稳增长"。只有西藏完成年初预期目标。

然而，在弱化GDP数据的同时，追求高质高效的GDP质量正在成为施政热点。在过去几年，GDP的"含金量"随着经济结构的改变逐步发生着变化。数据显示，2014年上半年，第三产业增加值占GDP的比重为46.6%，并在继续提升，比上年同期提升了1.3个百分点。

（资料来源：腾讯新闻综合，http://news.qq.com/zt2015/2015zfbg/。）

第二节　现代经济学的发展脉络

物质资料的生产与消费是人类社会生存与发展的基础。古代许多思想家早就研究了经济问题，并提出了不少至今仍有影响的思想。但是，在资本主义社会建立之前，这些对经济问题的论述与哲学、政治学、法学、伦理学等混杂在一起，作为这些学科的一部分或附属。经济学本身并没有成为一门独立的学科。

作为一门独立学科的经济学是与资本主义生产方式的形成同时产生的。在经济学上具有划时代意义的三位经济学家分别是亚当·斯密、卡尔·马克思、梅纳德·凯恩斯。18世纪的英国古典经济学家亚当·斯密是经济学史上的第一块里程碑，他的巨著《国民财富的性质和原因的研究》（又称《国富论》）标志着现代经济学的诞生。马克思对资本主义的批判开创了与资产阶级经济学相对立的经济学体系——马克思主义经济学。凯恩斯则是现代宏观经济学的创立者。本书以介绍西方经济学为中心，因此，所介绍的是西方经济学的发展史。

对经济学的发展阶段有不同的分法，我们认为比较恰当的是分为重商主义、古典经济学、新古典经济学以及现代经济学这样几个时期。

知识窗1—2　　**亚当·斯密**

1. 亚当·斯密生平

亚当·斯密（1723年6月5日—1790年7月17日），经济学的主要创立者，出生在苏格兰法夫郡（County Fife）的寇克卡迪（Kirkcaldy）。亚当·斯密的父亲也叫亚当·斯密，是律师，也是苏格兰的军法官和寇克卡迪的海关监督，在亚当·斯密出生前几个月去世；母亲玛格丽特（Margaret）是法夫郡斯特拉森德利（Strathendry）大地主约翰·道格拉斯（John Douglas）的女儿。亚当·斯密一生与母亲相依为命，终身未娶。

1723～1740年间，亚当·斯密在家乡苏格兰求学，在格拉斯哥大学（University of

Glasgow)时期，亚当·斯密完成了拉丁语、希腊语、数学和伦理学等课程；1740～1746年间，赴牛津学院(The Oxford Academy)求学，但在牛津并未获得良好的教育，唯一收获是大量阅读了格拉斯哥大学缺乏的书籍。1750年后，亚当·斯密在格拉斯哥大学不仅担任过逻辑学和道德哲学教授，还兼负责学校行政事务，一直到1764年离开为止；这时期，亚当·斯密于1759年出版的《道德情操论》获得学术界极高评价。而后于1768年开始着手著述《国民财富的性质和原因的研究》，又称《国富论》。1773年，《国富论》已基本完成，此书被称为"经济学圣经"，被视为经济学中资本主义的起源。亚当·斯密多花3年时间润色此书，1776年3月此书出版后引起大众广泛的讨论，影响所及除了英国本地，连欧洲大陆和美洲也为之疯狂，因此世人尊称亚当·斯密为"现代经济学之父"和"自由企业的守护神"。

1778～1790年间，亚当·斯密与母亲和阿姨在爱丁堡定居，1787年被选为格拉斯哥大学荣誉校长，也被任命为苏格兰的海关和盐税专员。1784年亚当·斯密出席格拉斯哥大学校长任命仪式，因其母于1784年5月去世所以迟迟未上任，直到1787年才担任校长职位至1789年。亚当·斯密在去世前将自己的手稿全数销毁，于1790年7月17日与世长辞，享年67岁。亚当·斯密并不是经济学说的最早开拓者，他最著名的思想中有许多也并非新颖独特，但是他首次提出了全面系统的经济学说，为该领域的发展打下了良好的基础。因此，完全可以说《国富论》是现代政治经济学研究的起点。

但是，如果自由竞争受到阻碍，那只"无形的手"就不会把工作做得恰到好处。因而亚当·斯密相信自由贸易，为坚决反对高关税而申辩。事实上，他坚决反对政府对商业和自由市场的干涉。他声言这样的干涉几乎总要降低经济效率，最终使公众付出较高的代价。亚当·斯密虽然没有发明"放任政策"这个术语，但是他为建立这个概念所做的工作比任何其他人都多。

有些人认为亚当·斯密只不过是一位商业利益的辩护士，但这种看法是不正确的。他经常反复用最强烈的言辞痛斥垄断商的活动，坚决要求将其消灭。亚当·斯密对现实的商业活动的认识也并非天真幼稚。《国富论》中记有这样一个典型观察："同行人很少聚会，但是他们的会谈不是策划出一个对付公众的阴谋，就是炮制出一个掩人耳目提高物价的计划。"

亚当·斯密的经济思想体系结构严密、论证有力，使经济思想学派在几十年内就被抛弃了。实际上，亚当·斯密把他们所有的优点都吸入了自己的体系，同时也系统地披露了他们的缺点。亚当·斯密的接班人，包括像托马斯·马尔萨斯和大卫·李嘉图这样著名的经济学家对他的体系进行了精心的充实和修正(没有改变基本纲要)，今天被称为经典经济学体系。虽然现代经济学说又增加了新的概念和方法，但这些大体来说是经典经济学的自然产物。从一定意义上说，甚至卡尔·马克思的经济学说(自然不是他的政治学说)都可以看作经典经济学说的延续。

2. 亚当·斯密的主要理论

(1)分工理论

亚当·斯密认为，分工的起源是由于人的才能具有自然差异，那是起因于人类独有的交换与易货倾向。交换及易货系属私利行为，其利益取决于分工。假定个人乐于专业化及提高生产力，经由剩余产品之交换行为，促使个人增加财富。此等过程将扩大社会生产，促进社会繁荣，并达到私利与公益之调和。

他列举制针业来说明："如果他们各自独立工作，不专习一种特殊业务，那么他们不论是谁，绝对不能一日制造20枚针，说不定一天连1枚也制造不出来。他们不但不能制造出今日由适当分工合作而制成的数量的1/240，就连这数量的1/4 800恐怕也制造不出来。"

分工促进提升劳动生产力的原因有三个：第一，劳动者的技巧因专业而日进；第二，由一种工作转到另一种工作通常需损失不少时间，有了分工，就可以免除这种损失；第三，许多简化劳动和缩减劳动的机械发明只有在分工的基础上方才可能。

(2)货币理论

货币的首要功能是流通手段，持有人持有货币是为了购买其他物品。当物物交换发展到以货币为媒介的交换后，商品的价值就用货币来衡量。这时，便产生了货币的另一功能——价值尺度。亚当·斯密也谈到货币的储藏功能、支付功能，但是他特别强调货币的流通功能。

(3)价值理论

提及价值问题，亚当·斯密指出，价值涵盖使用价值与交换价值，前者表示特定财货之效用，后者表示拥有此一财货对另一财货的购买力。他进一步指出，具有最大使用价值之财货往往不具有交换价值，水及钻石是其著名的例子。不过水与钻石价值之比较是由百年之后边际效用学派才圆满解决此一问题。

(4)分配理论

亚当·斯密的分配理论，即劳动工资、资本利润与土地地租自然率之决定理论。

亚当·斯密指出，尽管雇主拥有压低工资的力量，工资仍有其最低水平，此一最低水平是劳动者必须能够维持基本生活，假定社会工人需求增加或工资基金提高，工资将高于最低水平。从另一角度言之，一国国富、资本或所得增加，将促使工资上涨，工资上涨则促进人口增加。

资本利润之高低如同劳动工资，取决于社会财富之增减，资本增加固可促使工资上涨，却使利润为之下降。亚当·斯密指出，假定商人投资同一事业，因为彼此相互竞争，自然致使利润率降低。

地租是指对土地使用所支付的价格。亚当·斯密认为，地租高低与土地肥沃程度及市场远近有关。

(5)资本积累理论

资本累积是大量进行分工必备的另一要素。分工的扩张与生产效率的提高同资本的总额成正比。资本的累积必须在分工之前进行，因为分工需要使用许多特殊的设备与机械材料，这些都需要以资本来购取。分工越细，工具的需要越多，资本就越显得重要。通过分工过程，可增加劳动生产量，提高国民所得，增强国民储蓄意愿与能力。

(6)赋税理论

亚当·斯密提出四大赋税原则,即公平、确定、便利、经济。

公平:一国国民应尽可能按其能力以支持政府,即国民应按其在政府保护下所享有的利得比例纳税。

确定:各国国民应当缴纳的税捐必须确定并不得随意变更,缴纳时期、缴纳方法、应付税额都应对纳税人清楚宣示。

便利:一切税捐都应在最适合纳税人的时间,用最适合的方法收之。

经济:每一税捐都应善加设计,务使公民缴付国库以外,在他的财力上受到最小可能的损失。

3. 亚当·斯密的影响

《国富论》一书成为第一本试图阐述欧洲产业增长和商业发展历史的著作,也成为开展现代经济学科的先驱。它也提供了资本主义和自由贸易最为重要的论述基础之一,极大地影响了后代的经济学家。

《国富论》一书的原始版本则存在一些争议,一些人主张书中的内容曾被篡改得较为温和,以符合当时某些思想家如休谟和孟德斯鸠的既定理论。的确,斯密的许多理论都只简单地描述历史的走向将会远离重商主义并朝向自由贸易,而当时这种走向早已发展了数十年,并且已对政府政策有极大影响。无论如何,斯密的作品广泛地组织了他们的理论,因此至今仍是经济学界最为重要且最具影响力的书籍之一。

(资料来源:http://baike.so.com/doc/342033-362232.html,360 百科;http://wiki.mbalib.com/wiki/亚当·斯密。)

一、重商主义:经济学的早期阶段(又称为拜金主义)

重商主义产生于 15 世纪,终止于 17 世纪中期。这是资本主义生产方式的形成与确立时期。

重商主义的主要代表人物有英国经济学家约翰·海尔斯、威廉·斯塔福德、托马斯·曼,法国经济学家安·德·孟克列钦、让·巴蒂斯特·柯尔培等人。重商主义代表作是托马斯·曼的《英国得自对外贸易的财富》。他们并没有什么系统的理论,其基本观点是:金银形态的货币是财富的唯一形态,一国的财富来自对外贸易,增加财富的唯一方法就是扩大出口、限制进口。由此出发,这一派基本的政策主张是国家干预,即用国家的力量来增加出口、限制进口。

重商主义的这些观点,反映了原始积累时期资本主义经济发展的要求。马克思称重商主义是“近代生产方式的最早的理论研究”。但重商主义仅限于对流通领域的研究,其内容也只是一些政策主张,并没有形成一个完整的经济学体系,只能说是经济学的早期阶段。真正的经济科学只有在从流通领域进入生产领域时才会出现。

二、古典经济学:经济学的形成时期(又称为重农主义)

“古典经济学”这个词在经济学中有三种不同的含义。第一种是指从 17 世纪中期到 19 世纪70年代之前的经济学，即本书中所用的含义。第二种是指从17世纪中期到20世纪30年代之前的经济学，包括本书中所说的古典经济学与新古典经济学。第三种是马克思所用的含义，指从17世纪中期到19世纪初期的资产阶级经济学。具体来说，在英国是从威廉·配第到大卫·李嘉图，在法国是从布阿吉尔贝尔到西斯蒙第。马克思的这种用法肯定了这一时期的经济学有其合理的成分，即提出并论述了劳动价值论，以及揭示了资本主义社会中的阶级对立关系。这就有别于以后时期马克思所说的庸俗经济学。

我们这里所说的古典经济学是从17世纪中期开始，到19世纪70年代之前为止，其中包括英国经济学家亚当·斯密、大卫·李嘉图、西尼尔、约翰·穆勒、马尔萨斯，法国经济学家让·巴蒂斯特·萨伊等人。古典经济学的最重要代表人物是亚当·斯密，其代表作是1776年出版的《国富论》。

《国富论》的发表被称为经济学史上的第一次革命，即对重商主义的革命。这次革命标志着现代经济学的诞生。以斯密为代表的古典经济学的贡献是，建立了以自由放任为中心的经济学体系。

古典经济学研究的中心是国民财富如何增长。他们强调了财富是物质产品，增加国民财富的途径是通过增加资本积累和分工来发展生产。围绕这一点，他们研究了经济增长、价值、价格、收入分配等广泛的经济问题。斯密从“人是利己的经济人”这一假设出发，论述了由价格这只“看不见的手”来调节经济的运行，可以把个人利己的行为引向增加国民财富和社会福利的行为。因此，由价格调节经济就是一种正常的自然秩序，由此得出了自由放任的政策结论。自由放任是古典经济学的核心，其他问题都是围绕这一问题展开的。

古典经济学自由放任的思想反映了自由竞争时期经济发展的要求。古典经济学家把经济研究从流通领域转移到生产领域，使经济学真正成为一门有独立体系的科学。

三、新古典经济学：微观经济学的形成与建立时期（又称为边际革命）

新古典经济学从19世纪70年代的“边际革命”开始，到20世纪30年代结束。这一时期经济学的中心仍然是自由放任。从这种意义上说，它仍是古典经济学的延续。但是，它又用新的方法，从新的角度来论述自由放任思想，并建立了说明价格如何调节经济的微观经济学体系，所以在古典经济学前加一“新”字，以示其与古典经济学的不同之处。

19世纪70年代奥国学派经济学家K.门格尔、英国经济学家W.S.杰文斯、瑞士洛桑学派的法国经济学家L.瓦尔拉斯分别提出了边际效用价值论，引发了经济学上的“边际革命”，从而开创了经济学的一个新时期。

边际效用价值论认为，商品的价值取决于人们对商品效用的主观评价。这种主观价值论引入了一种新的分析方法——边际分析法。边际分析是增量分析，即分析自变量变动所引起的因变量的变动。正是这种分析方法使经济学进入了一个新的时期。英国著名经济学家E.罗尔评论说：“边际效用概念不仅被看作经济‘工具箱’的一种重要补充，并且还被看作经济科学研究方法上的一项极其重要的革新。”因此，边际效用价值论的出现被作为经济学史上继亚当·斯密革命之后的第二次革命——边际革命。这次革命标志着新古典经济学的开始。1890年英国剑桥学派经济学家阿尔弗雷德·马歇尔出版了《经济学原理》，这本书综合了当时的各种经济理论，被称为新古典经济学的代表作。

新古典经济学同样把自由放任作为最高准则，但已不像古典学派那样只重视对生产的研究，而是转向了消费和需求。他们明确地把资源配置作为经济学研究的中心，论述了价格如何使社会资源配置达到最优化，从理论上证明了以价格为中心的市场机制的完善性。他们把消费、需求分析与生产、供给分析结合在一起，建立了现代微观经济学体系及其基本内容。尽管20世纪30年代英国经济学家J.罗宾逊和美国经济学家E.张伯伦分别提出的垄断竞争理论是对这一微观经济学体系的重要发展，在50年代之后美国经济学家G.贝克尔、A.莱宾斯坦、E.科思等人仍对微观经济学作出了重大发展，但作为一个理论体系，微观经济学是由新古典学派开始确立的。

知识窗1—3　　阿尔弗雷德·马歇尔

阿尔弗雷德·马歇尔是19世纪末至20世纪初的英国乃至世界最著名的经济学家。1842年，马歇尔出生于英国伦敦区一个朴实的中产阶级家庭，从小接受他那极为严厉的、期望儿子能成为一个牧师的父亲的教育。但他背叛了他父亲的意愿，去剑桥大学圣约翰学院学习数学并获得学士学位，且被选为圣约翰学院教学研究员。但1877年由于他和玛丽·佩利——一个他过去的学生——结婚，被迫辞职，因为当时牛津大学和剑桥大学的研究员们要像牧师那样独身。随后，他先后担任布里斯托尔大学校长，牛津大学、剑桥大学讲师和教授（那时独身要求已取消）。他参加过英国政府组织的政策咨询活动，还曾是1890～1894年皇家劳工委员会颇有影响的成员。1880年，他担任英国协会第六小组的主席，正式领导了创建英国（后改为皇家）经济学会的运动。1885～1908年，他任剑桥大学政治经济学教授，也是英国正统经济学界无可争辩的领袖。

马歇尔于1890年发表的《经济学原理》被看作与斯密《国富论》、李嘉图《赋税原理》齐名的划时代的著作，在盎格鲁—撒克逊世界（英语国家）替换了古典经济学体系，其供给与需求的概念以及对个人效用观念的强调，构成了现代经济学的基础。这本书在马歇尔在世时就出版了8次之多，成为当时最有影响力的专著，多年来一直被奉为英国经济学的“圣经”。而他本人也被认为是英国古典经济学的继承和发展者，他的理论及其追随者被称为新古典理论和新古典学派。同时由于他及其学生，如J.M.凯恩斯、J.S.尼科尔森、A.C.庇古、D.H.麦格雷戈等先后长期在剑桥大学任教，因此也被称为剑桥学派。阿尔弗雷德·马歇尔受到当时英国著名哲学家、经济学家亨利·西奇威克的影响，正因为这个人对他在经济学及道德哲学方面的影响很大，马歇尔的学术兴趣逐渐由物理学转向了哲学和社会科学。于是，马歇尔的思想开始了一生中最重要的转变。曾经他把西奇威克称为自己“精神上的父母”。后来，他看到了19世纪中期在资本主义制度下英国出现的严重的社会不公平，他感觉到神学、数学、物理学和伦理学都不能够给人类带来“福音”。于是，他把自己的注意力转移到政治经济学上，把理解社会现状的希望寄托在经济学的研究上，打算从经济上来分析社会不公平的原因，他把经济学看成是增进社会福利、消灭人类贫困的科学。但他的核心仍然是在证明资本主义是一种合理的制度，它可以自动地保持均衡，因而马歇尔最终还是成了资本主义的辩护人。

（资料来源：http://wiki.mbalib.com/wiki/阿尔弗雷德·马歇尔。）

四、现代经济学：宏观经济学的建立与发展时期（又称为凯恩斯主义）

现代经济学是以20世纪30年代凯恩斯主义的出现为标志的。这一时期，经济学得到全面而深入的发展，无论是研究的内容、方法，还是在深度与广度方面，都是过去所无法比拟的，但其中心是宏观经济学的建立与发展。我们还可以把这一时期分为三个阶段。

第一阶段：凯恩斯革命时期。这一阶段从20世纪30年代到50年代之前。

新古典经济学论述了市场调节的完善性，但20世纪30年代的大危机打破了这种神话。传统的经济理论与经济现实发生了尖锐的冲突，经济学面临着它有史以来的第一次危机。这时，英国经济学家约翰·梅纳德·凯恩斯在1936年发表了《就业、利息和货币通论》（简称《通论》）一书。这本书把产量与就业水平联系起来，从总需求的角度分析国民收入的决定，并用有效需求不足来解释失业存在的原因。在政策上则提出了"放弃自由放任，由国家干预经济"的主张。凯恩斯的这些观点被认为是经济学史上的第三次革命——凯恩斯革命。这次革命是革了新古典经济学的命。这次革命所产生的凯恩斯主义，提出了以国民收入决定为理论中心、以国家干预为政策基调的现代宏观经济学体系。因此，凯恩斯被称为当之无愧的"现代宏观经济学之父"。

知识窗1－4　凯恩斯

约翰·梅纳德·凯恩斯（John Maynard Keynes，1883－1946），现代西方经济学最有影响力的经济学家之一，他创立的宏观经济学与弗洛伊德所创的精神分析法和爱因斯坦发现的相对论一起并称为20世纪人类知识界的三大革命。

1883年6月5日生于英格兰的剑桥，凯恩斯的祖上是英国的贵族，他的父亲约翰·内维尔·凯恩斯曾在剑桥大学担任哲学和政治经济学讲师，他的母亲弗洛朗斯阿达·布朗是一位成功的作家和社会改革的先驱。

凯恩斯原是一个自由贸易论者，直至20年代末仍信奉传统的自由贸易理论，认为保护主义对于国内的经济繁荣与就业增长一无可取。甚至在1929年同瑞典经济学家俄林就德国赔款问题论战时，凯恩斯还坚持国际收支差额会通过国内外物价水平的变动自动恢复平衡。1936年其代表作《就业、利息和货币通论》出版时，凯恩斯一反过去的立场，转而强调贸易差额对国民收入的影响，相信保护政策如能带来贸易顺差，必将有利于提高投资水平和扩大就业，最终导致经济繁荣。

凯恩斯认为，传统贸易理论以各项生产要素，包括劳动力已经充分就业为前提，宣扬按照比较成本原理进行贸易，既有充分就业，又享分工之利。但现实生活中并不存在这一前提，却经常存在大量非自愿失业，如果一国按照传统理论自由贸易，虽可从事有比较优势部门的专业化生产，取得某些分工之利，但放弃或缩小比较优势不大或无比较优势部门的和平，则必然使失业更趋严重。故凯恩斯抗议传统贸易理论不适用于现代资本主义。他还批评传统理论只注重分工的利益和强调对外收支均衡的自动调节过程，而完全忽略贸易差额对国民收入和就业的影响。凯恩斯认为就一国而言，后者较前者更重要，因为顺差能增加收入，使资金流入，利率降低，投资提高，就业扩大；反之，若为逆差，则可能很快就会产生顽固的经济衰退。由此，凯恩斯赞成贸易顺差，并重新推崇起重商主义。不过在肯定重商主义某些观点的同时，他也承认"实行重商主义所能取得的好处，只限于一国，不会泽及全世界"。

在《通论》中，凯恩斯由投资乘数原理出发，对贸易差额与国民经济盛衰的关系作了进一步阐述。他认为，投资的乘数作用表现为，一个部门的新增投资不仅会使该部门的收入增加，而且会通过连锁反应，引起其他有关部门追加新投资、获得新收入，致使国民收入总量的增长若干倍于最初那笔投资。而一国的总投资既包括国内投资(它取决于国内的资本边际效率和利息率)，也包括国外投资(它取决于贸易顺差额)，"增加顺差，乃是政府可以增加国外投资之唯一直接办法；同时若贸易为顺差，则贵金属内流，故又是政府可以减低国内利率、增加国内投资动机之唯一间接办法"。除此之外，凯恩斯还强调贸易顺差本身对国民经济的作用犹如投资。他认为出口是对该国产品的需求，如同投资，是一种"注入"，能使国民收入增长；而进口则是对舶来品消费的增加，如同储蓄，是一种"泄漏"，会减弱投资乘数的作用，使国民收入减少。因此，凯恩斯极力鼓吹贸易顺差，并提出应尽力扩大出口，同时借助保护关税和鼓励"购买英国货物"以限制进口的政策主张。上述凯恩斯关于乘数理论及贸易顺差的分析，后经英国学者哈罗德和美国学者马赫洛普等人的论证而发展为对外贸易乘数理论。

在《通论》一书中，凯恩斯谈到了他的投资哲学，我们可以恰当地称之为"选美理论"：共有 100 幅候选美女照片，由公众从中选出 4 人。然而，人们并不投票给他认为是最美的人，而是选择他认为大多数人都认为是最美的人。

边际效率，指的是预期增加一个单位投资可以得到的利润率。凯恩斯把资本资产的未来收入看作预期的这项投资未来一系列年收入，把资本资产的供给价格看作预期的资产重置成本。而且，他认为资本边际效率是递减的。凯恩斯在《通论》中用相当多的篇幅讨论投资引诱。投资引诱理论是他的就业通论的最重要的部分。按照凯恩斯的看法，只有资本资产的预期收益超过资本资产的供给价格重置成本，继续投资才是有利可图的，才能对资本家产生投资引诱。

(资料来源：http://baike.so.com/doc/6392412-7479918.html，360 百科。)

知识窗 1－5　　德国成为世界强国的原因

德国，不仅产出了闻名世界的诗人歌德、哲学家康德和黑格尔、思想家马克思和恩格斯、作曲家贝多芬等，在这个国度中更盛产科学家、工程师、技师，并以其登峰造极的制造业，尤其是机械制造和汽车业而享誉世界。同时，德国在医学研究、技术创新等多个领域中也处于世界领先地位。

全球金融危机之后几乎所有的发达国家经济都萎靡不振，但有一个国家却是例外，那就是德国。德国不但失业率低，而且经济增长迅速，这样好的成绩单都是由制造业强劲出口带来的。德国制造业出口贡献了国家经济增长的2/3，拉动人均GDP的速度比其他任何发达国家都要快，德国被公认为欧洲四大经济体当中最为优秀的国家，经济实力居欧洲首位，是当今欧洲乃至世界一流的强国。德国是世界第四大经济体、世界第二大商品出口国和第三大商品进口国。2011年德国GDP（国内生产总值）25 708亿欧元，同比增长3.0%，人均43 760美元；2011年德国外贸出口总价值达到10 600亿欧元，外贸顺差为1 580亿欧元。

德国特别着重于培养熟练的技术工人。德国制造业职业教育发达，在中国，年轻人争相读大学，而在德国，这里的年轻人似乎更青睐职业学校。总体来说，德国只有30%的适龄青年上大学，而且在大学时期一般要淘汰近三成。

德国制定了一个特殊的“学徒制”教育体系。“学徒制”即为选择职业教育的16岁学生必须当3～4年的学徒，其中一半的时间在企业“学徒实习”，一半的时间在学校学习理论。学员在职业学校可以将理论知识很快转为实践，这样学生可以找到很多乐趣。此外，学员也逐步完成由学生到社会人的过渡，如表现好的话，还可在实习期后直接在实习企业由学徒转为正式工，省去找工作的麻烦。德国工会在450个行业里也有严格的规定：必须通过学徒制才能被企业聘用。一旦成为企业的技术员工，薪水也相当可观：德国的蓝领工人平均工资远高于英、法、美、日等国。

德国人比较实在，因为职业学校可以拿工资，而且还能很快融入社会，所以大部分学生愿意上职业学校。德国的大学学制相当于我国的本硕连读，学生毕业平均年龄为27.5岁，而且有很强的淘汰率，所以大学的吸引力并不强。大多数德国青年被培养成制造业的人才。

德国在发展工业自动化生产中，坚持强调“人”的作用，认为即使是计算机控制，管理整个生产过程、真正发挥创造性、起决定作用的仍然是高素质的“人”。德国对产品设计、制造、使用技术精益求精，重视商业道德，处处为用户着想，设计出最佳产品，满足用户多方面的要求。

（资料来源：百度文库，http://wenku. baidu. com/link? url = 70uxs - 5ZC - T82caT4IWFRsbc hfykFXIWA1kXbL96iyhJK-cgE-d_7u2wv7Fcrj8V61ajvOxzmeeNS3UurIPNBObTs2dqEl4XFbsRG9tcmG。）

第二阶段：凯恩斯主义发展时期。这一阶段从 20 世纪 50 年代到 60 年代末。

战后西方各国都加强了对经济生活的全面干预，凯恩斯主义得到了广泛的传播与发展。美国经济学家 P. 萨缪尔森等人把凯恩斯主义的宏观经济学与新古典经济学的微观经济学结合在一起，形成了新古典综合派。新古典综合派全面发展了凯恩斯主义，并把这一理论运用于实践，对各国经济理论与政策都产生了重大影响。可以说，直至今日，新古典综合派仍然是经济学的主流。

在英国，以琼・罗宾逊为首的新剑桥学派认为新古典综合派歪曲了凯恩斯主义。他们主张把凯恩斯主义与新古典经济学的联系进一步切断，以分配理论为中心完成凯恩斯革命。他们对分配理论的论述以李嘉图的劳动价值论为基础，并由英国经济学家 P. 斯拉伐发展与完善这种劳动价值论。斯拉伐对劳动价值论的发展，被认为是经济学史上的第四次革命——斯拉伐革命。

新古典综合派与新剑桥学派对凯恩斯主义的解释与发展存在着原则性的分歧。在 20 世纪 50～60 年代，它们之间的争论对经济学的发展产生了相当大的影响。但就经济理论与政策倾向看，新古典综合派的地位是难以动摇的。

第三阶段：自由放任思潮的复兴时期。这一阶段是在 20 世纪 70 年代之后。

战后西方各国对经济生活的全面干预一方面促进了经济的巨大发展，另一方面也引起了许多问题。20 世纪 60 年代末出现在西方国家的滞胀（即经济停滞与通货膨胀并存）引起了凯恩斯主义的危机。这次危机使自由放任思想得以复兴。以美国经济学家 M. 弗里德曼为首的货币主义是自由放任的拥护者。货币主义的出现被认为是经济学史上的第五次革命——货币主义革命，或称“对抗凯恩斯革命的革命”。在 70 年代之后，又出现了以美国经济学家 R. 卢卡斯为首的理性预期学派，这一学派以更为彻底的态度拥护自由放任。理性预期学派的出现被称为经济学史上的第六次革命——理性预期革命。

这些主张自由放任的经济学家认为，滞胀的根源是凯恩斯主义的国家干预。他们从不同的角度论述了市场机制的完善性，提出了“减少国家干预，充分发挥市场机制作用”的主张。从 20 世纪 70 年代末起，西方各国采用了这些主张，实行经济自由化的政策，对经济的复兴起到了一定的作用。

在这一阶段，新古典综合派与货币主义和理性预期学派的争论成为经济学的主旋律。从理论上说，尽管新古典综合派的主流地位仍然没有丧失，但货币主义与理性预期学派对宏观经济学的发展有着重大的影响。他们的许多观点，如货币主义关于货币重要性的论述、理性预期学派的预期概念，已成为现代宏观经济学的重要组成部分。在经济政策上，尽管国家干预经济的基本格调并没有发生根本性变化，但经济政策的自由化已产生了不可低估的影响。应该说，这三个流派之间的争论正是经济学发展的动力。

经济学是为现实服务的，经济学的发展与演变正是现实经济发展的反映。原始积累时期的重商主义、自由竞争时期的古典经济学与新古典经济学、国家垄断资本主义时期的凯恩斯主义，都是现实经济发展的要求在理论上的反映。一部经济学发展史说明了一个平凡的真理：存在决定意识。

第三节　现代经济学的研究方法

经济学的分析方法主要有实证分析法、规范分析法、边际分析法、均衡分析法、经济模型分析法等。

一、实证分析法和规范分析法

经济学中的实证分析在解释经济运行时，力求说明和回答经济现象“是什么”以及社会经济问题“实际上是如何解决的”，并借以预测人们经济行为的后果，而不对事物作好坏、善恶的评价。相反，规范分析则以一定的价值判断和伦理标准为出发点，研究经济现象“应该是什么”，或者说研究社会经济问题“应该是怎样解决的”。

实证分析解决“是什么”的问题，是要确认事实本身，研究经济现象的客观规律与内在逻辑，发现经济变量之间的关系，并用于进行分析和预测。

规范分析解决“应该是什么”的问题，是要说明经济现象是好还是坏、是否符合某种价值判断，或者具有什么社会意义。

实证分析得出的结论是客观的，规范分析得出的结论是主观的。实证分析是对经济本身内在规律的客观描述，其结论正确与否可根据事实进行检验。而规范分析涉及价值判断，它所得出的结论会受到人们的伦理观、哲学观、宗教观、政治观的影响，具有不同价值判断标准的人，对同一事物的好坏会做出不同的回答，谁是谁非没有绝对的标准，从而也就无法检验。实证分析的经济学是“科学”，规范分析的经济学是“艺术”。

二、边际分析法

边际分析法是利用边际概念对经济行为和经济变量进行数量分析的方法。所谓边际，就是额外或增加的意思，即所增加的下一个单位或最后一个单位。在经济学分析中，简单地说，边际是指对原有经济总量的每一次增加或减少。严格地说，边际是指自变量发生微小变动时，因变量的变动率。

边际是指一个微小的增量带来的变化，即数学中的微分含义。有关边际的概念可分为两类：边际收益和边际成本。当边际收益＝边际成本时，经济活动处于最佳状态，即达到了均衡。

三、均衡分析法

均衡本来是物理学概念，引入经济学后，均衡是指经济体系中各种相互对立或相互关联的力量在变动中处于相对平衡而不再变动的状态。对经济均衡的形成与变动条件的分析，叫做均衡分析法。均衡分析法分为局部均衡分析法和一般均衡分析法。

局部均衡分析法，是在不考虑经济体系某一局部以外的因素影响的条件下，分析这一局部本身所包含的各种因素相互作用中均衡的形成与变动的方法。

一般均衡分析法，是相对于局部均衡分析法而言的。它是分析整个经济体系的各个市场、各种商品的供求同时达到均衡的条件与变化的方法。

均衡分析的种类包括：静态均衡分析，即假定自变量已知和既定；比较静态均衡分析，即先对变化了的自变量做一次静态分析，再与变化前的均衡状态作比较；动态均衡分析，即考察两个均衡状态之间的变化过程。

四、经济模型分析法

要对某一经济现象进行分析，通常需要将这一现象进行高度简化抽象，以便于更好地理解或解决本质的问题。经济模型就是用来描述同研究的对象有关的经济现象之间的依存关系的理论结构。简言之，把经济理论用变量之间的函数关系来表示就是经济模型。

第四节　为什么要学习经济学

1970年诺贝尔经济学奖获得者萨缪尔森指出："学经济学并非要让你变成天才，但若不学经济学，命运就很可能会与你格格不入。"我们不是为学经济学而学经济学，而是为了它给我们的启发。1986年诺贝尔经济学奖获得者布坎南指出："研究经济学不会使你脱离领接济食物的穷人队伍，但是至少会使你了解你为什么会站在那个队伍中。"或许你并不想做一名经济学家，但即便如此，你仍然应该学点经济学。北京大学光华管理学院教授张维迎为曼昆(N. G. Mankiw)的《经济学原理》英文版在中国影印出版所写的代序中指出学习经济学的如下四个理由。

一、学习经济学有助于你理解你生活于其间的世界是如何运转的

你的生活状况不仅取决于你自己的决策，而且依赖于其他人的决策以及周围环境的变化。理解你周围的世界如何运行，自然有助于改进你的决策。你可能为生活中的许多事情感到惊奇。比如说，当你想买一台电视机的时候，只要支付必要的价格，就可以把它从商场搬回家；当你在大街上饥肠辘辘的时候，走进一家饭馆就可以指挥别人给你上菜，而无须回家自己做饭。而事实上，你事前并没有告诉电视机的生产厂家为你生产一台电视机，也没有通知饭馆的老板为你准备饭菜。那么，是什么因素使你得到你想要的东西？经济学是有关人们之间的决策如何相互作用的科学。学了经济学，你就可以明白市场这只"看不见的手"如何使自利的个人为大家服务，你也可以明白：为什么网络通信的服务那么差，而收费却那么高；为什么出租车司机有拒载现象，而专车司机却不拒载；为什么一个流行歌手演出一个晚上可以赚好几十万元，而一个建筑工人一个月却只能赚几千元；为什么利率一上升，股票价格就下跌；为什么很多国有企业设备那么好，但就是竞争不过民营企业；为什么有些国有企业的厂长、经理一生勤勤恳恳，一到59岁就犯贪污罪……

知识窗 1－6　　歌星高收入合理吗？

我们来分析演唱会门票的价格。如果想听演唱会的人增加了，而歌手的供给不变，则门票的价格就会上升，由于演唱会举办方与歌手都能从高价格的门票中得到更多的收益，

他们还会增加演唱会的场次;同理可以推出,如果没有那么多歌迷,需求减少,门票的价格必然下降,他们就会减少演唱会的场次。如果歌手增加,门票的价格会下降,演唱会的场次会增加;同理可以推出,歌手减少,门票的价格会上升,演唱会的场次会减少。这就是经济学分析的供求规律。歌星的高收入是由歌星的供给和公众的需求决定的,这是市场机制作用的结果,既然对歌星的消费需求如此之大,而供给方又稀缺,也就是说,在市场上少数著名歌星有完全垄断地位,因此他们的高收入不仅是合理的也是公正的,少数歌星是竞争出来的。当看到一夜走红的歌星收入高出十年寒窗苦读的教授许多时,难免有不平衡之感,但从经济学的理性角度来看,歌星的高收入是由市场决定的。

二、学习经济学有助于你作出更好的个人决策

在你的一生中,你需要作出各种各样的经济决策。比如说,在即将完成高中学业的时候,你需要决定是否去上大学?在大学毕业的时候,你需要决定是继续在国内读研究生,还是出国留学,或者去工作?在工作之后,你要决定如何花费你的收入:多少用于现在的消费?多少用于储蓄?如何投资你的储蓄?是买股票还是存入银行?或许有一天你成了一名企业的老板或经理,此时,你需要决定你的企业应该生产什么产品?卖什么样的价格?在什么媒体上做广告?招收什么样的人员?提拔谁当你的助手?如此等等,不一而足。为什么决策是重要的?因为你的资源是有限的——你的时间有限,收入也有限。如果你参加工作,就可能没有时间上大学;如果你把钱用于买房子,就可能没有钱再来买汽车。所以你必须在各种竞争性的需求之间分配你有限的资源。进一步,更为麻烦的是,你的决策常常是在不确定的情况下作出的。比如说,当你选择学无线电专业的时候,你并不确定当你毕业时,这个专业的就业前景如何。为了避免决策的失误,你需要一些理论的指导。经济学是有关个人选择的科学,学习经济学有助于你作出更好的决策。明白了这一点,你就明白了为什么经济学是西方大学里听众最多的选修课。

三、学习经济学有助于你理解政府政策的优与劣

每个社会都离不开政府,学习了经济学,你会明白我们为什么需要政府,什么是政府应该干的、什么是政府不应该干的。我们需要政府,是因为在存在诸如外部性、公共产品这样的场合,依靠市场不能达到资源的有效配置。比如说,如果没有政府的干预,自私自利的企业家也许会使你喝太多的污水;如果没有政府,私人部门也许不会提供给你诸如路灯这样的公共产品。特别地,我们需要政府来提供市场交易所需要的规则和秩序这样一类公共产品,需要政府保护我们的个人财产和人身安全。但政府对市场的过多干预常常导致供给不足、价格扭曲、资源浪费、垄断横行。政府的政策选择不仅影响整个社会的资源配置效率,而且影响包括你在内的每个公民的福利。所以当你希望政府制定某种政策的时候,你必须谨慎考虑这种政策的不利后果。经济学常识有助于你思考这样的问题。比如说,如果你是一个打工仔,你也许会认为政府应该制定一个“最低工资法”保护你的利益,或者向富人多征税来补贴你;而经济学原理会告诉你,这样做的后果也许是你根本就找不到工作。再比如,作为消费者,你也许会认为政府

应该对商品的价格作出限制；而经济学会告诉你，这样做的后果是你也许再也买不到这种商品。常识可能会误导你，经济学会使你不过于迷信政府。

四、学习经济学有助于你改进思考方式

经济学是一门科学。科学是什么？科学是一种思考问题的方式。如同天文学家通过观测天体现象来归纳天体运行规律一样，经济学家通过观测现实经济现象归纳经济规律。经济学家有自己的语言和思维方式。诸如需求、供给、弹性、消费者剩余、机会成本、比较优势、外部性、信息不对称、均衡等，是经济学的基本语言。掌握了这些经济学语言，你就可以更好地思考你周围的世界是如何运行的。外行人常常批评经济学家看问题过于简单，而他们忘了，科学的力量就在于把复杂的现象简单化。

经济学就像一张指路图，它舍弃了现实中的许多细节，却使你更清楚自己要去的地方。你没有必要成为一位经济学家，但知道经济学如何思考问题是有益的，至少你不太容易被蹩脚的经济学家和夸夸其谈的政治家所蒙蔽。无论你今后干什么，你都不会后悔自己学过经济学。

【关键术语】

资源配置　稀缺性　资源合理配置　实证分析法

【课堂讨论】

解释为什么具有高生活水平的国家和低生活水平的国家都一样面临着稀缺问题。如果你从彩票中赚了 100 万美元，你能够逃脱稀缺问题吗？

【复习自测】

1. 举例说明什么是经济学。
2. 简述经济学发展的四个阶段。
3. 我们为什么要学习经济学？
4. 有人认为，学习与掌握经济学知识会使自己更懂得赚钱。你认为这种认识正确吗？

第二章　需求、供给与均衡价格

【学习目标】

1. 了解需求的定义、影响需求的因素；
2. 了解供给的定义、影响供给的因素；
3. 掌握需求和供给如何决定价格；
4. 掌握价格如何实现稀缺资源的配置；
5. 掌握政府价格政策的影响。

【重点】

需求的定义、影响需求的因素、供给的定义、影响供给的因素、需求和供给如何决定价格

【难点】

价格如何实现稀缺资源的配置

导入案例

“苹果三件套”成大学新生标配

进入8月下旬，各大高校又将陆续开学了。这其中，一大波新生也将迈入大学的门槛。所以眼下，购置入学装备、填充新学年的行囊成了他们的头等大事。随着数码产品的盛行，现如今，手机、电脑等电子产品早已成了学生们开学的标配，几件下来花费轻松过万。对此，家长们也很是无奈。一方面，这些产品都是数千元甚至上万元，是一笔不小的开支；另一方面，有报告显示，由于沉迷于电子产品、缺少运动，很多大学生的身体素质还不如中学生。

和以往不同，现在的大学新生入学标配成了“苹果三件套”：iPhone、iPad 和 Mac Book！

曾经在中关村某电子卖场发生了如此一幕:一家苹果产品销售店门前,一名女孩儿怀抱一台 iPad,一脸愠色。而不远处,一名中年女子蹲在墙角,手捏纸巾,低头不时抽泣。销售人员说:“这名女孩儿即将去外地上大学,今天特意过来买数码产品,她上来就要买 iPhone 6、iPad 和 Mac Book 这‘苹果三件套’,而且都得是高配,超过 2 万元支出让母亲觉得有些吃不消。”随后女孩儿大喊一声:“不给我买,就让我在大学丢脸去吧!”说完便扔下母亲,扬长而去。

另一位家长说,自己一年收入还不到 5 万元,孩子上大学的学费、生活费得花至少 1 万元,现在买数码产品又得花 1 万多元,“真的伤不起”。不过对于孩子的“要求”,多数家长还是选择了依从,“毕竟孩子考上大学不容易,咬咬牙还是给买了吧,我们艰苦点就行”。

“最近带着小孩来买电子产品的家长格外多。手机、电脑的出单率最高。”记者走访市区一家家电卖场发现,一楼的 3C 产品区域有不少前来选购开学装备的学生及家长。尽管现场不少消费者为 90 后,但他们对不少热销产品的功能都非常熟悉,与销售人员的沟通言谈也颇为专业。

“90 后消费者不仅注重品牌和价格,更关注产品的个性化功能。”据该卖场的工作人员介绍,功能强大、外观时尚的 3C 产品特别受年轻人追捧。其中,苹果系列三件套——iPad、iPhone 和 Mac Book——是很多新生点名要的产品。除此之外,在手机方面,三星、诺基亚、OPPO 等品牌也颇受学生关注。在平板电脑方面,苹果、华硕、联想这三大品牌的销售占比名列前茅。

对此不少教育专家提出,现在的 90 后过分受到父母的溺爱,盲目消费,应该引起重视。“大学应禁止二年级以下的新生自带电脑,这段时间是学生学习课本知识打基础的阶段。少量的作业,在学校的计算机房完成就足够。”教育学博士侯正方说,事实上现在不少大学生沉溺于网络,影响了学业,并且由于在校期间长期独自上网,缺少与人沟通,就业求职时也会遇到困难。

大学新生真的需要“苹果三件套”吗?也许,对于初入校园的大学生们,虚荣心比实用性更重要吧。但大学生还是应该以学习为主,社交活动只要普通的手机、电脑就足够了。更值得注意的是,大多数大学生即使配备了“苹果三件套”等高端数码设备,也并非用来学习,女生用来看电影电视,男生用来打游戏。

(资料来源:《北京晚报》。)

需求和供给是市场经济运行的两大力量,它们决定了每种物品的产量和价格。生活中任何一种不确定事件的发生和政策变动都会通过影响需求和供给来影响价格,而市场经济中的资源配置是通过价格机制来实现的。因此,需求和供给理论是经济学中一个非常重要的分析工具。它是微观经济学的核心内容,学习它对于理解以后的内容非常重要。

第一节 需求理论

一、需求

需求是指买者在某一价格下愿意并且能够购买的商品量。这里要注意“愿意并且能够购买”几个字。“愿意”是指有购买欲望,“能够”是指有购买能力。只有购买欲望,表明买者有需要,但还不能成为需求;要构成需求,买者还必须有货币支付能力。因此,需求是购买欲望和购买能力的统一。为了集中思考,我们以牛肉为例来说明。

知识窗 2—1　　情人节的玫瑰花

“20 多元一扎的玫瑰不算贵了,等情人节再来买,肯定要涨了。”做了 10 年鲜花生意的韩女士告诉记者,由于情人节临近,大部分鲜花的价格出现了不同程度的上涨。以销量最好的玫瑰花为例,与几天前相比,每扎 20 枝的玫瑰零售价从 15 元涨至 18～20 元;每扎 20 枝的康乃馨零售价从 12 元涨至 15 元;百合的价格基本没有变。韩女士说,受全国雪灾的影响,大量的鲜花运不出省,因此今年花价较往年便宜了一半。去年情人节前两天,一束玫瑰花的价格往往在三四十元左右,而今年只有往年的一半。业内人士分析,13 日、14 日两天,玫瑰花价格上涨还将继续。

分析:正常情况下,情人节的来临会使玫瑰花的市场需求增加,在其他条件不变的情况下,导致价格上涨。而由于受雪灾的影响,本省玫瑰花的供给上升,急于将积压商品脱手的花农将降低商品价格,使市场价格趋于下降。

二、影响需求的因素

考虑你自己对牛肉的需求,有哪些因素会影响你每个月购买牛肉的决策呢?一般来说,主要有以下几方面:

(一)商品的价格

如果每千克牛肉的价格上升了 20 元,你将会少买牛肉,你可能会购买便宜的鸡肉;如果每千克牛肉的价格下降了 20 元,你会多买一些。商品本身价格高,人们对该商品的购买量减少;价格低,人们的购买量增加。

(二)收入

如果某个时期你失去了工作,你对牛肉的需求可能会减少。收入较低,使你不得不在某些物品上少支出些。如果当收入减少时,一种物品的需求减少,这种物品就被称为正常物品。但并不是所有的物品都是正常物品。如果当收入减少时,一种物品的需求增加,这种物品就被称为低档物品,比如土豆、乘坐公共汽车等。

(三)相关商品的价格

相关商品分为两类:一类是替代品,比如牛肉和猪肉。假定猪肉价格下降,你会多买猪肉而减少对牛肉的购买,因为牛肉和猪肉都是肉食品,可以满足相似的欲望。当两种物品具有替代关系时,一种物品价格下降,导致需求增加,则另一种物品的需求会随之减少。另一类相关商品是互补品,比如番茄和鸡蛋。假如番茄价格下降,你将购买更多的番茄,但你也可能购买更多的鸡蛋,因为番茄和鸡蛋通常是一起吃的。当两种物品具有互补关系时,一种物品价格下降,导致需求增加,另一种物品的需求也会随之增加。

(四)偏好

偏好是决定你需求的最明显的因素。如果你喜欢吃牛肉,你会买得多一些;反之,你会较少地购买。消费者偏好要受种种因素的影响,比如文化、风俗、职业等。此外,广告可以在一定程度上影响这种偏好,这就是许多厂商不惜血本大做广告的原因。

(五)预期

你对未来价格和收入的预期,也会影响你现在对物品与劳务的需求。比如,你预期今后会赚到更多钱,你可能愿意动用现在的储蓄来买牛肉;你预期明天牛肉的价格会下降,你就会不太愿意以今天的价格去买牛肉。

(六)环境因素

气候、时尚、政府政策等都会对需求产生一定的影响。例如,政府出台的公共场合禁烟令、严禁酒驾和醉驾等,严重影响了香烟和酒类产品的销售;热带国家和地区,不需要双制式空调和 2 000 转甩干并带烘干功能的洗衣机;雨林国家和地区,对雨具和雨伞的需求增加;等等。

三、需求函数和需求定理

(一)需求函数

如果把影响需求的各种因素作为自变量,把需求作为因变量,则可以用函数关系来表示影响需求的因素与需求之间的关系,这种函数称为需求函数。以 D 代表需求,$a,b,c,d,\cdots,n$ 代表影响需求的因素,则需求函数为:

$$D=f\ (a,b,c,d,\cdots,n)$$

为了分析的简便,假定影响需求的其他因素不变,只考虑商品本身的价格对该商品需求量的影响,并以 P 代表价格,则需求函数为:

$$D=f(P)$$

上式表明了某种商品的需求量 D 是价格 P 的函数。需求函数是用模型法(或称代数表达法)来表述需求这个概念。

同样为了分析的简便,通常假设需求量与其价格之间是线性关系,即需求曲线是一条直线,那么,这种需求函数就是线性需求函数,其公式为:

$$D=a-b\cdot P$$

其中,$a>0$,$b>0$。

从上面可以看到,为了分析的简便,我们采用了两个假设:第一个假设,把多元函数变成一元函数。第二个假设,把一元函数变成一元线性函数,从而得到了一个简化的经济模型。在以后章节的讨论中,我们将沿用这种方法来建立经济模型。

(二)需求表和需求曲线

我们可以用需求表和需求曲线表示商品需求量与价格的关系。

需求表是表示商品需求量与价格之间函数关系的表格。表 2—1 是牛肉的市场需求表。它表示在不同的牛肉价格下市场对牛肉的需求量。

表 2—1　牛肉的市场需求

牛肉的价格(元/千克)	牛肉的需求量(千克)
15	100
30	80
45	60
60	40
75	20

需求曲线是表示商品需求量与价格之间函数关系的图形。图 2—1 是根据表 2—1 中的数字画成的需求曲线。横轴表示牛肉的需求量,纵轴表示牛肉的价格。把价格和需求量的不同组合点连接起来形成的向右下方倾斜的曲线称为需求曲线。它表示在其他条件不变的情况下,当牛肉的价格变动时,市场对牛肉需求量的变动。

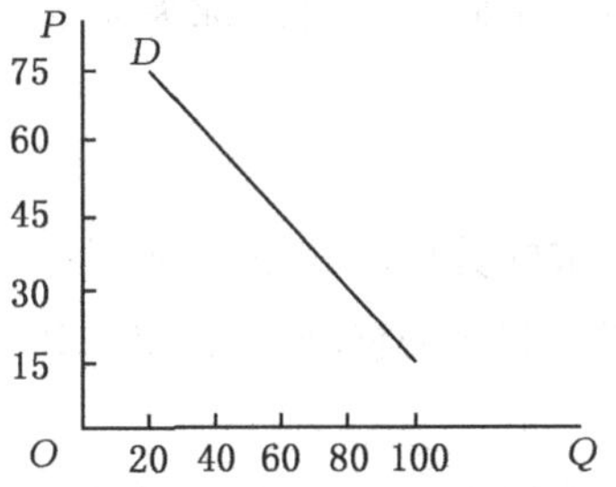

图 2—1　牛肉的需求曲线

(三)需求定理

从需求表和需求曲线可以看出,牛肉的需求量与其价格是呈反方向变动的。这种现象普遍存在,称为需求定理。需求定理描述了商品本身价格与其需求量之间的关系,其基本内容是:在其他因素不变时,某种商品的需求量与其价格反方向变动。即价格上升,需求量减少;价格下降,需求量增加。

需求定理就绝大多数商品而言是成立的,但在现实生活中也有例外。一种例外是吉芬商品,另一种例外是炫耀性商品。

知识窗 2—2　需求定理的例外

炫耀性商品是用来显示人的社会身份的商品,例如首饰、豪华型轿车就是这种商品。这种商品只有在高价时才有显示人的社会身份的作用,因此,价格下降时需求反而减少。吉芬商品是指低档的生活必需品。在某种特定条件下,这种商品具有价格上升,需求反而增加的特点。英国经济学家吉芬发现,在 1845 年爱尔兰大灾荒时,马铃薯的价格上升,需求量反而增加。这种情况被称为"吉芬之谜",具有这种特点的商品被称为吉芬商品。

此外，在投机性强的市场上(例如，在证券市场和期货市场上)，人们有一种“买涨不买跌”的心理，即价格上涨时反而抢购，价格下跌时反而抛出。这与人们对未来价格的预期和投机的需要相关，也可以作为需求定理的一种例外。

四、需求量的变动和需求的变动

在经济分析中，需要严格区分需求量的变动和需求的变动。

(一)需求量与需求的区别

需求量与需求是两个不同的概念。需求量是在给定价格下，买者愿意并且能够购买的商品量。比如，当牛肉价格为60元/千克时，消费者愿意购买40千克，这40千克就是需求量。在图形上，需求量是需求曲线上的一个点。需求是指在不同价格水平时的不同需求量的总称，比如牛肉15元/千克时，需求量为100千克，30元/千克时为80千克，45元/千克时为60千克……这种在不同价格时相对应的不同需求量总称为需求。在图形上，需求是指整个需求曲线。

(二)需求量的变动

需求量的变动是指在影响需求的其他因素不变时，由商品本身价格变动所引起的购买量的变动。它表现为沿着同一条需求曲线的移动，如图2—2(a)所示。

(三)需求的变动

需求的变动是指商品本身的价格不变，由其他影响需求的因素变动所引起的购买量的变动。它表现为整条需求曲线的移动，为了简化这种变动，我们假设是曲线的平移，如图2—2(b)所示。

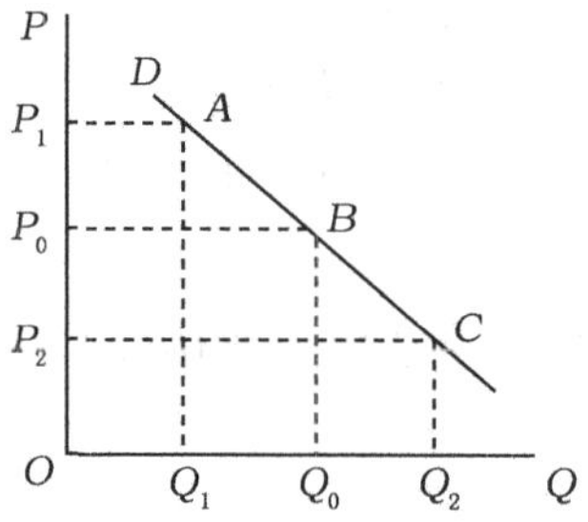

(a)需求量的变动

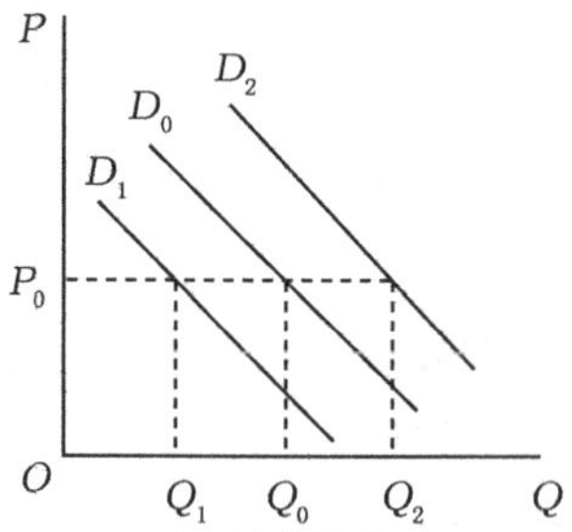

(b)需求的变动

图2—2 需求量的变动与需求的变动

按照需求和需求量的定义，需求的变动会引起需求量的变动，比如，当需求增加时，在各个价格下的需求量都增加了。但是，在需求量的变动中，所谓其他因素不变，是指在同一条需求曲线上因价格变动而引起的变动。

五、个人需求与市场需求

单个消费者对某种物品的需求，就是个人需求；市场上所有消费者对某种物品和劳务的需求的总和，称为市场需求。图 2—3 表明，市场需求曲线是通过把个人需求曲线水平相加而得出的。这就是说，任何一种价格时的总需求量可以通过把个人需求曲线横轴上表示的需求量相加而求得。市场需求曲线表示一种物品的总需求量如何随着该物品的价格变动而变动。我们更多的是分析市场如何运行，所以我们通常较多地使用市场需求曲线。

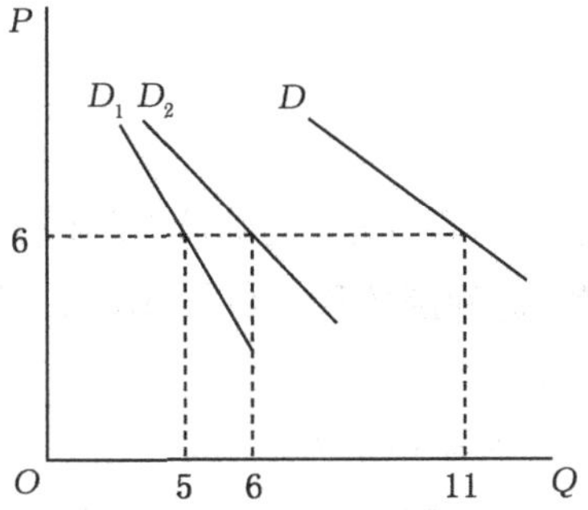

图 2—3　个人需求曲线与市场需求曲线

第二节　供给理论

一、供给

供给是指卖者在某一价格上愿意并且能够出售的商品量。供给是生产者的供给欲望和供给能力的统一，但更重要的是供给能力。我们仍然以牛肉为例来加以说明。

二、影响供给的因素

设想你经营一家养牛场，是什么因素决定你愿意生产并销售牛肉呢？一般来说，主要有以下几方面：

（一）价格

牛肉的价格是其供给量的一个决定因素。当牛肉价格提高时，出售牛肉有利可图，你愿意供给的数量也多；相反，当牛肉价格降低时，对你的经营不太有利，你将生产较少的牛肉。

（二）投入品的价格

为了生产牛肉，你投入了各种生产要素：牛、饲料、厂房以及养牛工人的劳动。当这些生产要素中的一种或几种价格上升时，生产牛肉的成本上升，在牛肉价格不变时，生产牛肉的利润减少，你的企业提供的牛肉也会减少；反之，则会引起牛肉供给的增加。

（三）技术

把各种生产要素变为牛肉的技术也是影响供给的因素。技术进步通过降低产品的生产成本来增加产品的供给量。比如，机械化养牛的技术减少了生产牛肉所必需的劳动量。在牛肉价格不变的条件下，牛肉的生产成本下降，牛肉的供给量增加。

（四）预期

你现在供给的牛肉量还取决于对未来上述各种因素的预期。如果你预期未来牛肉的价格会上升，你将会把你现在生产的一些牛肉储存起来，这就减少了今天牛肉的市场供给量。

（五）环境因素

政府政策和宏观环境等对产品的供给会产生一定的影响。比如，政府对创新创业所给予的税收减免和优惠贷款的政策。

三、供给函数和供给定理

（一）供给函数

如果把影响供给的各种因素作为自变量，把供给作为因变量，则可以用函数关系来表示影响供给的因素与供给之间的关系，这种函数称为供给函数。以 S 代表供给，$a,b,c,d,\cdots,n$ 代表影响供给的因素，则供给函数为：

$$S=f(a,b,c,d,\cdots,n)$$

为了分析的简便，假定影响供给的其他因素不变，只考虑商品本身的价格对该商品供给量的影响，并以 P 代表价格，则供给函数为：

$$S=f(P)$$

上式表明了某商品的供给量 S 是价格 P 的函数。供给函数用模型法（或称代数表达法）来表述供给这个概念。

如果某商品供给量与其价格之间是线性关系，即供给曲线是一条直线，那么，这种供给函数就是线性供给函数，其公式为：

$$S=-c+d\cdot P$$

其中，$c>0,d>0$。

之所以采用 $-c$，是因为只有当价格足够高时，才会产生供给。

（二）供给表和供给曲线

我们可以用供给表和供给曲线表示商品供给量与价格的关系。

供给表是表示商品供给量与价格之间函数关系的表格。表 2—2 是牛肉的市场供给表，它表示随着牛肉价格的变动，生产者愿意供给的牛肉数量。

表 2—2 牛肉的市场供给

牛肉的价格（元/千克）	牛肉的供给量（千克）
15	20
30	40
45	60
60	80
75	100

供给曲线是表示商品供给量与价格之间函数关系的图形。图 2—4 是根据表 2—2 画出的一条供给曲线。图中横轴表示牛肉的供给量，纵轴表示牛肉的价格。把价格和供给量的不同组合点连接起来形成的向右上方倾斜的曲线就是供给曲线。它表示在其他因素不变的情况

下，当牛肉的价格变动时，市场所提供的牛肉数量的变动。

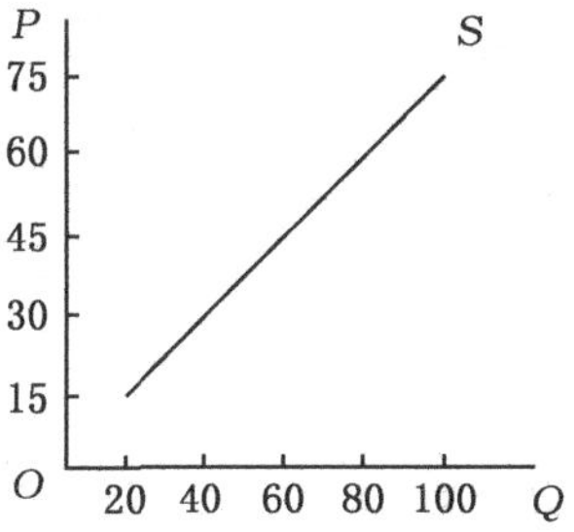

图 2—4　牛肉的供给曲线

(三)供给定理

从供给表和供给曲线可以看出，牛肉的供给量与其价格是呈同方向变动的。这种情况普遍存在，称为供给定理。供给定理描述了商品本身价格与其供给量之间的关系，其基本内容是：在其他因素不变时，某种商品的供给量与其价格同方向变动。即价格上升，供给量增加；价格下降，供给量减少。

知识窗 2—3　　供给定理的例外

供给定理指的是一般的商品规律。当然，这一规律也有例外。最重要的例外是劳动力的供给。当劳动力的价格即工资增加时，劳动力的供给会随着工资的增加而增长。但当工资增加到一定程度时，如果继续增加，则劳动力的供给不仅不会增加，反而还会减少。这种情况在分配理论中有详细说明。

还有一种情况是，有些商品由于受各种条件的限制，其供给量是固定的，无论价格如何上升，其供给也无法增加。例如，土地、文物、艺术品的供给就属于这种情况。

四、供给量的变动和供给的变动

在分析供给问题时，仍然要注意区分供给量的变动与供给的变动。

(一)供给量和供给的区别

供给量和供给是两个不同的概念。供给量是在给定价格下，卖者愿意并且能够提供的商品量。在图形上，供给量是供给曲线上的一个点。供给是指在不同价格水平时的不同供给量的总称。在图形上，供给是指整条供给曲线。

(二)供给量的变动

供给量的变动是指在其他影响供给的因素不变时，由商品本身价格变动所引起的生产者供给数量的变动。它表现为在同一条供给曲线上的移动，如图 2—5(a)所示。

(三)供给的变动

供给的变动是指商品本身价格不变，由其他影响供给的因素变动所引起的生产者供给数量的变动。它表现为整条供给曲线的平行移动(为简化而假定平移),如图 2—5(b)所示。

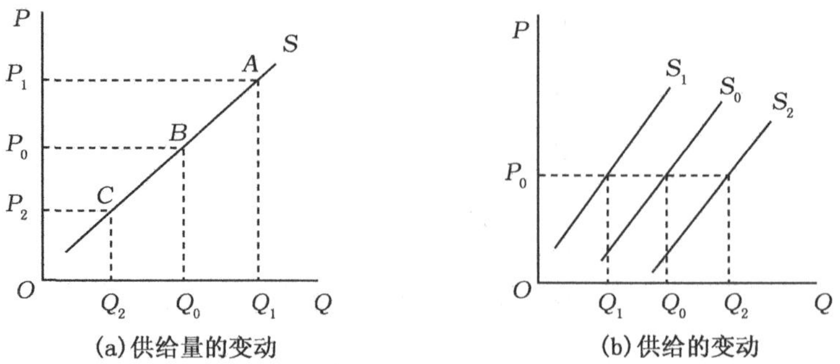

图 2—5 供给量的变动与供给的变动

五、个人供给与市场供给

如同前文对需求的分析,单个生产者对某种产品的供给,就是个人供给;市场上所有生产者对某种产品的供给的总和,称为市场供给。市场供给是个人供给的加总。图 2—6 表明,水平加总个人供给曲线可得出市场供给曲线。这就是说,任何一种价格时的总供给量可以通过把个人供给曲线横轴上表示的个人供给量相加而求得。市场供给曲线表明一种物品的总供给量如何随着它的价格的变动而变动。

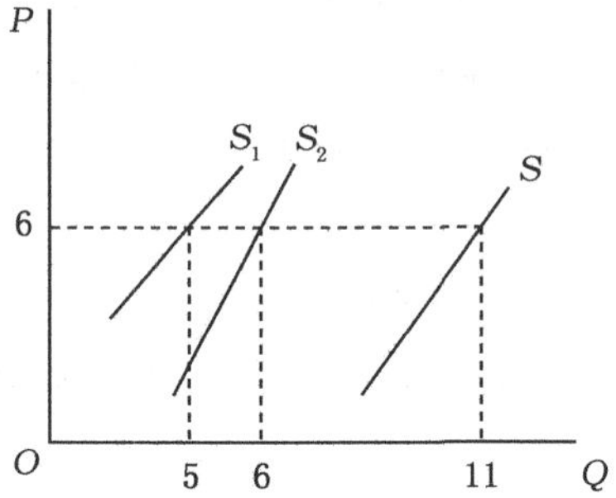

图 2—6 个人供给曲线与市场供给曲线

第三节 均衡价格

在分别说明了需求与供给之后,现在我们把两者结合起来,说明需求与供给如何决定均衡价格,以及均衡价格如何随需求与供给而变动。

一、均衡价格

(一)均衡价格的含义

均衡价格是指供给量和需求量相等时的价格,或者是需求曲线和供给曲线相交时的价格,此时需求价格等于供给价格,需求量等于供给量,如图 2—7 所示。

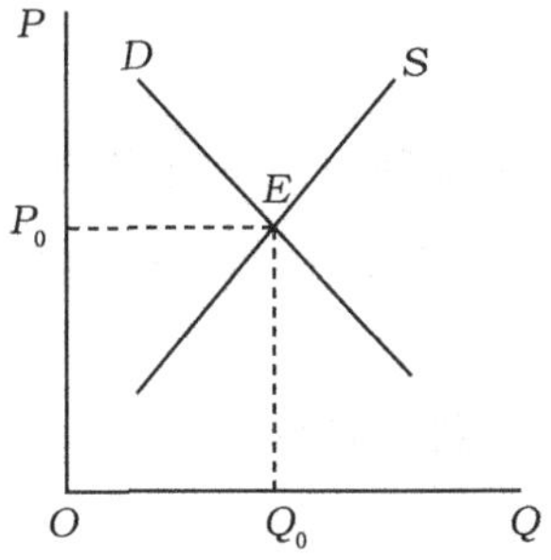

图 2—7　供求的均衡

均衡的含义是各种力量处于平衡的状态。在均衡价格时，买者愿意买进的数量和卖者愿意提供的数量正好相等，这时的价格处在一种相对稳定、不再变动的状态。在这种价格下，市场上的每一个人都得到了满足：买者得到了他想买的所有东西，卖者卖出了他想卖的所有东西。因此，均衡价格有时也称为市场出清价格。

(二)均衡价格的形成

均衡价格是通过市场供求关系的自发调节而形成的。由于供求的相互作用，一旦市场价格背离均衡价格，买者和卖者的行为使市场具有自动恢复均衡的趋势。

我们用图 2—8 来说明均衡价格的形成。

第一种情况：市场价格高于均衡价格。

在图 2—8(a)中，当牛肉的市场价格在 60 元/千克时，供给量(80 千克)超过了需求量(40 千克)，出现物品过剩，在现行价格下卖者不能卖掉他们想卖的所有物品，他们发现冰库里堆满了想卖而卖不出的牛肉，他们的反应必然是降低市场价格，一直降低到供给与需求相等，市场又恢复均衡为止。

第二种情况：市场价格低于均衡价格。

在图 2—8(b)中，当牛肉的市场价格在 30 元/千克时，需求量(80 千克)超过了供给量(40 千克)，存在物品短缺，买者不能按现行价格买到他们想买的物品，他们不得不排长队等候购买牛肉的机会。由于太多的买者抢购太少的物品，卖者的反应必然是提高市场价格，一直提高到供给与需求相等，市场又恢复均衡为止。

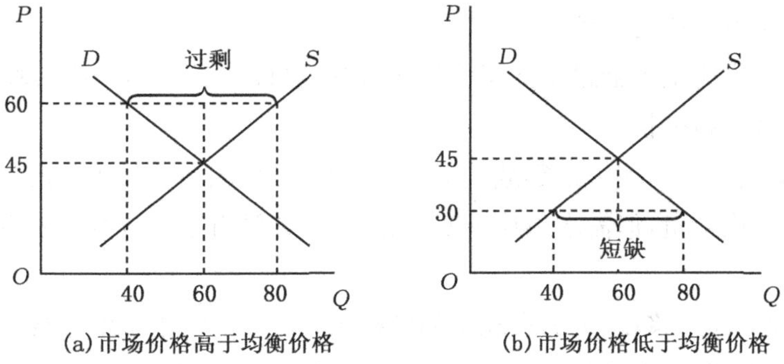

图 2—8　非均衡的市场

二、均衡价格的变动

既然均衡价格是由需求和供给这两种力量所决定的，因此当某些事件使需求或供给发生变动时，需求曲线或供给曲线的位置会发生移动，均衡价格和均衡数量也会随之改变。

（一）需求变动对均衡的影响

假设某个时期吃牛排成为时尚，这将如何影响牛肉市场的变动呢？我们按以下三个步骤进行分析：

第一，吃牛排的时尚能改变人们对牛肉的偏好而影响需求曲线。也就是说，在牛肉的价格既定时，人们可能会改变想购买的牛肉数量，但供给曲线不变，因为吃牛排的时尚并不直接影响牛肉的生产者。

第二，由于品尝牛排的欲望使人们想购买更多的牛肉，所以需求曲线向右方移动。如图 2—9(a)所示，需求曲线从 D_0 移动到 D_1，这意味着在某种价格下，牛肉的需求增加了。

第三，如图 2—9(a)所示，需求增加使均衡价格由 45 元/千克上升到 60 元/千克，均衡数量由 60 千克增加到 80 千克。

遵循上述分析步骤，假设医学专家警告过量消费牛肉会影响身体健康，这会影响人们对牛肉的购买量，但供给曲线不变。由于人们开始限制对牛肉的购买量，需求曲线向左移动。如图 2—9(a)所示，需求曲线由 D_0 移动到 D_2，这意味着人们对牛肉的需求减少，需求减少引起均衡价格下降、均衡数量减少。

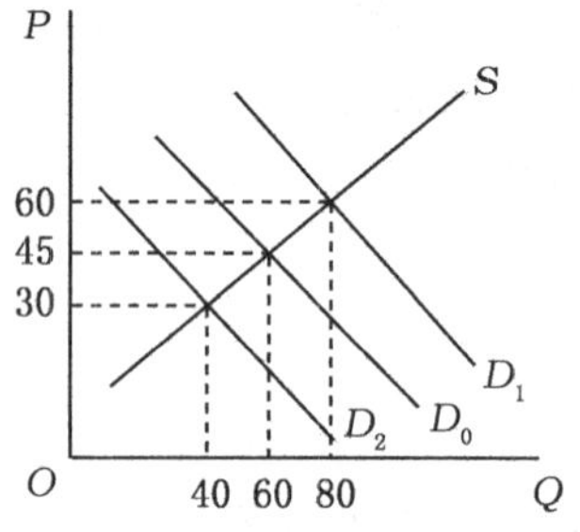

(a) 需求变动对均衡的影响

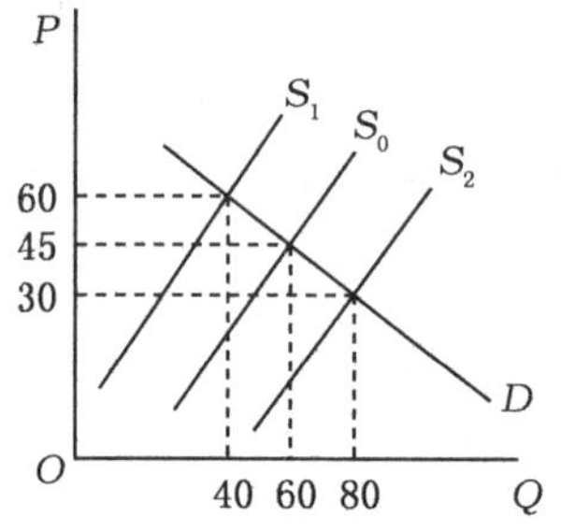

(b) 供给变动对均衡的影响

图 2—9　供求变动对均衡的影响

（二）供给变动对均衡的影响

假设某个时期发生地震摧毁了几家养牛场，这一事件如何影响牛肉市场的变动呢？我们仍然遵循三个步骤进行分析。

第一，地震影响供给曲线。地震减少了养牛场的数量，因而改变了在既定的牛肉价格下企业生产和销售的牛肉数量，但需求曲线不变，因为地震并没有直接改变消费者愿意购买的牛肉数量。

第二，供给曲线向左移动，因为在既定的价格水平上，企业愿意并且能够提供的牛肉数量减少了。图 2—9(b)说明随着供给曲线从 S_0 移动到 S_1，供给减少了。

第三，如图 2—9(b)所示，供给减少使均衡价格由 45 元/千克上升到 60 元/千克，均衡数量由 60 千克减少到 40 千克。

假设政府为使农户脱贫致富而鼓励兴办家庭养牛场。同样，遵循上述分析步骤：这一事件会影响供给曲线，但需求曲线不变。养牛场的增加使供给曲线向右移动，如图 2—9(b)所示，供给曲线由 S_0 移动到 S_2，这意味着牛肉供给的增加，供给增加引起均衡价格下降、均衡数量上升。

(三)需求和供给同时变动对均衡的影响

从上述讨论可知，当需求变动而供给不变时，如表 2—3 所示。

表 2—3　需求变动对均衡的影响

需　求	供　给	均衡价格	均衡数量
增加	×	增加	增加
减少	×	减少	减少

当供给变动而需求不变时，如表 2—4 所示。

表 2—4　供给变动对均衡的影响

需　求	供　给	均衡价格	均衡数量
×	增加	减少	增加
×	减少	增加	减少

把上表综合，当需求增加而供给减少时，可以看到需求和供给分别对均衡价格的影响都是增加，而对均衡数量的影响则为一增一减，随增减幅度不同而变化。所以结论是：当需求增加、供给减少时，均衡价格是增加的，而均衡数量的变化是不确定的，如图 2—10 所示。

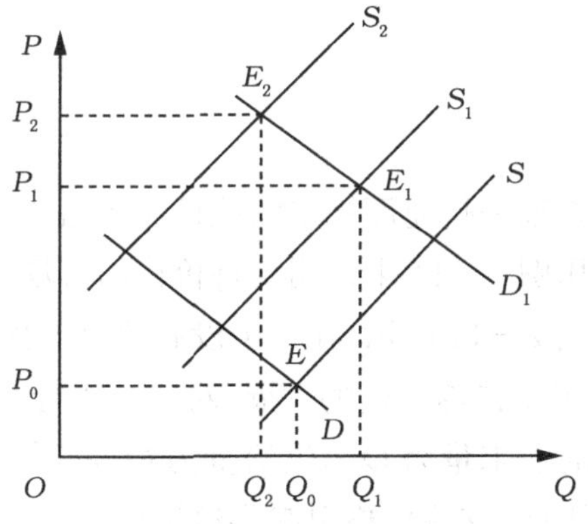

图 2—10　需求和供给同时变动对均衡的影响

图 2—10 表明当需求增加、供给减少时的两种情况。当需求从 D 移动到 D_1、供给从 S 移动到 S_1，均衡点从 E 移动到 E_1，均衡价格增加，均衡数量增加。假若供给从 S 移动到 S_2，则均衡点从 E 移动到 E_2，均衡价格增加，均衡数量减少。所以在需求增加、供给减少时，均衡价格增加，而均衡数量的变化是不确定的。

三、价格机制在配置稀缺资源中的作用

在市场经济中，需求和供给共同决定了经济中许多不同物品和劳务的价格；而价格的变动又会引起需求量和供给量的变动，从而引导着稀缺资源的配置。市场经济就是一种用价格机制引导资源配置的经济制度。

价格机制在稀缺资源配置中的作用主要表现为两点：一是传递信息。市场上有许多消费者和生产者，每个单个的消费者和生产者很难了解市场的供求情况，因为他们无法去做详细的市场调查。但是，他们却可以通过观察价格变动的情况来获得供求变动的信息。在市场上，价格瞬息万变，及时地把市场供求变动的信息传递给消费者和生产者，使他们做出正确决策。二是行为指导。在市场经济中，成千上万的消费者和生产者分散、独立地做出决策，如何使消费者对某种物品或劳务的购买量与生产者的产量相一致呢？通过价格调节，可以起到这种作用。生产者根据某种物品或劳务的价格涨跌做出自己的生产决策，消费者根据价格的涨跌做出自己的购买决策，最终会使资源得到最优配置。

市场经济中有无数互不相关的独立决策者，是价格机制使分散的决策免于陷入混乱，使千百万有不同能力和需要的人的行动得以协调，使人们的需求得到满足。每个人(消费者和生产者)都在价格调节之下做出选择，这种选择使市场经济的运行和谐而有序，使资源配置实现最优。

第四节　价格政策

在现实经济生活中，政府经常出于某些社会或政治目的对价格进行干预。比较常见的价格管制形式有支持价格和限制价格。本节我们以供给和需求为分析工具，说明政府的价格政策如何影响市场结果。

一、支持价格

支持价格是政府为了支持某一行业而规定的该行业产品的最低价格。这一价格高于市场自发形成的均衡价格。可以用图 2－11 来说明支持价格的市场结果。

我们仍以牛肉为例。如图 2－11 所示，在一个没有政府干预的市场上，牛肉的均衡价格为 P_0，均衡数量为 Q_0。政府为了扶持养牛业的发展，对牛肉实行了支持价格 P_1，P_1 大于 P_0，即支持价格高于均衡价格。这时需求量为 Q_D，供给量为 Q_S，即供给大于需求，一些想以支持价格出售牛肉的人卖不出去。因此，支持价格引起供给过剩。为了维持支持价格，政府必须采取相应措施。这类措施有：一是政府收购过剩产品，或用于储备，或用于出口。在出口因国家之间的贸易争端而受阻的情况下，会增加政府财政支出的负担。二是政府对生产者提供差价补贴，使生产者可以低于支持价格销售而不损害行业或企业的供给愿望和能力。

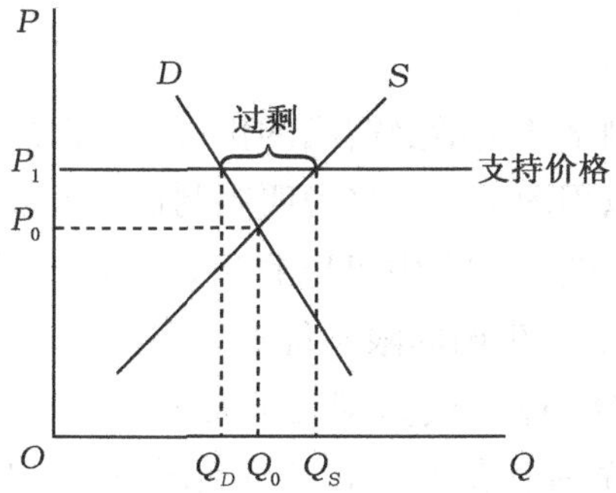

图 2—11 支持价格

知识窗 2—4 农产品支持价格的运用

许多国家都通过不同的形式对农产品实行支持价格政策，以稳定农业。在具体运用中，农产品支持价格一般采取两种形式。

一种是缓冲库存法，即政府或其代理人按照某种平价收购全部农产品，在供大于求时增加库存或出口，在供小于求时减少库存，以平价进行买卖，从而使农产品价格由于政府的支持而维持在某一水平上。

另一种是稳定基金法，也是由政府或其代理人按照某种平价收购全部农产品，但并不是建立库存进行存货调节再以平价买卖，而是在供大于求时努力维持一定的价格水平，在供小于求时使价格不至于过高。这种情况下，收购农产品的价格也是稳定的，但销价不稳定，同样可以起到支持农业生产的作用。各国对农产品平价，即支持价格的确定方法也不完全相同。美国是根据平价率来确定支持价格。平价率是指农场主销售农产品所得收入与购买工业品支付价格(包括利息、税款和工资等)之间的比率，即工农业产品的比价关系。它反映了农民购买力的变动情况。美国以 1910～1914 年间的平价率作为基数来计算其他各年的平价率，并按平价率的变动来调整支持价格。法国是建立由政府官员、农民、中间商和消费者代表组成的农产品市场管理组织，由这一组织制定目标价格(能得到的最高价格)、干预价格(能保证的最低价格，即支持价格)和门槛价格(农产品最低进口价格)。当农产品低于干预价格时，由政府按这一价格收购全部农产品；当农产品高于目标价格时，则由政府抛出或进口农产品。法国 95%左右的农产品都受到这种价格干预。欧洲经济共同体(简称“欧共体”)各国都存在农产品过剩问题。欧共体成立后，包括法国在内的欧共体各国共同实施了以支持价格为中心的农业政策。1962 年成立了小麦、猪肉、蛋、家禽共同市场组织，1963 年成立了乳品、大米、牛肉共同市场组织，1966 年成立了食糖、水果、蔬菜共同市场组织，1970 年成立了葡萄酒、烟草、水产共同市场组织。为了保证农产品支持价格的实施，还在 1962 年成立了欧洲农业指导和保证基金，该组织承担了各国用于农产品干预收购开支以及农产品出口补贴等方面的费用。

二、限制价格

限制价格是政府为了限制某些生活必需品的价格上涨而规定的产品的最高价格。限制价格一般都低于均衡价格。可以用图 2—12 来说明限制价格政策的市场结果。

我们再回到牛肉市场。从图 2—12 中可以看出，牛肉的均衡价格为 P_0，均衡数量为 Q_0。但政府为了防止价格上涨，确定了牛肉的限制价格为 P_1，$P_1<P_0$，即限制价格低于均衡价格。这时需求量为 Q_D，供给量为 Q_S，$Q_D>Q_S$，即需求大于供给，一些想以限制价格购买牛肉的人买不到。因此，限制价格引起物品的短缺。在这种情况下，将出现三种后果：一是排队抢购；二是实行严格的配给制度；三是出现黑市交易。因此，一般经济学者都反对长期采用限制价格政策。

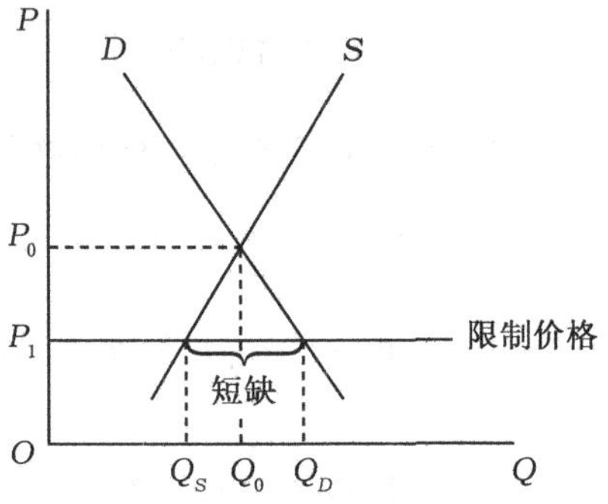

图 2—12 限制价格

第五节 弹性理论

以上所述的供求理论说明，需求量和供给量会随着影响它们的因素的变动而变动。但是，这些因素变动引起的需求量或供给量的变动幅度有多大呢？为了分析需求量或供给量对其影响因素变动的反应程度，需要引入弹性的概念。

一、需求价格弹性

（一）需求价格弹性的含义及计算公式

需求价格弹性衡量需求量对价格变动的反应程度。不同的商品，需求量对价格变动的反应是不同的。例如，电视机的价格变动会引起需求量的较大变动，而食盐价格的变动所引起的需求量的变动幅度很小。需求价格弹性可用来度量需求量对价格变动的反应程度的大小。

经济学家用需求量变动的百分比除以价格变动的百分比来计算需求价格弹性，用公式表示为：

$$\text{需求价格弹性}=\frac{\text{需求量变动的百分比}}{\text{价格变动的百分比}}$$

需求价格弹性的大小可用弹性系数表示。如果用 E_d 代表需求价格弹性系数，P 代表价格，ΔP 代表价格的变动量，Q 代表需求量，ΔQ 代表需求的变动量，则上式可表示为：

$$E_d=\frac{\Delta Q/Q}{\Delta P/P}$$

例如，假定牛排的价格由每块 5 元上升到 5.5 元（$P=5, \Delta P=0.5$），使你购买的牛排从每个月 10 块减少到 8 块（$Q=10, \Delta Q=-2$），则牛排的需求价格弹性为：$E_d=\frac{-2}{10}/\frac{0.5}{5}=-2$。

在这个例子中，需求价格弹性是 2，反映了需求量变动是价格变动的 2 倍。

由于一种物品的需求量与其价格呈反方向变动，所以需求价格弹性系数应为负值。但在实际运用中，为了方便起见，一般都取其绝对值。

（二）需求价格弹性的分类

不同的物品，需求价格弹性不同。根据弹性系数绝对值的大小，需求价格弹性可以分为四类。

(1)需求完全无弹性，即 $E_d=0$。在这种情况下，无论价格如何变动，需求量都不会变动。

(2)单位需求弹性，即 $E_d=1$。在这种情况下，需求量变动的百分比等于价格变动的百分比。这仅仅是一个参考指标，用于区分下面两类不同的价格弹性。

(3)需求缺乏弹性，即 $E_d<1$。在这种情况下，需求量变动的百分比小于价格变动的百分比。生活必需品，如粮食、蔬菜等属于这种情况。

(4)需求富有弹性，即 $E_d>1$。在这种情况下，需求量变动的百分比大于价格变动的百分比。奢侈品、汽车、珠宝、国外旅游等属于这种情况。

$$E_d=\frac{\Delta Q/Q}{\Delta P/P}=\frac{\Delta Q}{\Delta P}\times\frac{P}{Q}$$

图 2－13 中，$\Delta Q/\Delta P$ 不变，A、B 两点的 P/Q 相差极大，同一条曲线，A 点弹性远大于 B 点，即价格越高，弹性越大。

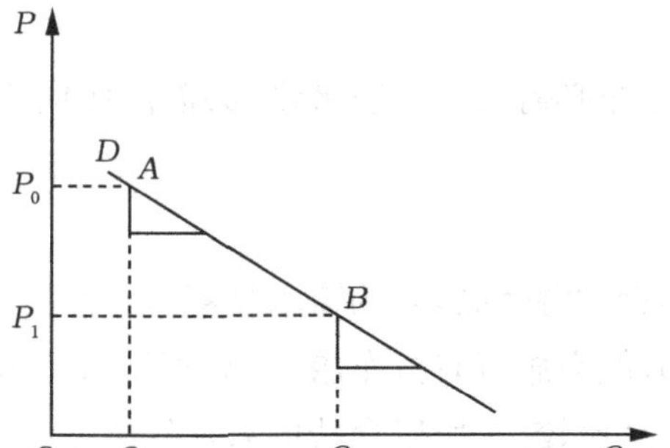

图 2－13　同一条需求曲线上，不同点的弹性不同

从图 2－14 可知：

$$E_1=\frac{\Delta Q_1}{\Delta P}\times\frac{P}{Q}$$

$$E_2=\frac{\Delta Q_2}{\Delta P}\times\frac{P}{Q}$$

$\Delta Q_2 > \Delta Q_1$，所以 $E_2 > E_1$。

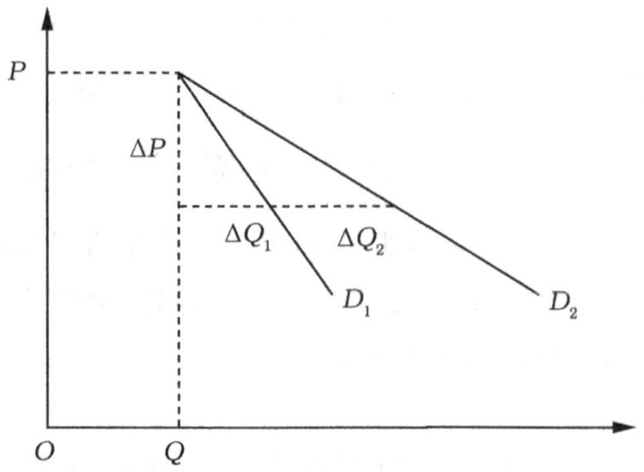

图 2—14　经过同一点的两条不同的需求曲线

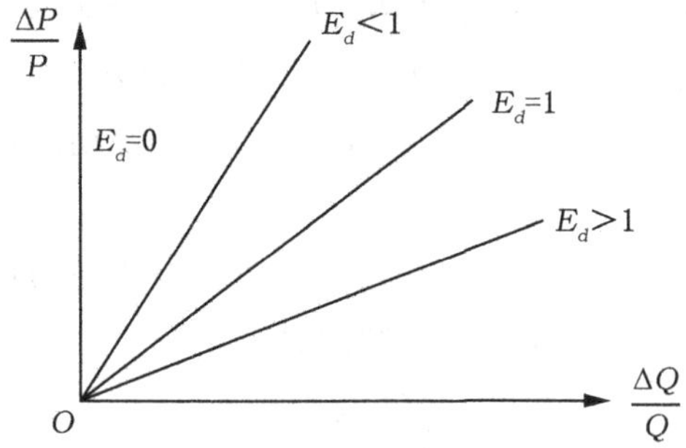

图 2—15　需求价格弹性示意图

(三)影响需求价格弹性的因素

1. 商品的必需程度

即该商品是必需品，还是非必需品。一般来说，必需品倾向于需求缺乏弹性，非必需品倾向于需求富有弹性。

2. 物品的可替代程度

如果一种物品有许多相近的替代品，它的需求是富有弹性的。因为价格上升时，消费者会转而购买其他替代品。例如，航空旅行有汽车旅行、火车旅行可替代，所以航空旅行的需求价格弹性比较大。食盐的替代品比较少，所以食盐的需求价格弹性比较小。

3. 物品在消费者预算支出中所占比重

如果一种物品的消费支出在预算总支出中占较大的比例，当价格变动后，消费者会对其需求量慎重考虑，因而该物品的需求价格弹性较大，比如电脑、汽车等；如果某物品是一项小的开支，消费者对该类物品的价格变动不敏感，因而弹性较小，比如火柴、盐、铅笔等物品的需求价格弹性是比较小的。

4. 时间的长短

物品往往随着时间延长而需求更具有弹性。当汽油价格上升时，在最初的几个月中汽油的需求量只略有减少。但是，随着时间的推移，人们购买更省油的汽车，或转向公共交通，或迁移到离工作地方更近的地点，如此几年之内，汽油的需求量会大幅度减少。

（四）需求价格弹性与总收益

需求价格弹性对于企业制定价格策略是非常有用的。因为它有助于弄清价格变动对总收益的影响。对许多企业来说，要想增加总收益，在制定价格策略时，一定要考虑所生产的物品的需求价格弹性与总收益的关系。

1. 缺乏弹性的物品需求价格弹性与总收益的关系

如果一种物品的需求是缺乏弹性的，那么，价格上升会使总收益增加，价格下降会使总收益减少。这是因为对于需求缺乏弹性的物品来说，需求量变动的比例总是小于价格变动的比例。

以大米为例说明这一问题。粮食降价而总收益减少，就是我们一般所说的"谷贱伤农"。其原因就在于粮食是生活必需品，需求缺乏弹性。粮食丰收造成粮价下跌，并不会使需求量同比例增加，这就使总收益减少，农民的收入下降。同理，遇到灾荒年，粮食价格飞涨，农民也许将"因祸得福"。

2. 富有弹性的物品需求价格弹性与总收益的关系

如果一种物品的需求是富有弹性的，那么，价格上升会使总收益减少，价格下降会使总收益增加。价格与总收益呈反方向变动，这是因为对于需求富有弹性的物品来说，需求量变动的比例总是大于价格变动的比例。

富有弹性的物品价格下降而总收益增加就是我们一般所说的薄利多销。"薄利"是由于降价使每单位物品的利润减少了，但降价能"多销"，"多销"则会增加总收益。因为需求富有弹性的物品降价引起销售量增加的比例大于降价的比例。在现实中，"跳楼价"、"出血价"等实行薄利多销的产品均为需求富有弹性的物品。

知识窗 2—5　　薄利多销

薄利多销是指低价低利、扩大销售的策略。"薄利多销"中的"薄利"就是降价，降价就能"多销"，"多销"就能增加总收益。实行薄利多销的商品，必须满足商品需求价格弹性系数减去销售量增长率后的数值大于1。对于需求富有弹性的商品来说，当该商品的价格下降时，需求量（从而销售量）增加的幅度大于价格下降的幅度，所以总收益增加。化妆品能薄利多销而药品却不行的原因是药品是必需品，需要的时候必须要买，不需要的时候薄利也没人买，没病的人不会去买药。

二、供给价格弹性

（一）供给价格弹性的含义及计算公式

供给价格弹性衡量供给量对价格变动的反应程度。不同的物品，供给量对价格变动的反应是不同的。有的物品价格变动幅度大，而供给量变动幅度小；有的物品价格变动幅度小，而供给量变动幅度大。供给价格弹性可用来度量供给量对价格变动的反应程度的大小。

经济学家用供给量变动的百分比除以价格变动的百分比来计算供给价格弹性，即：

$$\text{供给价格弹性}=\frac{\text{供给量变动的百分比}}{\text{价格变动的百分比}}$$

如果以 E_s 代表供给价格弹性，P 代表价格，ΔP 代表价格的变动量，Q 代表供给量，ΔQ 代表供给的变动量，则上式可表示为：

$$E_s=\frac{\Delta Q/Q}{\Delta P/P}$$

例如，假定牛奶的价格由每千克 3 元上升到 3.3 元（$P=3,\Delta P=0.3$），养牛场生产的牛奶量从 1 万千克增加到 1.15 万千克（$Q=10\ 000,\Delta Q=1\ 500$），则牛奶的供给价格弹性为：$E_s=\frac{1\ 500}{10\ 000}/\frac{0.3}{3}=1.5$。

在这个例子中，弹性为 1.5，大于 1，反映了供给量的变动比例大于价格的变动比例。

价格与供给量呈同方向变动，所以供给价格弹性为正值。

（二）供给价格弹性的分类

供给价格弹性也可以分为四种类型。

(1)供给完全无弹性，即 $E_s=0$，表明无论价格如何变动，供给量都不变。供给完全无弹性的情况比较少见。一些不可再生资源，如土地和那些无法复制的古董的供给属于这种情况。

(2)单位供给弹性，即 $E_s=1$，表明供给量变动的比例等于价格变动的比例。这是一个参考指标，用于区分下面两类不同的价格弹性。

(3)供给缺乏弹性，即 $E_s<1$，表明供给量变动的比例小于价格变动的比例。一些难以生产的物品属于这种情况。

(4)供给富有弹性，即 $E_s>1$，表明供给量变动的比例大于价格变动的比例。一些较为容易生产的物品属于这种情况。

（三）影响供给价格弹性的因素

1. 生产的难易程度

一般而言，容易生产而且生产周期短的产品对价格变动的反应快，其供给价格弹性大，比如书、汽车、电视机这类制成品。而不易生产且生产周期长的产品对价格变动的反应慢，其供给价格弹性也就小，比如土地供给缺乏弹性是因为土地难以生产，土地的供给量对价格的变动几乎没有反应。

2. 生产商通常会有长远的打算

这是决定供给价格弹性的关键因素。在短期中，企业不能轻易改变其生产规模来增加或减少一种物品的产量。因此，在短期中供给量对价格的变动非常不敏感。在长期中，企业可以建立新工厂或关闭旧工厂，新企业可以进入一个市场，老企业也可以退出市场。因此，在长期中供给量可以对价格的变动做出相当大的反应。

【关键术语】

需求　需求定理　供给　供给定理　均衡价格　需求弹性　供给弹性

【课堂讨论】

1. 在河北的一个小村子里，一位农民企业家在自己的村里建造了一个小型发电站，为自己家乡提供电力，价格却比国家便宜很多。老百姓得到了实惠，也打破了国家垄断电力部门的固有局面。你认为政府控制电力、煤气、水的价格将来有一天会市场化吗？你认为是由政府控制还是由市场决定更合理？

2. 近些年来，家电的价格一直降低，导致了居民需求量增加，你认为影响商品需求量的因素除了价格以外，还有哪些？

【复习自测】

1. 什么是需求？什么是需求曲线？什么是需求理论？影响需求的因素有哪些？

2. 什么是供给？什么是供给曲线？影响供给的因素有哪些？

3. 什么是均衡价格？简述均衡价格的形成。

4. 什么是支持价格？什么是限制价格？

5. 什么是需求价格弹性？理解需求价格弹性的含义时要注意哪些问题？举例说明高弹性和低弹性的商品有哪些。

6. 什么是供给价格弹性？供给价格弹性是怎样分类的？举例说明高弹性和低弹性的商品有哪些。

7. 影响供给价格弹性的因素有哪些？

8. 富有弹性的商品需求价格弹性与总收益之间的关系是怎样的？

9. 缺乏弹性的商品需求价格弹性与总收益之间的关系是怎样的？

10. 有一个竞争性市场，在不同的价格下，其需求量和供给量(每年)如表 2—5 所示。

表 2—5

价格(美元)	需求量(百万单位)	供给量(百万单位)
60	22	14
80	20	16
100	18	18
120	16	20

(1)当价格为 80 美元和 100 美元时，分别计算需求价格弹性。

(2)当价格为 80 美元和 100 美元时，分别计算供给价格弹性。

(3)均衡价格和均衡数量是多少？

(4)假设政府制定了一个 80 美元的最高限价，是否会出现短缺？如果有，将会是多大？

第三章　消费者行为理论

【学习目标】

1. 了解效用、基数效用论、序数效用论；
2. 了解消费者均衡的定义、影响消费者均衡的因素；
3. 掌握消费者剩余；
4. 理解边际效用递减规律；
5. 理解边际替代率递减规律。

【重点】

效用、基数效用论、序数效用论、消费者均衡、消费者剩余等基本概念

【难点】

边际效用递减规律、边际替代率递减规律

导入案例

吃3个面包的感觉

美国前总统罗斯福连任三届后，曾有记者问他有何感想，总统一言不发，只是拿出一块三明治面包让记者吃，这位记者不明白总统的用意，又不便问，只好吃了。接着总统拿出第二块，记者还是勉强吃了。紧接着总统拿出第三块，记者为了不撑破肚皮，赶紧婉言谢绝。这时罗斯福总统微微一笑："现在你知道我连任三届总统的滋味了吧。"这个故事揭示了经济学中的一个重要原理：边际效用递减规律。

总效用是消费一定量某物品与劳务所带来的满足程度。边际效用是某种物品的消费量增

加一单位所增加的满足程度。我们就从罗斯福总统让记者吃面包说起。假定记者消费 1 个面包的总效用是 10 个效用单位,2 个面包的总效用是 18 个效用单位,3 个面包的总效用还是 18 个效用单位。记者消费第一个面包的边际效用是 10 个效用单位,第二个面包的边际效用是 8 个效用单位,第三个面包的边际效用是 0 个效用单位。这几个数字说明,随着消费面包数量的增加,边际效用是递减的。记者不再吃第三个面包,是因为再吃不会增加效用。比如,水是非常宝贵的,没有水,人就会死亡,但是你连续喝超过你能饮用的数量时,那么多余的水就没有什么用途了,再喝,边际价值几乎为 0,或是在 0 以下。现在我们的生活富裕了,我们都有"天天吃着山珍海味也吃不出当年饺子的香味"的体验。这就是边际效用递减规律。设想如果不是递减而是递增会是什么结果,吃 1 万个面包也不饱。吸毒就接近效用递增,毒吸得越多越上瘾。吸毒的人觉得毒品带给他的享受超过了其他的各种享受,所以他们会卖掉家产,抛妻弃子,宁可食不充饥、衣不遮体,毒却不可不吸。所以说,幸亏我们生活在效用递减的世界里,在购买消费达到一定数量后因效用递减就会停止下来。

全球数十亿消费者每年有数额庞大的私人消费支出花在数不清的商品和服务上,是什么决定了每个消费者的选择?有限的收入应该更多地用于储蓄还是消费呢?是在日常生活中增加开支还是把钱花在假日出国旅游呢?诸如此类,人们每天都要考虑如何把有限的时间和金钱作出最恰当的安排。消费者行为理论就是研究消费者如何作出选择,以及他们如何对价格和收入的变动作出反应。

第一节　效用与消费者选择

一、欲望与效用

消费者之所以要消费商品,是因为商品能够满足他的各种欲望。欲望是指一个人想要得到而没有得到某种东西的一种心理感觉。也就是说,欲望是不足之感和求足之愿的统一。

欲望是研究消费者行为的出发点,是人们一切经济活动的根本动机,欲望推动消费者从事劳动、决策购买、实现消费,最终获得满足。欲望就其本质而言是一种心理现象,具有层次性和无限性,当较低层次的欲望得到满足后,就会产生新的或更高层次的欲望,永无止境。同时,欲望又有轻重缓急之分,越是基本层次的欲望就越重要;欲望也有反复再现的性质,一种欲望因为消费某种商品得到满足而消失,隔一段时间后又会再生;欲望的强度是有限的,在某一时间段内随着消费某商品的增加,其欲望强度是递减的。

消费者从某种商品的消费中得到满足,就是效用。满足程度越高,效用就越大;满足程度越低,效用就越小;如果消费者从消费某种商品中感受到痛苦,则为负效用。某种商品效用的大小取决于消费者对该商品的主观感受,因此效用本身不仅没有客观评价标准,也没有伦理道德方面的意义,会因人、因时、因地而异。如可卡因等毒品,虽然危害社会、个人,但对于吸毒者而言却有很大效用。另外,商品的使用价值是它具有效用的基础条件,是客观的;而效用强调的是消费者的心理感受,是主观的。

二、基数效用论与序数效用论

既然效用表示消费者消费商品或劳务时获得的满足程度，那么如何来度量这种满足程度呢？西方经济学家先后提出了基数效用论和序数效用论两种理论。

(一)基数效用论

基数效用论者认为，效用可以用基数(1，2，3，…)来表示并且可以加总计量。消费者可以通过主观感受准确地知道自己每消费一商品所带来的效用是多少。如某人吃一块巧克力的效用是10个效用单位，看一场电影的效用是20个效用单位，拥有一台笔记本电脑的效用是100个效用单位。该消费者从这三种商品中得到的总的满足程度就是130个效用单位。基数效用论采用边际效用分析法来研究消费者如何实现满足程度最大化的问题，即消费者均衡问题。

(二)序数效用论

序数效用论者认为，效用是消费者的主观评价，是一种心理活动，无法计量并加总求和，只能表示出满足程度的高低和顺序，因而效用只能用序数(第一，第二，第三，…)来表示。例如，消费者消费了一个苹果和一个梨，他从中得到的效用无法衡量，也难以加总，但是他可以比较从消费这两种商品中得到的满足程度。如果他认为消费苹果带来的满足超过梨，那么苹果的效用是第一，梨的效用是第二。序数效用论采用无差异曲线分析法来研究消费者的行为。

现代经济学家一般都假定效用是以序数来度量的，但这并不意味着以基数效用论为假定前提的消费者行为理论是错误的。基数效用论与序数效用论可以同时存在、相互补充。

第二节　基数效用论的边际效用分析

一、边际效用与总效用

在运用边际效用分析法来分析消费者行为时，首先要了解两个重要的概念：边际效用与总效用。

边际效用是指消费者每增加一单位某种商品的消费所增加的满足程度，用 MU 表示。“边际”一词指两个变量之间变动的关系，即自变量变动一单位引起因变量变动的大小。在边际效用这个概念中，某种商品的消费量是自变量，效用的增加量是因变量。消费量变动引起的效用变动就是边际效用，数学表达式为：

$$MU=\Delta TU/\Delta Q$$

ΔTU 表示总效用的增量，ΔQ 表示商品消费量的增量。

总效用是指从消费一定量某种商品中得到的总的满足程度，用 TU 表示。假定消费者消费 Q 数量的商品或劳务，则总效用函数为：

$$TU=f(Q)$$

可以用表3—1说明总效用和边际效用的关系。

表 3—1　边际效用与总效用

苹果的消费量	边际效用	总效用
1	15	15
2	10	25
3	5	30
4	0	30
5	—5	25

根据表 3—1 可作出总效用曲线和边际效用曲线。

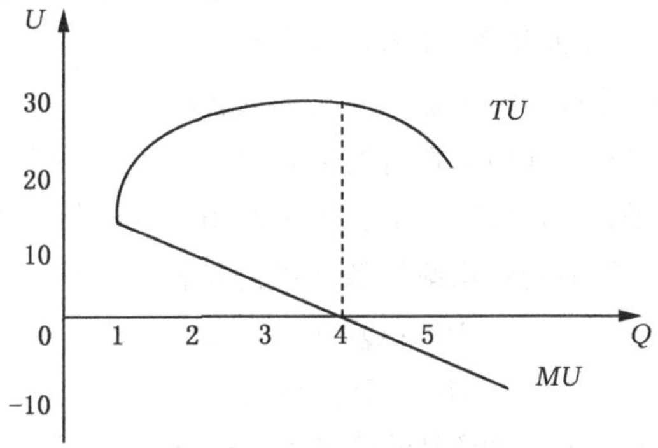

图 3—1　总效用曲线和边际效用曲线

在图 3—1 中，横轴表示苹果的数量 Q，纵轴表示效用 U。TU 为总效用曲线，MU 为边际效用曲线。

从图 3—1 中可以看出，随着苹果数量的增加，总效用先是不断增加的，但总效用增加的速率是递减的。边际效用则是随消费苹果数量的增加而不断减少。当边际效用为正值时，总效用递增；当边际效用为 0 时，总效用最大；当边际效用为负值时，总效用递减。即总效用曲线是一条先递增后递减凸向上方的曲线，而边际效用曲线则为一条从左上方向右下方倾斜的曲线。

二、边际效用递减规律

从表 3—1 和图 3—1 可以看出，随着苹果消费数量的增加，边际效用是递减的。这种现象普遍存在于一切商品和劳务的消费中，因此称为边际效用递减规律。边际效用递减规律可以表述为：随着消费者对某种商品消费量的增加，他从中得到的边际效用是递减的。如上例，吃第一个苹果时觉得又香又脆，获得很大的满足感；吃到第三个苹果时已经没有前面吃的苹果味道可口了；吃到第五个苹果时已经觉得恶心、不舒服了，此时边际效用为负数。这就是边际效用递减规律。

为什么边际效用会发生递减趋势呢？这可以用以下两个理由来解释：

第一，人的生理或心理原因。因为消费者消费一种商品的数量越多，生理上得到的满足或心理上对重复刺激的反应就下降了。

第二，每一种商品一般都有多种用途，以满足消费者的不同需求。消费者往往按商品的重要性来分配其用途。当商品的数量有限时，消费者会首先把它用于欲望最强烈即他感觉最重要的用途，而后用于欲望次要的用途。所以某商品的一定数量中的后一个单位给消费者提供的效用，一定会小于前一个单位提供的效用，从而发生边际效用递减规律。

如果把货币看作一种特殊的商品，那么货币的边际效用也是递减的，同样一元钱，对一个身无分文的乞丐和对一个千万富翁来说，其重要性是不同的。

三、消费者均衡

在一定条件下，消费者手中的货币量是一定的，消费者用这一定的货币来购买各种商品可以有多种多样的安排。但一般的目标是要使他买进的各种商品提供的总效用达到极大值。当消费者在既定收入下，通过购买各种商品来实现效用最大化时，既不想增加也不必减少任何商品购买数量的一种相对静止的状态，即消费者均衡。

那么，怎样才能使得花费一定量货币所买到的各种一定量的商品的总效用达到极大值呢？为了回答这个问题，我们假定：(1)消费者的偏好既定；(2)消费者决定买进商品的价格已知和既定；(3)消费者的收入既定，并假定他把收入全部用于购买某几种商品。

在这三个假设条件下，消费者均衡的条件用公式表示就是：

$$P_X \cdot Q_X + P_Y \cdot Q_Y = M \qquad (3.1)$$

$$MU_X / P_X = MU_Y / P_Y = \lambda \qquad (3.2)$$

式中，P_X 和 P_Y 为 X 和 Y 两种商品的价格，Q_X 和 Q_Y 为 X 和 Y 两种商品的购买量，M 为消费者的货币收入，MU_X 和 MU_Y 为 X 和 Y 两种商品的边际效用。λ 为每一单位货币的边际效用。

上述(3.1)式为限制条件，即在消费者收入既定前提下，他把收入全部用于购买 X 和 Y 商品，没有剩余，也没有超支。若有剩余，不能实现效用最大化，当然也不可能出现超支状况。(3.2)式为消费者均衡条件，即 X 和 Y 商品的边际效用与其价格之比应该相等，并等于一单位货币的边际效用，说明一单位货币不论是购买 X 还是购买 Y，带给消费者相同的满足程度。假如一单位货币花在 X 上得到的边际效用大于花在 Y 上的边际效用，即 $MU_X/P_X > MU_Y/P_Y$，根据边际效用递减规律，消费者就会增加 X 的购买、减少 Y 的购买，从而降低 X 的边际效用和增加 Y 的边际效用，直至最终达到 X 和 Y 商品的边际效用与其价格之比相等，消费者也达到了他最大限度的满足，即消费者均衡。反之亦然。

如果消费者所消费的不是两种商品，而是 X、Y、Z…多种商品，假设各种商品的价格分别为 P_X、P_Y、P_Z…，购买量分别为 Q_X、Q_Y、Q_Z…，各商品的边际效用分别是 MU_X、MU_Y、MU_Z…，则消费者的均衡条件为：

$$P_X \cdot Q_X + P_Y \cdot Q_Y + P_Z \cdot Q_Z + \cdots = M$$

$$MU_X / P_X = MU_Y / P_Y = MU_Z / P_Z = \cdots = \lambda$$

四、消费者剩余

根据基数效用论的观点，消费者对每种商品愿意支付的价格取决于它的边际效用。由于边际效用递减规律，消费者对同种商品的不同数量愿意支付的价格不同。该商品数量较少时，消费者对其效用的评价较高，愿意支付较高的价格；反之，则愿意支付较低的价格。而市场价格即消费者实际支付的价格是由该商品的市场供求决定的，大多稳定在某一价格水平上，也就是说，消费者购买任何数量的该商品实际支付的价格是相同的。于是，在消费者愿意支付的价格与他实际支付的价格之间就产生一个差额，这种差额被称为消费者剩余。表3—2说明如何计算消费者剩余。

表3—2　消费者剩余的计算

菠萝的消费量	消费者愿付价格(元)	市场价格(元)	消费者剩余(元)
1	13	5	8
2	11	5	6
3	9	5	4
4	7	5	2
5	5	5	0
合计	45	25	20

由表3—2可以看出，某种菠萝的市场价格为5元，消费者在购买第一个菠萝时愿意支付13元，此时获得了8元的消费者剩余。由于边际效用递减，消费者在购买第二个、第三个、第四个、第五个菠萝时愿意支付的价格分别为11元、9元、7元和5元，而市场价格不变，所以他的消费者剩余分别为6元、4元、2元和0元，即消费者购买5个菠萝共愿意支付的价格是45元(13+11+9+7+5)，而他实际支付的价格是25元(5×5)，两者差额为20元(45—25)，这个差额就是消费者剩余。

消费者剩余并不是消费者实际收入的增加，只是一种心理感觉，是衡量消费者福利的指标，即消费者剩余的增加就是消费者福利的增加。一般情况下，社会和技术越进步，生产效率越高，使消费者消费种类更多且物美价廉的商品，消费者剩余就越多。

知识窗3—1　边际效用递减规律给经营者的启示

消费者购买物品是为了效用最大化，而且物品的效用越大，消费者愿意支付的价格越高。根据效用理论，企业在决定生产什么时，首先要考虑商品能给消费者带来多大效用。

企业要使自己生产出的产品能卖出去，而且能卖高价，就要分析消费者的心理，能满足消费者的偏好。一个企业要成功，不仅要了解当前的消费时尚，还要善于发现未来的消费时尚。这样才能从消费时尚中了解到消费者的偏好及变动，并及时开发出能满足这种偏好的产品。同时，消费时尚也受广告的影响。一种成功的广告会引导一种新的消费时尚，左右消费者的偏好。所以说，企业行为从广告开始。

消费者连续消费一种产品的边际效用是递减的。如果企业连续只生产一种产品，它带给消费者的边际效用就在递减，消费者愿意支付的价格就低了。因此，企业要不断创造出多样化的产品，即使是同类产品，只要不相同，就不会引起边际效用递减。例如，同类服装做成不同式样，就成为不同产品，也就不会引起边际效用递减；如果是完全相同，则会引起边际效用递减，消费者不会多购买。

边际效用递减原理告诉我们，企业要进行创新，生产不同的产品满足消费者需求，减少和阻碍边际效用递减。

知识窗 3－2　　边际效用递减规律的应用

因为边际效用递减规律的存在，对于每个人来说，不管做什么事情，时间一长都难以为继。再好吃的东西，吃多了也会腻味；再好玩的游戏，玩久了也会厌烦。哪怕是休息，保持某种姿势时间太长也会觉得不舒服。所以一个人要使自己的生活得到最大满足，就要在不同的活动中进行变换。他不但要睡觉、吃饭，还要看电视、听音乐、旅游等。总之，一个人活在世界上，为了满足自己的欲望，实现自己的幸福，就要对自己的时间进行分配，要在不同的活动中进行选择。

为了说明一个人会根据什么原则来分配自己的时间，我们来看一个例子：

假设你是一个上网迷，你只对三件事感兴趣——读书、睡觉和上网，其他事你都不用操心。在这样的情况下，你将如何安排自己的生活？

根据边际效用递减规律，你不会长时间只做一件事，那样的话你会很不舒服。你正常的举动是：上网多了要休息，休息够了要读书，读完书又去上网。只有这样，你才会觉得舒服，才能最好地满足自己的欲望。

为了获得最大的满足，你首先要比较上网、睡觉、读书这三件事对你的重要性，去做最迫切需要的事。或者说，你要去做边际效用最大的事。但在你做这件事的时候，随着时间推移，它的边际效用会减少。当它的边际效用低于其他活动的边际效用时，你就会停止做这件事，转而去做第二件事。第二件事持续一段时间后，它的边际效用又会减少，你又会去做第三件事……如此轮流，你交替去做上网、睡觉、读书三件事中的某一件，其结果是，这三件事给你带来的好处趋于相等，你不会觉得某一件事比其他两件事对你来说更迫切。

在这种状况下，你已经没有办法得到更多的满足，或者说你就实现了自己的效用最大化。因为这时候你所面临的各种活动的边际效用是相等的，所以也可以称之为均衡。

在这样的过程中，你有一种资源（时间）可以投入不同的用途（上网、睡觉、读书），你总是选择边际效用最大的用途，然后又因为边际效用递减规律的存在，你不断把资源从产出较低的用途改配给产出较高的用途，最后使得资源投在各项用途上的边际效用相等，这就是择优分配原理。

择优分配原理的核心观点最早是由德国学者戈森在 1854 年提出来的。19 世纪 70～80 年代，奥地利、英国、法国的几位经济学家更完善和深入地论证了这些观点。20 世纪 70 年代，我国经济学者王国乡、茅于轼也曾独立地推导出择优分配原理的结论。

（资料来源：岑科：《大家的经济学》，南方日报出版社 2005 年版。）

第三节 序数效用论的无差异曲线分析

一、消费者偏好

在前面两个小节我们谈到，基数效用论者认为，效用可以准确地用基数来表示并且可以加总计量。而序数效用论者认为，效用是消费者的主观评价，无法计量并加总求和，只能表示出满足程度的高低和顺序，即消费者可以按照自己的偏好给商品排序。这种方法同样可以分析消费者行为，而且比基数效用论更便捷、实用和有效。序数效用论采用无差异曲线分析法来研究消费者的行为。

下面我们先来了解消费者偏好的问题。

有句俗语说："甲之熊掌，乙之砒霜。"对某人来说是非常喜爱的东西，对另一个人来说也许什么都不是，或者非常厌恶。全世界几十亿人，各有各的偏好：有爱喝茶的，也有只喝咖啡的；有偏爱美食的，也有只关注时装的。诸如此类，不胜枚举。面对千差万别的各种偏好，其中是否有一些共同点呢？这正是我们在这里要做的工作。

首先，我们假定消费者在心目中能给不同的商品或商品组按照偏好排序。即消费者可以依据商品带给他效用的大小来排一个偏好的顺序，而不必计算每个商品消费带来的具体效用是多少。假如面对商品 X 和 Y，消费者认为 X 的效用更大，说明他更偏好 X；反之亦然。如果两者的效用一样大，那么消费者就会觉得两者完全无差异，选择 X 或 Y 对他来说无所谓。

其次，假定消费者的偏好具有可传递性，即偏好在逻辑上是一致的。也就是说，如果消费者对于商品 X 和 Y，他更偏好 X，而当 Y 和 Z 放一起时，他更偏好 Y，那么在 X 和 Z 中他应该更偏好 X。

第三个假设虽不是必然成立的，但很普遍，就是"多比少好"原则。即消费者如果能增加某一种商品的消费而不必减少其他任何商品的消费，那么他会觉得总效用增加了。

我们在概括了消费者偏好的共同点或基本特征后，就能导入无差异曲线这个概念了。

二、无差异曲线

(一)无差异曲线的含义

无差异曲线是指带给消费者相同效用的所有商品组合情况，也就是说，对于同一条无差异曲线上的所有商品组合，消费者的偏好程度完全相同。

现在假定有 X 和 Y 两种商品，它们在数量上有 A、B、C 和 D 四种组合方式，这四种组合方式能给消费者带来相同的效用，即偏好相同或无差异，据此作出表 3—3。

表 3—3 无差异组合

组合方式	X 商品	Y 商品
A	1	10
B	2	5

续表

组合方式	X 商品	Y 商品
C	3	3
D	4	2

根据表 3—3 可作图 3—2。

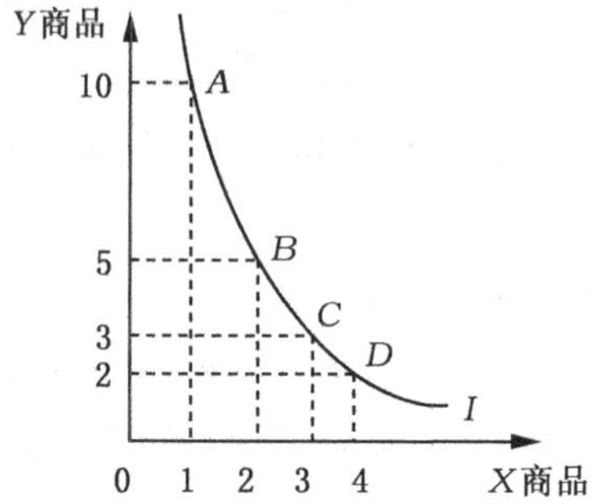

图 3—2 无差异曲线

在图 3—2 中，横坐标轴表示 X 商品的数量，纵坐标轴表示 Y 商品的数量，连接 A、B、C、D 四点的曲线 I，就是一条无差异曲线，线上任何一点所代表的 X 商品和 Y 商品不同数量的组合给消费者带来的效用是相同的。

(二)无差异曲线的特征

无差异曲线具有以下一些特征：

第一，无差异曲线是一条由左上方向右下方倾斜的曲线，其斜率为负值。这表明，消费者要得到相同的总效用，在增加一种商品的消费时，必须减少另一种商品的消费，两种商品不能同时增加或减少。

第二，在同一坐标平面上，有无数条无差异曲线。不同的无差异曲线代表不同的效用，离坐标原点越远的无差异曲线代表的效用越大，离坐标原点越近的无差异曲线代表的效用越小。如图 3—3 所示，曲线 I_3 上的 C 点代表的消费组合是 X_3 和 Y_1，曲线 I_2 上的 B 点代表的消费组合是 X_2 和 Y_1，曲线 I_1 上的 A 点代表的消费组合是 X_1 和 Y_1，虽然消费 Y 商品的数量都是 Y_1，但是消费 X 商品的数量是不同的，分别为 X_3、X_2 和 X_1，且 $X_3>X_2>X_1$。依据“多比少好”原则，说明 C 点的效用要高于 B 点，B 点的效用要高于 A 点，也就是说，曲线 I_3 的效用要高于曲线 I_2 的效用，曲线 I_2 的效用要高于曲线 I_1 的效用。

第三，在同一坐标平面上，任意两条无差异曲线不能相交。因为交点上两条无差异曲线代表了相同的效用，和上面第二个特征相矛盾。

第四，无差异曲线是一条凸向原点的曲线，这是由下述边际替代率递减规律决定的。在图上表现为曲线的斜率递减，因而其形状为凸向原点。

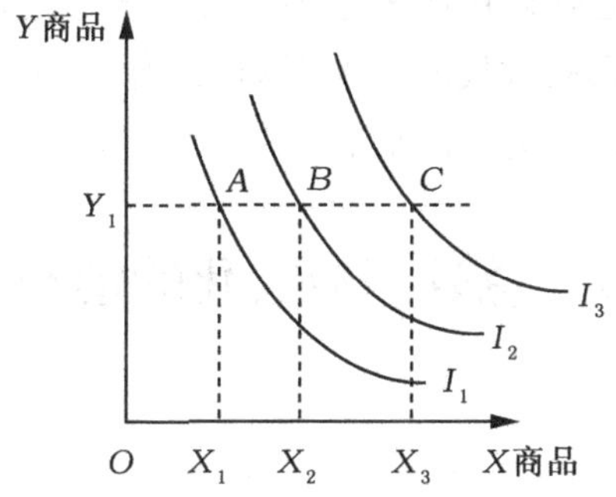

图 3—3 无差异曲线组

三、边际替代率递减规律

(一)边际替代率的含义

边际替代率是指某消费者在保持相同效用时,增加一种商品的数量与必须放弃另一种商品的数量之间的比率。以 ΔX 表示 X 商品的增加量,以 ΔY 表示 Y 商品的减少量,以 MRS_{XY} 表示 X 对 Y 的边际替代率,则公式为:

$$MRS_{XY}=\Delta Y/\Delta X$$

由于 ΔX 和 ΔY 的变动方向是相反的,所以边际替代率是负值,但人们一般取其绝对值,以方便研究。

(二)边际替代率递减规律

根据前面表 3—3 给定的数据,可以计算 MRS_{XY} 的数值,见表 3—4。

表 3—4 边际替代率

变动情况	X 商品的增加量(ΔX)	Y 商品的减少量(ΔY)	边际替代率(MRS_{XY})
从 A 到 B	1	5	5
从 B 到 C	1	2	2
从 C 到 D	1	1	1

从表 3—4 可以看出,消费者每增加 1 单位 X 商品的消费,必须放弃的 Y 商品越来越少,边际替代率 MRS_{XY} 从 5 下降到 2 再降至 1。可见,边际替代率变动的趋势是逐渐减少的,这就是边际替代率递减规律。该规律表明,在保持效用不变的前提下,随着一种商品消费数量的连续增加,人们必须放弃的另一种商品的消费数量是递减的。

边际替代率递减是人们的偏好普遍具有的一个特征。正如俗话说的"物以稀为贵",当人们对某一种商品的拥有量增加后,人们就越来越不愿意减少其他商品来进一步增加这种商品。如图 3—2 所示,在 A 点,X 商品相对稀缺,为了增加 1 单位的 X 商品,消费者愿意放弃很多的 Y 商品;而在 C 点,Y 商品相对稀缺,为了增加 1 单位的 X 商品,消费者只愿意放弃很少的 Y 商品。

其实,边际替代率递减规律是以边际效用递减规律为基础的。边际效用递减规律表明,随着一种商品消费量的增加，其边际效用越来越小。而在这里，当 X 商品的消费量不断增加时，其边际效用不断减少，从而使它的替代能力不断降低；当 Y 商品的消费量不断减少时，其边际效用不断增加，从而使它的替代能力不断提高。

第四节　总效用最大化的消费者均衡

一、预算约束线

消费者选择行为一方面受个人偏好、主观意愿的影响，另一方面又不得不考虑现实条件，即个人收入和商品价格的限制。

（一）预算约束线的含义

预算约束线是指在消费者收入和商品价格既定的条件下，消费者所能购买到的两种商品最大数量的组合。

假定消费者有一笔收入为100元，全部用来购买 X 和 Y 商品。X 商品的价格为10元，Y 商品的价格为20元。那么，如果将全部收入都用来购买 X 商品，可以购买到10个单位；如果将全部收入都用来购买 Y 商品，可以购买到5个单位。具体可用图3—4来表示。

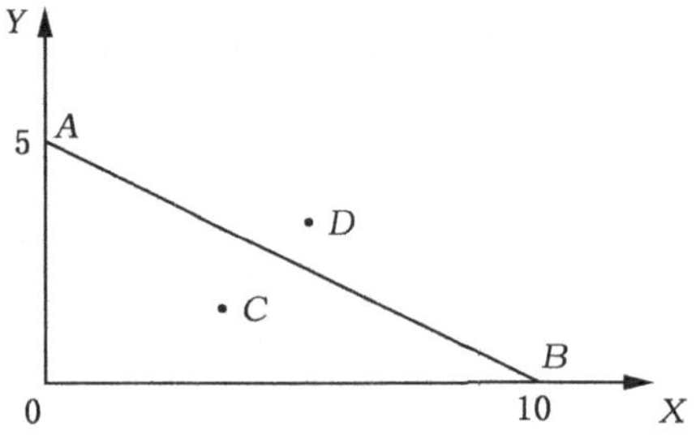

图3—4　预算约束线

在图3—4中，横坐标轴表示 X 商品的数量，纵坐标轴表示 Y 商品的数量，连接 A、B 两点的直线就是预算约束线。在预算约束线内的任何一点，如 C 点，消费者可以购买，但是消费者收入还有剩余，不是两种商品的最大数量组合。在预算约束线外的任何一点，如 D 点，这是消费者用完所有收入都不可能实现的商品消费组合。只有在预算约束线上的任何一点，才是消费者实现两种商品最大数量的组合。

如果用 M 表示消费者收入，P_X 表示 X 商品的价格，P_Y 表示 Y 商品的价格，X 表示 X 商品的消费数量，Y 表示 Y 商品的消费数量，则消费者的预算约束线可表述为：

$$P_X \cdot X + P_Y \cdot Y = M$$

两边移项得：

$$Y = M/P_Y - P_X/P_Y \cdot X$$

因为 M 既定，P_X、P_Y 为常数，所以 Y 与 X 之间是一个直线方程式，其斜率为 $-P_X/P_Y$，此即预算约束线的斜率，若取其绝对值，就是两种商品的相对价格。

（二）预算约束线的变动

由上述分析我们可以知道，消费者的预算约束线是以消费者的收入和商品价格为既定条件的。因此，当消费者的收入和商品的价格发生变动时，消费者的预算约束线也会随之变动。下面分析当商品价格不变、消费者收入变动时预算约束线的变动。

在上例中，假定消费者收入从 100 元上升到 140 元，X 和 Y 两种商品的价格保持不变，那么消费者可选择范围扩大了。若将所有收入购买 X 商品，可消费 14 个单位；若将所有收入购买 Y 商品，可消费 7 个单位。见图 3－5，预算约束线从 AB 向右移动到 $A'B'$，这是一个平行移动。因为两种商品价格不变，相对价格也就没变，所以预算约束线的斜率保持不变。

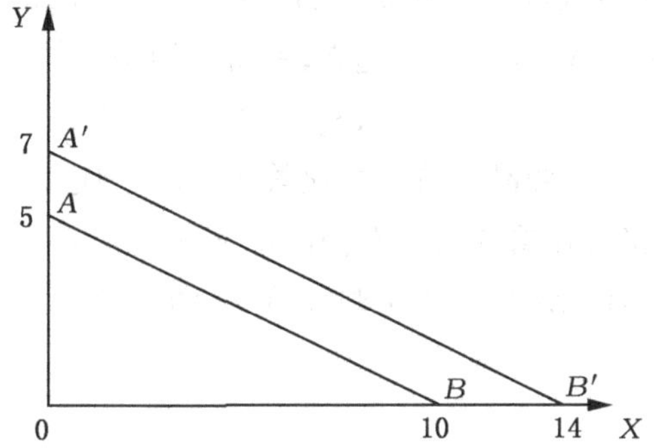

图 3－5　预算约束线的变动

二、消费者均衡

无差异曲线表示消费者对不同商品组合的主观偏好，预算约束线则代表了消费者有支付能力的商品消费的客观限制。消费过程就是把主观偏好与客观限制结合起来决定最佳消费选择，以获得最大的满足程度，这一最佳状态就是消费者均衡。因此，消费者均衡是指在一定收入和一定价格条件下，消费者购买一定量的商品组合所能获得最大满足的状态。

当消费者的收入为 M，他应该购买多少数量的 X 和 Y 商品才能获得最大效用呢？观察图 3－6，有预算约束线 AB 以及 3 条无差异曲线 I_1、I_2 和 I_3。由于有预算约束线的限制，消费者只能在 OAB 围成的三角区域内进行选择，同时为了实现效用最大化，消费者将会尽量达到离原点最远的无差异曲线。最终，消费者会在预算约束线和无差异曲线 I_2 相切的 E 点上

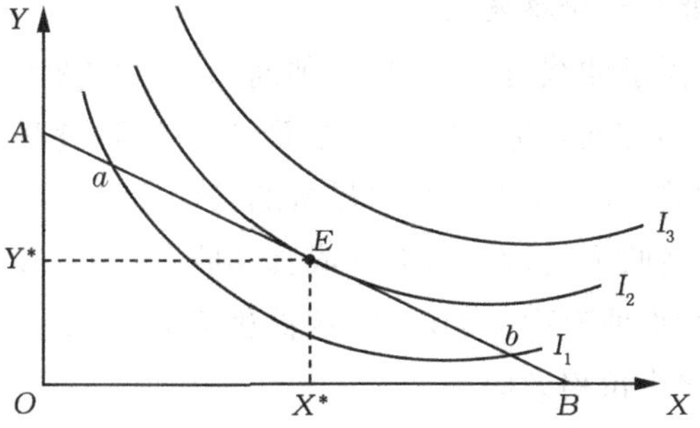

图 3－6　消费者均衡

达到均衡。

在均衡点 E 上，消费者可以购买的 X 商品的数量为 X^*，可以购买的 Y 商品的数量为 Y^*。虽然 I_3 曲线的效用水平高于 I_2，但是 I_3 上任何一点商品组合都是消费者的收入无法承担的，消费者心有余而力不足；如果选择了和 I_1 曲线相交的预算约束线上的 a 点或 b 点，消费者的收入可以承担，但是并没有达到效用最大化，因为 $I_1<I_2$，即 a 点或 b 点的效用低于 E 点。

根据上述说明，消费者均衡点 E 是预算约束线和无差异曲线的切点，即在 E 点上预算约束线和无差异曲线的斜率相等。回顾我们前面所学知识可知，预算约束线 AB 的斜率为 P_X/P_Y；无差异曲线的斜率为该点上两种商品的边际替代率 MRS_{XY}，它也等于两种商品边际效用之比，即 $MRS_{XY}=MU_X/MU_Y$。综合起来，就得到消费者均衡条件：

$$P_X/P_Y=MRS_{XY}=MU_X/MU_Y$$

即在消费者均衡点上，两种商品的价格之比等于边际替代率，等于两种商品的边际效用之比。如果我们把商品的价格之比看作市场对商品的客观评价，而把边际效用之比看作消费者对商品的主观评价，那么当客观评价等于主观评价时，消费者达到了效用最大化。

三、消费者收入变动

（一）恩格尔曲线

恩格尔曲线是以德国 19 世纪统计学家恩格尔的名字命名的。恩格尔一直致力于研究家庭收入和各项支出之间的关系，在 1857 年，他提出了一个消费者行为的经验法则，称之为恩格尔定律，即随着收入的上升，食品在总支出中的比重是下降的。作为一个总体的平均指标，收入中用于食品支出的比重可用恩格尔系数来表示。

恩格尔系数＝食物支出/家庭总支出×100％

我们常常将恩格尔系数作为衡量经济发展水平的一个指标。一般来说，恩格尔系数越高，富裕程度和生活水平越低；反之亦然。通常认为，恩格尔系数超过 50％的经济尚处于维持温饱的生计经济，小于 30％的则是富裕经济。当然这不是一个绝对标准，个别经济在一定时期内可能会出现经济发展与恩格尔系数相背离的情况。

恩格尔还发现，随着收入的上升，衣着、住房在总支出中的比重基本不变，而教育、娱乐、奢侈品、储蓄等比重是上升的。

（二）替代效应、收入效应和价格效应

从价格—消费曲线和需求曲线可以看出，一种商品价格的变动会引起该商品需求量的变动。这种变动其实是通过两方面来进行的。一方面，如果某种商品的价格下降了，那么消费者会多消费一些相对便宜的该商品，去替代相对昂贵的其他商品，这被称为替代效应；另一方面，商品价格下降相当于消费者收入的购买力上升或真实收入上升，从而使消费者达到更高的效用水平，并在一般情况下增加所有商品的消费，这被称为收入效应。这两者结合起来，就是价格变动带来的总影响，称之为价格效应。

在图 3－7 中，在原价格水平下，预算约束线为 A_1B_1，X 商品的价格下降后，预算约束线为 A_1B_2，均衡点从 E_1 到 E_2，对 X 的需求量从 X_1 上升到 X_2，所以价格效应为 X_1X_2，现在我

们把它作一个分解。

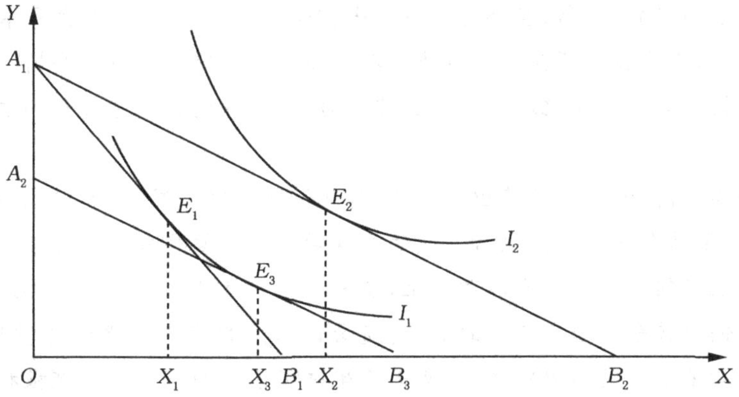

图 3—7　价格效应的分解(正常商品)

(1)为了完全独立考察相对价格变化带来的影响,我们先假定消费者的实际收入保持不变,即效用水平不变,仍在同一条无差异曲线 I_1 上,而预算约束线由于 X 和 Y 商品相对价格的改变而改变,这相当于画一条与新的预算约束线 A_1B_2 平行,又与原先的无差异曲线 I_1 相切的预算约束线 A_2B_3,从而得到新的均衡点 E_3。显然 E_3 点和 E_1 点效用相同,只是由于 X 商品的价格下降,相对于 Y 商品来说 X 商品变得便宜了,所以消费者愿意多消费便宜的商品、少消费昂贵的商品,即对 X 的需求量从 X_1 上升到 X_3。X_1X_3 就是替代效应。

(2)接下来,我们把预算约束线 A_2B_3 向右平移到 A_1B_2,即相对价格没有变化,而消费者收入增加了,这是因为商品价格下降而带来的消费者实际收入的上升。此时,消费者可从原效用水平 I_1 达到更高的效用水平 I_2,同时 X 商品的需求量也从 X_3 上升到 X_2。X_3X_2 就是收入效应。

以上是对正常商品价格效应的分解。

如果是劣质品,根据前面的分析,可知其收入效应为负,收入上升,需求量反而下降。对于价格下跌带来的替代效应,无论是正常商品还是劣质品,都是正的。正的替代效应与负的收入效应之和就是价格效应,它的符号较难判断,但一般劣质品的替代效应绝对值要大于收入效应,因而价格效应仍为正。如果是劣质品中的特例吉芬商品,则是负的收入效应超过了正的替代效应,因而价格效应为负值。

知识窗 3—3　　效用原理:幸福感并不会与财富同步增长

幸福感并不会与财富同步增长,在中国也发现了类似的证据。中国社科院社会学研究所上年公布的《中国居民生活质量报告》调查结果显示,目前中国近八成居民感到生活幸福,远远高于许多发达国家;更令人惊奇的是,农村居民幸福感强于城镇居民。此言一出,立即引起广泛关注,好奇、质疑乃至口诛笔伐,社会反响不一而足,然而,带给公众最多的莫过于困惑了。

其实,要解释这样的怪现象,一些经济学常识就够了。不过,话需要从头说起。19 世纪的德国经济学家戈森以经济学界的哥白尼自诩。他倾其小康之资写作了《人类交换规律与人类行为准则的发展》一书，在序言中他指出："哥白尼为了解释关于天体总和的规律所成功完成的事情，正是我在解释关于地球上人们关系的规律所完成的事情。我已经成功地发现了使人类赖以生存并支配人类进步的那种力量，以及这种力量作用的法则及其一般形式。"

但直到他临死前，他的书只售出了几本，为此他愤而停止发行，予以销毁，并郁郁而终。大浪淘沙，是金子总会发光的。他所创建的戈森两大定理最终成为支撑整个现代效用理论大厦的支柱。在任何一门经济学原理课上，要不了多久就必然会提到边际效用递减的心理学规律。教授们通常会举出吃包子的例子：随着饥饿感的消失和胃部容量极限的到来，每吃下一个包子所带来的效用依次减少，甚至产生过犹不及的负效用。这被称为戈森第一定理。

想想看，边际效用递减规律对许多东西都是适用的。重要的是，金钱也是如此。同样是增加 100 元收入，对一个食不果腹的乞丐和一个一掷千金的富翁显然是有着天壤之别的意义。只不过，长期以来，人们似乎并没有意识到金钱对人们的效用下降得竟会那么快。不过，除了边际效用递减规律以外，还有其他一些重要角度。

首先，经济理论中有一个相对效用假说，意思是人们的幸福感主要取决于与同层次其他人生活状况的比较，而不是其实际生活水平的高低。也就是说，相对于同自己联系最密切的人而言，一个人的生活水平越高，则幸福感越强烈。这种攀比心理称为"与邻居琼斯家保持一致"(keep up with Jone's)。

这样，即便经济发展使得每个人的收入都增加，但是如果以同样的幅度且收入的相对地位不改变，那么他们的幸福感的确有可能不升反降。这可能正是日本的情况。同样，对绝大多数农民而言，生活圈子不过方圆几十里，接触到的乡里乡亲同自己的生活状态极为相似，心理上不会有太多的不平衡；城里人则有所不同，周围人群收入消费差距巨大，身边富有者比比皆是，这种来自比较的压力足以抵消绝对收入水平较高所带来的满足感。

其次，钱越多，人们烦恼也越多，可能是因为金钱刺激着人们欲望的膨胀，而欲壑难平的滋味并不好受。在这方面我们也能找到经济学依据。被誉为经济学界"最后一位经济学家"的保罗·萨缪尔森提出过一个幸福方程式：幸福＝效用/欲望。这个公式告诉我们，幸福感类似于满足感，它实际上是现实的生活状态与心理期望状态的一种比较，两者的落差越大，则幸福感越差。

当月收入只有 1 000 元时，我们不会为了该买几套房子而烦恼，也不用费心去关心国际时尚的流行趋势。通常"知足常乐"的满足感只有在小康生活中达到，而一旦步入更上层的生活，小富则安的平衡心境将一去不返。

最后，关于为什么财富不能给人带来快乐，最近的研究提供了更多的证据，并验证了另一种理论。《科学》杂志曾撰文指出，人们普遍认为高收入就能带来好心情，其实这是错觉；相反，收入高于平均水平的人总是处于紧张状态，不会特意把时间投入令人愉悦的活动。美国劳工部的数据显示，人们收入越高，用于享受生活的时间就越少。

究其原因，可能在于富人有着更高的机会成本。人们常说，时间就是金钱，这句话显然更适合富人而不是穷人。律师的报酬是按照小时计算的，农民的收入即便是按年来计算也少得可怜。既然高收入者的时间更值钱，那么娱乐对他们来说也就成了一件奢侈品。

所以，如果我们要为穷人找到一个不可怜的理由，或许可以说，穷人可以享受到富人不能享受的事情，因为富人要忙于更重要的事务。从这点来说，无论是盖茨的抽身而退，还是巴菲特的慷慨解囊，都是一种利人利己的帕累托福利改进。

（资料来源：傅勇：《中国证券报》，2006 年 8 月 1 日。）

【关键术语】

消费者行为理论　边际效用递减规律　消费者剩余　预算约束线　消费者均衡
替代效应　收入效应

【课堂讨论】

钻石用处极小而价格昂贵，生命中必不可少的水却非常便宜，请用边际效用理论分析。

【复习自测】

1. 基数效用论和序数效用论各自是怎样解释消费者均衡的？简述基数效用论和序数效用论的基本论点。

2. 说明边际效用和边际效用递减规律。

3. 什么是消费者剩余？

4. 说明边际替代率递减规律。

5. 请解释在预算约束线和一条无差异曲线的切点上为什么没有实现消费者均衡。

6. 说明价格变动引起的替代效应、收入效应和价格效应。

7. 假设某消费者有收入 200 元，全部用来购买 X 和 Y 商品。其中，$P_X=2$ 元，$P_Y=1$ 元，X 和 Y 的边际效用函数分别为 $MU_X=200-4X$，$MU_Y=100-Y$。为了获得效用最大化，消费者应该购买多少 X 和 Y 商品？

第四章　生产理论

【学习目标】

1. 了解现代企业的形式、要素；
2. 了解生产函数；
3. 熟悉总产量、平均产量和边际产量的曲线变化规律；
4. 掌握等产量曲线、等成本曲线的基本含义；
5. 掌握短期成本与长期成本。

【重点】

总产量、平均产量和边际产量的曲线变化规律，等产量曲线、等成本曲线的基本含义

【难点】

总产量、平均产量和边际产量的曲线变化规律

导入案例

在土地上施肥量越多越好吗？

理论：边际报酬递减规律

在技术水平不变的情况下，在连续等量地把一种可变生产要素增加到另一种或几种数量不变的生产要素上的过程中，当这种可变生产要素的投入量小于某一特定值时，增加该要素投入量带来的边际产量是递增的；当这种可变要素的投入量连续增加或超过这个特定值时，增加该要素投入量所带来的边际产量是递减的。

案例及分析：

早在 1771 年，英国农学家阿瑟·杨格就用在若干相同的地块上施以不同量肥料的实验，

证明了肥料施用量与产量增加之间存在着这种边际产量递减的关系。这不是偶然的现象，而是经验性规律。假如农民在一亩土地上撒一把化肥能增加产量 1 千克，撒两把化肥增产 3 千克，但一把一把化肥的增产效果会越来越差，过多的施肥量甚至导致土壤板结、粮食减产。边际产量递减规律是从社会生产实践和科学实验中总结出来的，在现实生活的绝大多数生产过程中都是适用的。如果是边际产量递增，全世界有一亩土地就能养活全世界所有的人，那才是不可思议的了。用两种(或两种以上)生产要素相结合生产一种产品时，如果其中一种要素是可以变动的，那么，在其他条件不变的情况下，随着这一可变要素连续地等量增加，其边际产量开始会出现递增的现象，但在达到一定数量后，会呈现递减现象。这就是经济学中著名的边际产量递减规律。边际产量递减规律提示我们，在一定的条件下，高投入未必带来高产出，因此要注意投入的合理限度，寻找最佳的投入数量。在现实生活中，边际产量递减的例子有很多，目前我国的就业压力很大，其实也是这个规律作用的结果，如果是边际产量递增，我们就不会有失业问题了。

本章转入对产品供给方面的研究，产品是厂商供给的。厂商是指市场经济中为达到一定目标而从事生产活动的经济单位。不管什么形式的厂商组织，都被假定是追求最大利润的，即假定厂商买进生产要素从事生产经营是为了使总收入与总成本之间的差额达到最大。本章将从生产函数出发，以一种可变生产要素的生产函数，考察短期的生产规律和不同生产阶段的特点；以两种可变生产要素的生产函数，运用等产量曲线分析方法，考察厂商在长期生产中实现最优生产要素组合的均衡条件。

第一节　现代企业理论

一、厂商或企业

生产者即厂商或企业，是指市场经济中为达到一定目标，能够做出统一的生产决策，从事生产活动的单一经济单位。

在微观经济分析中，厂商被假定为合乎理性的经济人，厂商提供产品的目的在于追求最大的利润。但这种目标的实现，一般从两个方面来理解：在不考虑价值形态因素的情况下，如何在生产要素资源有限的情况下，实现生产要素资源的合理配置和最优配置，即产量最大化；在考虑价值形态因素的情况下，即在成本一定的情况下，如何实现利润最大化。厂商进行生产的过程，就是从生产要素的投入到产品的产出的过程。通过对生产要素的运用，厂商可以提供各种实物产品，如房屋、食品、机器、日用品等；也可以提供各种无形产品即劳务，如理发、医疗、教育、旅游服务等。从经济学角度来讲，生产的含义是十分广泛的，它不仅仅意味着制造了一台机器或生产出一些钢材等，它还包含了各种各样的经济活动，如律师为他人打官司、商场的经营、医生为病人看病等。这些活动都涉及某个人或某个经济实体提供产品或服务。因此，简单来讲，任何创造价值的活动都是生产。

二、生产要素

在产品生产过程中，厂商必须投入的各种稀缺资源就是所谓的生产要素。生产要素一般可以分为以下四种：

（一）劳动力 L

劳动力是生产过程中的人力耗费，包括体力与智力的消耗。劳动力是人类社会生产活动必不可少的投入要素之一，在过去生产力水平十分落后的情况下，古典经济学家创立了劳动价值论，并认为劳动力投入是决定产品价值的主要甚至唯一因素。

（二）资本 K

资本通常是指实物资本，即生产所必需的机器设备以及厂房等，也可把它们称为资本货物或资本品。有时也指生产经营活动中所需的货币，通常称为金融资本。

（三）自然资源 N

自然资源是大自然母亲恩赐于人类的所有生产物资，包括土地、阳光、空气、森林、矿产、湖泊、海洋等。尽管自然资源在经济学的发展初期被认为是“取之不尽，用之不竭”的，所以并未受到足够重视，但在科学技术日益发达而自然资源又日益匮乏的今天，自然资源在生产中的重要作用已很明显，很多国家甚至为争夺有限的自然资源而不惜发动流血战争。

（四）企业家才能 E

企业家才能是一个比较广泛的概念，包含掌握管理、技术和信息的能力。随着 20 世纪社会化大生产的日益普及，现代企业制度便应运而生并加速了企业所有权与经营权的分离，一个独立的经营管理者队伍也不断成长壮大，企业家才能正在不断地专业化。

知识窗 4－1　　人力资本是生产的第一投入要素

任何一个企业，都是个别资本在现实中的表现形式。企业的再生产活动就是资本的运动过程。而企业的再生产过程，需要对各种生产要素进行不断的投入。从企业的生产要素投入来看，除了劳动工具（生产设备）、劳动对象（原材料）这些物质资本，以及一定数量的劳动力（人力）等有形的投入以外，还有无形的投入，那就是劳动力（员工）所具备的素质——知识与技能。这种人所拥有的知识与技能，称为人力资本。人力资本是依附于人体而存在的特殊资本，是企业最重要的投入要素。现代企业之所以还继续保持对劳动力的需求，就在于它（劳动力）是人力资本的物质载体。在要素投入上，传统的企业是资本（主要指物质资本）在支配劳动，即企业总是企图通过不断增加物质资本量来实现利益的增长，物质资本被认为是最重要的生产要素。而在现代企业中，是劳动（特别是知识劳动）在管理与支配资本，即人的作用和人的价值被逐渐重视起来，尤其是知识经济时代，在国际经济的运行规则中，人力资本的作用日渐明显。人力资本是企业投入要素资本中最活跃、最难把握、最不可缺少的关键因素，是推动物质资本扩张的主要动因。人力资本作为一种特殊的要素，是企业生产活动的主体。“事在人为”恐怕是对人力资本作用的最通俗的表述。

三、生产函数

(一)生产函数概念

生产函数表示在技术水平不变的情况下,一定时期内厂商在生产过程中所使用的各种要素的数量与它们所能生产的最大产量之间依存的函数关系。

以 Q 代表总产量,L、K、N、E 分别代表劳动力、资本、土地、企业家才能这四种生产要素,则生产函数的一般形式为:

$$Q=f(L,K,N,E)$$

在分析生产要素与产量的关系时,一般把土地作为固定的生产要素,而企业家才能难以估算,因此,生产函数又可以写为:

$$Q=f(L,K)$$

这一函数式表明,在一定技术水平下,生产 Q 的产量,需要一定数量劳动力与资本的组合。同样,生产函数也表明,在劳动力与资本的数量为已知时,也就可以推算出最大的产量。

(二)技术系数

理解生产函数的概念需要注意以下几个问题:第一,生产函数中的产量,是指一定的投入要素组合所能生产出来的最大产量。第二,生产函数取决于技术水平。第三,生产一定量某种产品所需要的各种生产要素的配置比例称为技术系数。

在不同行业的生产中,各种生产要素的配置比例是不同的。例如,在柯布—道格拉斯生产函数中,劳动力与资本的配置比例为 3∶1,即在生产中使用 3 单位的劳动力与 1 单位的资本。这个 3∶1 的比例就是该生产函数的技术系数。

如果生产某种产品所需要的技术系数是不变的,这种系数就叫做“固定技术系数”;如果这个技术系数是可变的,就叫做“可变技术系数”。

一般而言,在短期内,技术系数是不变的;但在长期内,技术系数是变化的。如果资本配置的比例较高,这种生产方式就称为“资本密集型”;如果劳动力的比例较高,就称为“劳动密集型”。

知识窗 4—2　　我国家电出现价格劣势源于生产要素劣势

目前,国际竞争的核心已经从市场的竞争过渡到生产要素的竞争。这种新的竞争方式要求把战略的基点从生产结果的竞争提前到生产过程的竞争,也就是生产要素获得与生产要素优势建立的竞争。因此,建立生产要素优势是建立中国家电产业优势的根本。

长期以来被当成中国家电产业优势的低价格已经褪色。多年来在中国市场以降价为主的价格战的喧嚣声已经被跨国企业的技术狂风吹走。中国家电产品在全球市场已经遇到了从未有过的尴尬:产品提价提不上去,降价又降不下来,中国的家电制造产业被限定在 5%的利润空间中徘徊。与此同时,跨国企业的价格走势出现了新的动向,在稳固高端的同时,价格开始下降,高端、中端、低端、超低端四条线的价格结构将成为未来一段时间跨国家电企业的价格结构，后两条线则是完全针对中国价格的防火墙。

中国家电产业的价格劣势源于生产过程中技术、高端人力等生产要素的劣势，在全球化生产要素高速流动的今天，全球产业利益的分配方式已经发生了根本性的变化，那就是高级的要素成为主导，即所有投入生产商品的生产要素中人才和技术成为主导，全球产业的利益分配是按照稀缺性的技术要素来分配的，而不是按照富余的劳动力等过剩生产要素来分配的。

（资料来源：《经济参考报》，2007年3月23日。）

知识窗4—3　　格兰仕的成功

面临着越来越广阔的市场，每个企业都有两种战略选择：一是多产业，小规模，低市场占有率；二是少产业，大规模，高市场占有率。格兰仕选择的是后者。格兰仕的微波炉在国内已达到70%的市场占有率，在国外已达到35%的市场占有率。

格兰仕的成功就运用规模经济的理论，即某种产品的生产，只有达到一定的规模时，才能取得较好的效益。微波炉生产的最小经济规模为100万台。早在1996～1997年间，格兰仕就达到了这一规模。随后规模每上一个台阶，生产成本就下降一个台阶。这就为企业的产品降价提供了条件。格兰仕的做法是：当生产规模达到100万台时，将出厂价定在规模为80万台企业的成本价以下；当规模达到400万台时，将出厂价又调到规模为200万台企业的成本价以下；而现在规模达到1 000万台以上时，又把出厂价降到规模为500万台企业的成本价以下。这种在成本下降的基础上所进行的降价，是一种合理的降价。降价的结果是，将价格平衡点以下的企业一次又一次地大规模淘汰，使行业的集中度不断提高，使行业的规模经济水平不断提高，由此带动整个行业社会必要劳动时间不断下降，进而带来整个行业的成本不断下降。

成本低，价格必然就低，降价最大的受益者是广大消费者。从1993年格兰仕进入微波炉行业起的10年之内，微波炉的价格由每台3 000元以上降到每台300元左右，降掉了90%以上，这不能不说是格兰仕的功劳，不能不说是格兰仕对中国广大消费者的巨大贡献。

四、短期与长期生产函数

（一）短期和长期的概念

经济学上所说的“短期”、“长期”不是指一个具体的时间跨度，而是指能否来得及调整全部生产要素的时期。短期是指生产者来不及调整全部生产要素的数量、至少有一种生产要素数量不变的时期。长期是指生产者来得及调整全部生产要素的数量、所有生产要素数量都可以改变的时期。例如，某产品市场需求量由于某种原因暂时一下子扩大时，厂商可通过充分利用原有设备、开足马力、加班加点来增加产量以满足需求。这就是短期调整产量水平的问题。相反，如果市场对该产品的需求是由于人们对这种产品偏好普遍变大而长期地增加，则厂商要增加设备、扩大生产规模来满足增长了的市场需求。这就是长期调整生产的问题。

可见，在长期中，一切生产要素都是可以变动的，不仅劳动力投入量、原材料使用量可变，而且资本设备量也可变。而在短期中，只有一部分要素如劳动力投入量及原材料数量是可变的，而另一些生产要素不随产量变动而变动，如机器、设备、厂房、高级管理人才等。

“短期”、“长期”的区分是相对的。在有些生产部门中，如钢铁工业、机器制造业等部门中，所需资本设备数量多，技术要求高，变动生产规模不容易，则几年也许算是“短期”；反之，有些行业如普通服务业、食品加工业，所需资本设备数量少，技术要求低，变动生产规模比较容易，也许几个月可算是“长期”。

(二)短期生产函数与长期生产函数

短期生产函数研究在其他要素的投入不变时，一种生产要素的投入和产量之间的关系，以及这种可变生产要素的合理投入量是多少。例如，假设资本投入量不变，劳动力投入量可变，则生产函数可表示为：$Q=f(L,\overline{K})$，这就是短期生产函数。$\overline{K}$ 表示资本不变，为一常数。

长期生产函数研究多种要素投入组合和产量之间的关系，即考察企业如何把既定的成本用于多种生产要素的购买，以实现利润最大化。假定企业使用的劳动力和资本都是可变的，则生产函数可以表示为：$Q=f(L,K)$，这就是长期生产函数。

第二节 短期生产函数与单一生产要素的最适投入

一、一种可变生产要素的生产函数定义

一种可变生产要素的生产函数表示产量(Q)随一种可变投入(X)的变化而变化。函数形式如下：

$$Q=f(X)$$

若假设仅使用劳动力与资本两种要素，并设资本要素不变，劳动力要素可变，则有函数：

$$Q=f(L,\overline{K})$$

或短期生产函数可简记为：

$$Q=f(L)$$

二、总产量、平均产量和边际产量

从企业的生产函数出发，我们能够得到三个重要的产量概念：总产量、平均产量和边际产量。

总产量(total product)是指一定数量的生产要素可以生产出来的全部产量，即在资本不变的条件下，是指一定的劳动力投入量可以生产出来的全部产量，通常记为 TP。

平均产量(average product)是指每单位生产要素投入所生产出来的产量，通常记为 AP，如果用 x 表示某生产要素投入量，那么 $AP=TP/x$。如果是每一单位劳动力所生产出来的产量就称为劳动力平均产量 AP_L；如果是每一单位资本所生产出来的产量就称为资本平均产量 AP_K。

边际产量(marginal product)是指每增加或减少一单位某种生产要素投入量所带来的产出量的变化,通常记为 MP,如果用 Δx 表示某生产要素的增量,用 ΔTP 表示总产量的增量,那么 $MP=\Delta TP/\Delta x$。如果是每增加或减少一单位劳动力生产要素所增加或减少的产量就称为劳动力边际产量,$MP_L=\Delta TP/\Delta L$;如果是每增加或减少一单位资本生产要素所增加或减少的产量就称为资本边际产量,$MP_K=\Delta TP/\Delta K$。

【例4—1】 假定只有一种可变要素投入,生产一种产品,生产函数的具体形式为:

$$Q=f(L)=27L+12L^2-L^3$$

则劳动力的平均产量为:

$$AP_L=Q/L=27+12L-L^2$$

则劳动力的边际产量为:

$$MP_L=\lim_{\Delta L\to 0}\Delta Q/\Delta L=dQ/dL=27+24L-3L^2$$

根据上例的计算式,投入的劳动量与总产量、平均产量和边际产量如表4—1所示。

表4—1 总产量、平均产量和边际产量计算表

L	$TP_L(Q)$	$AP_L(Q/L)$	$MP_L(dQ/dL)$
0	0	—	—
1	38	38	48
2	94	47	63
3	162	54	72
4	236	59	75
5	310	62	72
6	378	63	63
7	434	62	48
8	472	59	27
9	486	54	0
10	470	47	−33

三、边际收益递减规律

边际收益递减规律是指在技术不变的条件下,当把一种可变生产要素连同其他一种或几种不变的生产要素投入生产过程之中,随着这种可变生产要素投入量的增加,最初每增加一单位该要素所带来的产量增量是递增的,但到一定程度后,增加一单位要素投入带来的产量增量将要递减,最终还会使产量绝对减少。

理解边际收益递减规律需要注意三个方面:第一,边际收益递减规律发生的前提条件是技术不变。第二,边际收益递减规律存在的另一个条件是增加一种可变投入要素,而其他投入要素为固定要素。第三,在其他生产要素不变的情况下,一种可变生产要素增加所引起的产量或收益的变动经历三个阶段:

(1)产量递增阶段——这种可变生产要素的增加使产量或收益增加。因为在开始阶段，不变生产要素没有得到充分利用，从而使产量递增。

(2)边际产量递减阶段——这种生产要素的增加仍可使总产量增加，但增加的幅度，即增加的每一单位生产要素的边际产量是递减的。因为在这一阶段，不变生产要素已接近充分利用，可变生产要素的增加已不可能如第一阶段那样使产量迅速增加。

(3)产量绝对减少阶段——这种生产要素的增加使总产量迅速减少。因为不变生产要素已经充分利用，再增加可变生产要素只会使生产效率降低，使总产量减少。

在技术进步不变的情况下，边际收益递减规律所反映的这种现象，在生产实践、社会活动和科学实验过程中是十分明显的。例如，在工业部门生产过程中，由于劳动力增加过多，超过了正常配置的固定资产和设备，就会使生产效率降低。目前一些企业正在进行的“减员增效”，就是按边际收益递减规律办事的必然反映。

第三节　长期生产函数与多种生产要素的最优组合

一、两种可变生产要素的生产函数定义

在长期内，所有生产要素的投入量都是可变的，多种可变生产要素的长期生产函数可以表示为：

$$Q=f(X_1,X_2,\cdots,X_n)$$

该生产函数表示长期内在技术水平不变的条件下，由 n 种可变生产要素投入量的一定组合所能生产的最大产量。

在生产理论中，为了简化分析，通常以两种可变生产要素的生产函数来考察长期生产问题。假定生产者使用劳动力和资本两种可变生产要素来生产一种产品，则长期生产函数可以表示为：

$$Q=f(L,K)$$

二、等产量曲线

生产理论中的等产量曲线和效用理论中的无差异曲线相类似。等产量曲线用来表示当其他条件不变时，为生产同一产量的两种生产要素投入量的各种不同组合的轨迹。

【例 4—2】　假设生产函数为 $Q=\frac{1}{8}KL$，当产量 $Q_1=100$ 单位时，劳动力 L 和资本 K 两种生产要素投入的各种组合方法如表 4—2 所示。

表 4—2　生产要素的各种组合

组合方式	L	K	Q
A	10	80	100
B	20	40	100

续表

组合方式	L	K	Q
C	40	20	100
D	60	13.33	100
E	80	10	100
F	100	8	100

根据表4—2的数据描绘在以两种生产要素投入量为坐标轴的坐标上，可以得出一条生产函数为$Q=\frac{1}{8}KL$、产量Q_1为100单位的曲线，这条曲线即为等产量曲线，如图4—1所示。

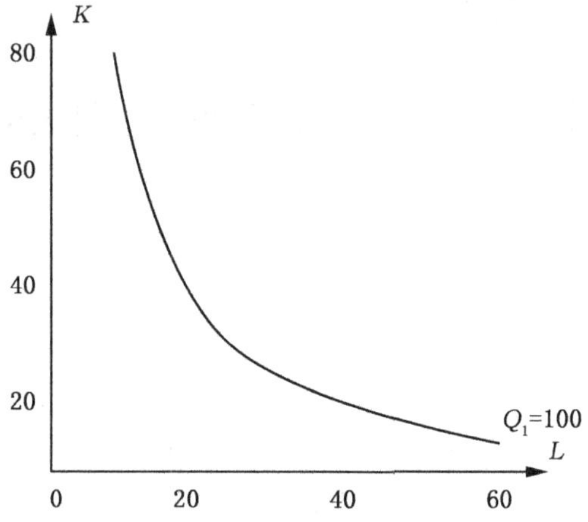

图4—1 等产量曲线

同理，在坐标图中可以描绘出无数条不同产量的等产量曲线，如图4—2所示。

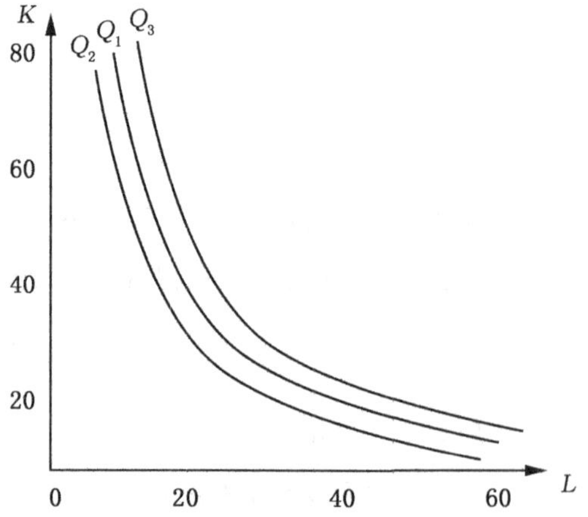

图4—2 不同产量的等产量曲线

等产量曲线的特征：

(1)等产量曲线是一条向右下方倾斜的曲线，其斜率为负值。这表明，生产者为了达到相同的产量，在增加一种生产要素时，必须同时减少另一种生产要素。如果两种生产要素同时增加，在资源既定时就无法实现；如果两种生产要素同时减少，就不能保持相等的产量水平。

(2)在同一坐标平面上有无数条等产量曲线，同一条等产量曲线代表相同的产量，不同的等产量曲线代表不同的产量，而且距离坐标原点越远的等产量曲线所代表的产量越高，距离原点越近的等产量曲线所代表的产量越低。如图 4－2 所示，Q_1、Q_2、Q_3 是三条不同的等产量曲线，它们分别代表了不同的产量水平，$Q_2<Q_1<Q_3$。

(3)在同一平面图上，任意两条等产量曲线不能相交。因为在交点上两条等产量曲线代表了相同的产量水平，就会与第二个特征相矛盾。

(4)等产量曲线是一条凸向原点的线。

三、边际技术替代率

长期生产的主要特征是，不同比例的要素组合可以生产同一产量水平，即在维持同一产量水平时，要素之间可以相互代替。边际技术替代率是研究要素之间替代关系的一个重要概念，它是指在维持产量水平不变的条件下，增加一单位某种生产要素投入量时所减少的另一种要素的投入量。以 $MRTS_{LK}$ 表示劳动力对资本的边际技术替代率，则：

$$MRTS_{LK}=-\frac{\Delta K}{\Delta L}$$

式中，ΔK 和 ΔL 分别表示资本投入量的变化量和劳动力投入量的变化量，式中加负号是为了使 $MRTS_{LK}$ 为正值，以便于比较。

如果要素投入量的变化量为无穷小，上式变为：

$$MRTS_{LK}=\lim_{\Delta\to 0}-\frac{\Delta K}{\Delta L}=-\frac{\mathrm{d}K}{\mathrm{d}L}$$

上式说明等产量曲线上某一点的边际技术替代率就是等产量曲线该点斜率的绝对值。

边际技术替代率为负值，因为在给定产量的等产量曲线上，作为代表一种技术上有效率的组合，意味着为生产同一产量，增加 L 的使用量，必须减少 K 的使用量，两者反方向变化。

四、等成本曲线

等成本曲线，也称企业预算线，是指在既定的成本和既定的生产要素价格条件下，生产者可以购买到的两种生产要素的各种不同数量组合的轨迹。其公式表达式称为成本方程，可以表示为：

$$C=P_L\cdot L+P_K\cdot K$$

其中，C 为货币成本，P_L、P_K、L、K 分别为劳动力与资本的价格和数量。

等成本曲线表明了厂商进行生产的限制条件，即它购买生产要素所花的钱不能大于或小于所拥有的货币成本。大于货币成本是无法实现的，小于货币成本则无法实现产量最大化。

【例 4－3】 假定单位资本(如一台机器)的使用价格(如每月租金)为 $P_K=500$ 元，每单位劳动力(如生产工人)的价格(如月工资)为 P_L=1 000 元,若总成本为 C_1=3 000 元时 K 和 L 的各种组合如表 4—3 所示。

表 4—3 **等成本的要素组合**

K(单位)	L(单位)
0	3
2	2
4	1
6	0

表 4—3 的各种组合说明,若 C、P_L、P_K 已知,则 K、L 多种组合满足成本方程 $3\,000=500K+1\,000L$,或 $6=K+2L$;

若总成本为 C_2=4 000 元时,K、L 多种组合满足成本方程 $4\,000=500K+1\,000L$,或 $8=K+2L$;

若总成本为 C_3=5 000 元时,K、L 多种组合满足成本方程 $5\,000=500K+1\,000L$,或 $10=K+2L$。

将上述三个成本方程描绘在一个坐标中,可得出三条等成本曲线,如图 4—3 所示。

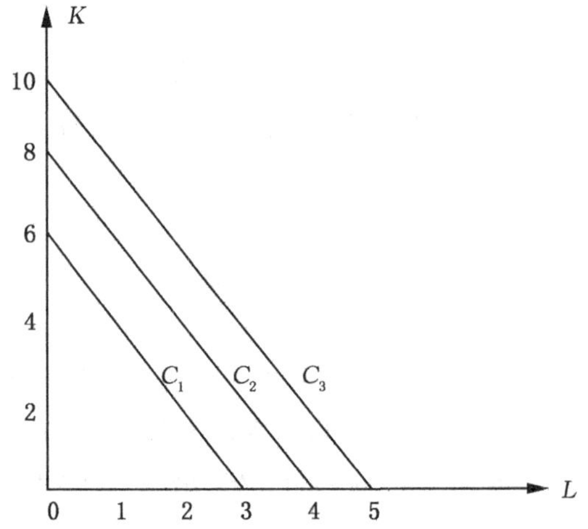

图 4—3 等成本曲线

五、生产扩展线

所谓生产扩展线,是指假定生产要素的价格不变、生产技术条件不变,代表不同产量水平的要素最优组合点的轨迹。如果生产要素价格不变,生产者的经费支出增加,等成本曲线会平行地向上移动;如果生产者改变产量,等产量曲线也会发生平移。这些等产量曲线将与相应的等成本曲线相切,形成一系列生产者均衡点,把所有这些均衡点连接起来形成的曲线叫做生产扩展线。

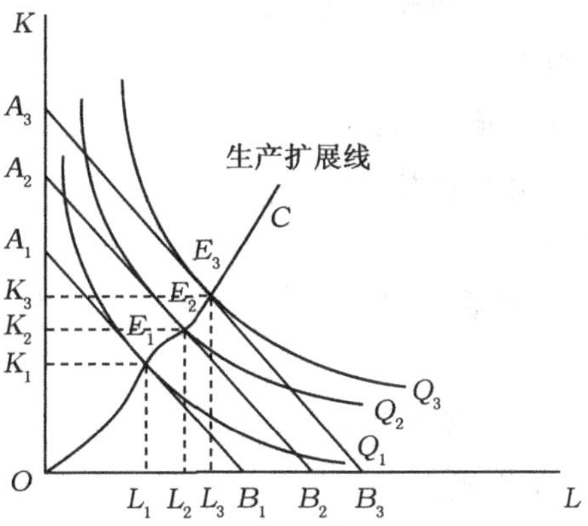

图4—4　生产扩展线

知识窗4—4　技术效率与经济效率

某邮局在改革过程中想引进一台自动分拣机从事信件的自动分拣，它只需一人管理就行了，一天就可处理10万封信件。而目前是用人工分拣，需50个工人才能完成10万封信件的分拣任务。两种方法都能完成信件分拣任务，也就是实现了技术效率。

但是邮局又算了一笔账，买一台分拣机需要投资400万元，使用寿命是10年，每年折旧40万元，当时银行贷款利率为10%，邮局每年需支付利息40万元，再加上维护费用约5万元，使用它的成本将为85万元。

而现在共使用50个分拣工人，每人年薪为1.4万元，合计为70万元，再加上其他支出大约每年5万元，共计年支出成本75万元。显然继续使用人工进行信件分拣在经济上是合算的，也就是使用人工分拣实现了经济效率。

经过如此算账后，该邮局决定放弃购买自动分拣机的想法。其好处还在于为更多的人提供了就业机会，这是符合我国国情的。

（资料来源：梁小民：《微观经济学纵横谈》，北京三联书店，2006年2月。）

【关键术语】

生产函数　总产量　平均产量　边际产量

【课堂讨论】

比较生活中和经济学中短期和长期的概念。例如，生活中的短期和长期是根据日期来计算的。生活中买汽车、买家电，银行贷款1年，属于短期贷款；买房子，银行贷款10～30年，属于长期贷款。

【复习自测】

1. 简述生产要素及其种类。

2. 比较生活中和经济中的短期和长期的概念。

3. 简述重要的三个产量概念。

4. 何谓边际收益递减规律？请举例说明。

5. 什么是等产量曲线？它有什么特征？

6. 说明下列说法是否正确：

(1)假定生产某产品要用两种要素，如果这两种要素价格相等，则生产者最好是用同等数量的这两种要素投入。

(2)两种要素 A 和 B 的价格如果相等，则当产出量一定时，最低成本支出的要素投入组合将取决于等产量曲线斜率为 -1 之点。

(3)假定生产 x 产品使用 A、B 两种要素，则 A 的价格下降必导致 B 的使用量增加。

(4)在要素 A 和 B 的当前使用水平上，A 的边际产量是 3，B 的边际产量是 2，每单位要素 A 的价格是 5，B 的价格是 4，由于 B 是比较便宜的要素，厂商如减少 A 的使用量而增加 B 的使用量，会以更低的成本生产出同样多的产量。

7. 假设某厂商品总产量函数为：$TP=72L+15L^2-L^3$，求：

(1)当 $L=7$ 时，边际产量 MP 是多少？

(2)当 L 的投入量为多大时，边际产量 MP 将开始递减？

8. 已知某企业的生产函数为 $Q=L^{\frac{2}{3}}K^{\frac{1}{3}}$，劳动力的价格 $P_L=2$，资本的价格 $P_K=1$。求：

(1)当成本 $C=3\ 000$ 元时，企业实现最大产量时 L、K 和 Q 的均衡值；

(2)当产量 $Q=800$ 时，企业实现最小成本时 L、K 和 C 的均衡值。

9. 某企业生产一种产品，劳动力为唯一可变要素，固定成本既定。短期生产函数为 $Q=-0.1L^3+6L^2+12L$，求：

(1)劳动力的平均产量函数和边际产量函数。

(2)企业雇用工人的合理范围是多少？

(3)若已知劳动力的价格为 $W=480$ 元，产品 Q 的价格为 40 元，则当利润最大时，企业生产多少产品 Q？

第五章　成本收益理论

【学习目标】

1. 理解经济学上的成本概念；
2. 理解企业成本曲线的形状；
3. 掌握企业利润最大化的必要条件。

【重点】

成本概念、各短期成本曲线之间的关系、利润最大化条件

【难点】

短期成本曲线之间的关系

导入案例

农民市民化的成本与收益

2015 年，《国家新型城镇化综合试点方案》出炉，该方案明确了五大主要任务，首要任务就是建立农业转移人口市民化成本分担机制。那么农民进城落户，地方财政需要为之投入哪些？中国社科院社会政策研究室主任王春光认为，投入主要来自两大块——基本公共服务和基础设施建设。前者包括社保、医疗、教育、住房保障、就业培训以及治安等方面；后者则涉及供水供电、道路交通和服务设施等项目。如果把这些基本公共服务和基础设施建设换算成货币，有学者计算出的农民市民化这笔成本账数额惊人——在实现城镇化过程中，地方财政需要为农民进城支付的人均公共成本约 13 万元。而以人均 13 万元乘以新型城镇化规划提出的“1 亿人”落户的目标，即便不算上通货膨胀，也已经是一个天文数字。投入之巨，导致了公共服务的缩水。社科院于 2013 年发布的《农民工市民化现状报告》显示，2012 年，在享受公共服务方

面，农民工只有城镇居民的44%。

只是，对于城镇来说，从进城农民那里只有投入成本而没有收益获得吗？王春光主任曾经算过一笔账：2012年，我国农民工创造的劳动价值大约是人均3万元，但农民工一年的可支配收入是人均2万元，两者间的差值1万元由政府和企业共享，一部分成为政府税收，另一部分则留作企业利润。按照税收比率三七开或四六开，政府也可以获得3 000～4 000元/人的收益，用以缓解农民进城带来的压力。

由此看来，是成本更大还是收益更多？答案并不一定。

（资料来源：《中国经济导报》，2015年1月24日。）

思考：农民市民化到底是成本大于收益，还是收益大于成本？

厂商的经营目标是利润最大化，但是产量最大并不等于利润最大，投入最少并不等于利润最大，利润是销售收益与成本的差额。本章将重点讲解成本收益理论。

第一节　成本概论

厂商提供一定数量的商品或服务，必然会耗费一定的生产要素，其所耗费的生产要素的价格即为成本。根据不同的对象，成本具有多种概念。

一、机会成本

机会成本，又称经济成本，是指某一资源被用于某一用途后失去的可用于其他用途的最大潜在利益。机会成本是一种可能性，是一种观念上的成本，并不是实际产生的货币支出，因此机会成本到底是多大，很难精准地确定。如张三拥有一处房产，既可以用来出租，也可以用来销售。张三考虑到出租可以每月带来稳定的收入，于是将该处房产租了出去，也就是说，张三因出租该套房产而可能丧失了因销售产生的潜在收益。这笔潜在收益就构成了出租房产的机会成本。

运用机会成本进行经济学分析时，需满足以下三个条件：资源本身有多种用途；资源可以自由流动；资源得到充分利用。

经营者在决策时，不仅要考虑将要发生的成本，还应当考虑机会成本；也就是不仅要把要素资源投向有效益的领域，而且要投入最有效益的领域。

二、显性成本和隐性成本

显性成本，又称会计成本，是指企业从事一项经济活动时所花费的货币支出，是记入账内的、看得见的实际支出，例如雇员的工资、原材料费用、税金等。从某种角度讲，显性成本反映的是实际应用成本，可以在产品价值中得到反映并具有可直接计算的特点。会计成本是指在购买生产要素时实际发生的且高度可见的成本。它包括使用他人劳动力所支付的工资和奖金、从其他企业购买的原材料和半成品价值、租用他人拥有的厂房的租金、支付他人资本的利息等，这些成本被概括为显性成本。

与显性成本相对的是隐性成本，通常是指企业自有的要素资源，实际上已经投入，但在形式上没有按照合同支付报酬。例如，张三是个微商，在家里自主创业开设网上商铺，平时他负责进货，他妈妈负责发货，他爸爸负责送货。由于爸爸、妈妈都是自己人，张三没有为此支付工资。那么，张三及爸爸、妈妈的付出该不该计入成本呢？很显然，他们三个人的付出也应该计入成本，因为如果张三没有开这家网店，他们三个人各自出去劳动，那么会得到相应的报酬。像这种自己拥有的资源投入，表面上没有列入账户，不是显性成本，但它是隐性成本。

在上述例子中，隐性成本可以用机会成本来估算，但必须指出，隐性成本仅仅指自有的要素资源，而机会成本则包括一切准备投入的所有要素资源。在经营决策的时候，显性成本和隐性成本两者都必须加以考虑。而从资源配置的角度讲，不应该忽略各种资源的机会成本。

案例分析5－1　　为什么科比不读大学就去NBA

科比·布莱恩特是NBA洛杉矶湖人队的一名大将。他高超完美的技术使他拥有世界各地的球迷。

科比小时候的篮球水平一般，在高中时代才得到快速发展。科比刚进入高中的时候篮球还不是很出众，高中二年级时父亲——NBA前队员乔·布莱恩特——亲自做教练后，科比得到了很多训练。也许是隐藏在身体深处从父亲那里遗传的篮球潜质被激发出来，在不断锻炼后，科比渐渐打满了全部的五个位置，并成为学校篮球队的主力。毕业前科比就拿到了很多奖项，高中四年级时，科比成为50年来的第一个州级冠军！毕业时，科比超越了张伯伦和西蒙斯，以2 883分的成绩成为宾夕法尼亚州东南地区的最高得分者。

毕业时，科比在学术能力评估考试的测试结果是1 080分，加上他优秀的篮球技术，很容易就可以得到大学的篮球奖学金。和大部分高中毕业生的选择不同，科比放弃了大学，直接参加NBA选秀，成为美国第6位没有读大学而直接进入NBA选秀的球员。

科比在高中毕业后面对大学和NBA，选择了当时很多人不会选择的道路。选择了打篮球，就意味着没有时间上大学，打篮球的机会成本也就是上大学。如此大的机会成本很难让人放弃，科比勇敢地选择NBA而放弃大学是明智的。如果他在选择时，瞻前顾后，不好好分析各自的机会和利弊，那他可能就不会成为NBA最全面的球员了。

（资料来源：王惠敏：《最全最全的哈佛经济课》，北京联合出版公司2015年版。）

思考：同学们，你们上大学的机会成本有哪些？

三、会计利润和经济利润

企业的利润应当是企业的总经营收益减去企业投入要素的成本，那么，随着成本含义的不同，也就对应着不同的利润含义。

若投入的成本是指会计成本，理论上企业的经营收益减去会计成本，所得的就是会计利润。

但要让一个企业在原有行业中继续经营的话，企业主所有投入的自有要素必须得到“起码”的报酬。比如，企业的自有资金必须至少得到相当于银行存款利息的回报；否则，企业宁愿停业，自有资金可能会投入他用，企业家也会另谋他业，对于隐性成本的报酬就是正常利润。

而当企业的总收益减去显性成本和隐性成本后，还有剩余，这剩余便称为“经济利润”，经济利润通常又称作超额利润，有时也称之为纯利润。在本教材的以后部分当中，若提及利润，通常指的就是经济利润(除非另作说明)。一个企业的经济利润如果是零，说明要获取的仅仅是正常利润，也意味着企业的自有要素投入(隐性成本)已得到补偿。

一般地，有下面的关系：

会计成本＝显性成本

经济成本＝显性成本＋隐性成本＝会计成本＋隐性成本

如果有隐性成本的话，经济成本大于会计成本；相应地，会计利润大于经济利润。

会计利润＝销售收入－会计成本

经济利润＝销售收入－经济成本

＝销售收入－会计成本－隐性成本

＝会计利润－隐性成本

销售收入、会计利润与会计成本之间的关系如表 5－1 所示。

表 5－1　销售收入、会计利润与会计成本之间的关系

<table>
<tr><td rowspan="3">销售收入</td><td rowspan="2">会计利润</td><td>经济利润</td></tr>
<tr><td>隐性成本</td></tr>
<tr><td>会计成本</td><td>显性成本</td></tr>
</table>

第二节　短期成本分析

厂商在追求利润最大化的过程中，不仅要考虑生产或生产函数，还要考虑成本。成本是厂商为了得到一定数量的商品或劳务所付出的代价，它等于投入的每种生产要素的数量与每种生产要素单位价格之乘积的总和。

一、短期成本和长期成本的含义

与上一章讨论的生产函数一样，成本也分为短期成本和长期成本。在短期中，厂商不能根据产量来调整所有的生产要素，因此除了可以调整的部分可变成本外，不能调整的部分成本是固定的；而在长期中，厂商可以根据产量调整全部生产要素，全部的成本都是可变的。因此，在分析短期成本和长期成本时，对总可变成本、平均可变成本、边际成本关系的分析是基本的组成部分。

二、短期成本分类

(一)固定成本 FC

固定成本是指厂商在短期内为生产一定数量的产品对固定生产要素所支出的费用。由于在短期内不管企业的产量为多少，这部分固定要素的投入量都是不变的，所以，固定成本是一个常数，它不随产量的变化而变化。即使厂商暂时关闭工厂，什么也不生产，固定成本也仍然存在。例如，地租、保险费、机器设备的折旧费、管理人员的报酬等不随产出的变化而变化。

(二)可变成本 VC

可变成本是指厂商在短期内为生产一定数量的产品对可变生产要素所支出的费用。可变成本根据产量的变化而变化。例如，原材料费用、工人工资等，这些费用会随产出的增加而增加。

(三)总成本 TC

总成本是指厂商在短期内为生产一定数量的产品对全部生产要素所支出的总费用。它是固定成本与可变成本之和，即 $TC=FC+VC$。

(四)平均成本 AC

平均成本是指短期内生产一单位产品平均所需要的成本。它等于企业的总成本除以其产量，即 $AC=TC/Q$。平均成本由两部分组成：一是平均固定成本；二是平均可变成本。$AC=AFC+AVC$。

(五)平均固定成本 AFC

平均固定成本是指短期内生产一单位产品平均所消耗的固定成本。它是固定成本除以产量的结果，即 $AFC=FC/Q$。它随产量的增加而递减。

(六)平均可变成本 AVC

平均可变成本是指短期内生产一单位产品平均所消耗的可变成本。它是可变成本除以产量的结果，即 $AVC=VC/Q$。

(七)边际成本 MC

边际成本是指厂商在短期内增加一单位产量时所增加的总成本。由于固定成本不随企业产出水平的变化而变化，因此，边际成本就是增加一单位产量时所引起的可变成本的增加量。边际成本用公式可以表示为 $MC=\Delta TC/\Delta Q$ 或 $MC=\Delta VC/\Delta Q$。

总结如下：

$$短期总成本(TC)=固定成本(FC)+可变成本(VC)$$

$$短期平均成本(AC)=平均固定成本(AFC)+平均可变成本(AVC)$$

$$短期边际成本(MC)=\Delta TC/\Delta Q=\Delta VC/\Delta Q(\Delta FC=0)$$

三、短期成本的相互关系

为了便于说明各短期成本之间的相互关系，制作了一张某企业的短期成本变动表(见表5—2)。该表的第一栏为企业的产量，后面几栏均为企业的各类短期成本。该表表明了短期内各类成本与产量的关系，以及各类成本之间的关系。

表 5—2 企业短期成本变动表

产量 Q (1)	固定成本 FC (2)	可变成本 VC (3)	总成本 TC (4)=(2)+(3)	平均固定成本 AFC (5)=(2)/(1)	平均可变成本 AVC (6)=(3)/(1)	平均成本 AC (7)=(4)/(1)	边际成本 MC (8)=Δ(4)/Δ(1) 或 Δ(3)/Δ(1)
0	120	0	120				
1	120	34	154	120	34	154	34
2	120	63	183	60	31.5	91.5	29
3	120	90	210	40	30	70	27
4	120	116	236	30	29	59	26
5	120	145	265	24	29	53	29
6	120	180	300	20	30	50	35
7	120	230	350	17.14	32.86	50	50
8	120	304	424	15	38	53	74

根据成本表作图，可得到企业的各类短期成本曲线，如图 5—1 所示，图中的横轴表示产量 Q，纵轴表示成本 C。各条成本曲线之间的关系如下：

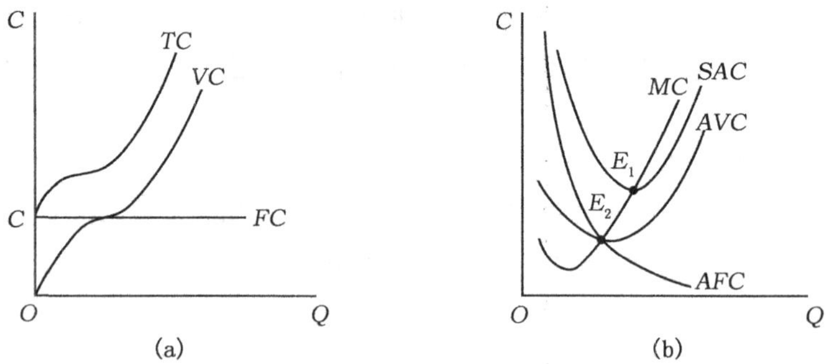

图 5—1 短期成本曲线

(1)只有固定成本 FC 曲线是一条水平线，保持某一固定水平。

(2)可变成本 VC 曲线是从原点出发向右上方倾斜的曲线，而总成本 TC 曲线是一条从固定成本曲线与纵轴交点出发向右上方倾斜的曲线。

(3)平均固定成本 AFC 曲线是向右下方倾斜的曲线。这是唯一一条向右下方倾斜的曲线，这是因为固定成本总量不变，随着产量的增加，分摊到每一单位产品的固定成本就减少。

(4)平均可变成本 AVC 曲线、短期平均成本 SAC 曲线、边际成本 MC 曲线都是 U 形曲线。

在生产过程中，固定要素和可变要素之间存在着一个最优的组合。当产量由零开始不断增加时，由于可变要素投入量相对于固定要素投入量较少，增加可变要素投入量会提高生产效率，平均可变成本是递减的。当可变要素投入量的增加达到与固定要素的最优组合比例后，再继续增加可变要素投入量会降低生产效率，平均可变成本由于边际报酬递减而增加。短期平均成本的变动是由平均固定成本和平均可变成本的变动决定的。

边际成本的变动取决于可变成本。当可变要素投入量增加到与固定要素的最优组合比例之前，增加可变要素投入量产量是递增的，这时边际成本趋于下降。当可变要素投入量增加到与固定要素的最优组合比例以后，再继续增加可变要素投入量产量发生递减，所以边际成本趋于上升。

(5)边际成本曲线一定在平均成本曲线和平均可变成本曲线的最低点与它们相交。

MC 曲线与 *SAC* 曲线相交于 *SAC* 曲线的最低点 E_1。也就是说，在 E_1 点之左，*MC* 小于 *SAC*，*SAC* 趋于下降；在 E_1 点之右，*MC* 大于 *SAC*，*SAC* 趋于上升。因此，*MC* 曲线与 *SAC* 曲线的交点是 *SAC* 曲线的最低点。

MC 曲线与 *AVC* 曲线相交于 *AVC* 曲线的最低点 E_2。在 E_2 点之左，*MC* 小于 *AVC*，*AVC* 趋于下降；在 E_2 点之右，*MC* 大于 *AVC*，*AVC* 趋于上升。因此，*MC* 曲线与 *AVC* 曲线的交点是 *AVC* 曲线的最低点。

知识窗 5－1　　长期成本

在长期，厂商所有的生产要素都是可变的，其生产规模可以任意选择。长期成本包括长期总成本、长期平均成本、长期边际成本。

长期总成本是厂商在长期生产特定产量的产品所花费的成本总量。从长期看，厂商总是可以在每一个产量水平上选择最优的生产规模组织生产活动。长期总成本曲线是一条从原点出发向右上方倾斜的曲线。

长期平均成本是长期中每单位产品的成本。由于长期生产中的规模经济，长期平均成本曲线呈现 U 形。

长期边际成本是长期中每增加一单位产品所增加的成本。

第三节　收益和利润最大化

在对成本进行分析之后，现在需要进行收益分析，然后从两者的比较中说明企业如何作出利润最大化的决策。

一、收益的概念和种类

收益是企业出售产品所得到的收入。值得注意的是，收益不是利润，收益是出售产品所获得的收入，但不是出售产品所赚得的钱。

收益可分为总收益、平均收益和边际收益。

总收益(*TR*)是指企业销售一定量产品所得到的全部收入。它等于产品价格和销售量的乘积。用公式表示为：

$$TR=P\cdot Q$$

平均收益(*AR*)是指企业平均出售每一单位产品得到的收入。它等于总收益除以总销售量，即 $AR=TR/Q=P\cdot Q/Q=P$。可见，平均收益就是产品的价格。

边际收益(MR)是指企业每增加一单位产品销售所增加的收入。可表示为 $MR=\Delta TR/\Delta Q$。

二、收益曲线

收益曲线反映了收益的变动趋势。在现实中,不同的市场,随着企业产品销量的增加,价格的变动趋势不同,企业的收益曲线也具有不同的形状。

(一)价格不变条件下的收益曲线

在竞争市场,单个企业只是市场价格的接受者,它们无法改变市场价格而只能按既定的价格销售一定量的产品。因为如果某企业把销售价格提到市场价格之上,消费者将不购买它的产品而转向购买其他企业的产品。表 5—3 表明了某厂商的总收益、平均收益和边际收益。

表 5—3　　竞争企业的总收益、平均收益和边际收益

销售量(Q)	价格(P)	总收益(TR)	平均收益(AR)	边际收益(MR)
1	6	6	6	6
2	6	12	6	6
3	6	18	6	6
4	6	24	6	6
5	6	30	6	6
6	6	36	6	6
7	6	42	6	6
8	6	48	6	6

根据表 5—3 可画出价格不变条件下企业的收益曲线,如图 5—2 所示。

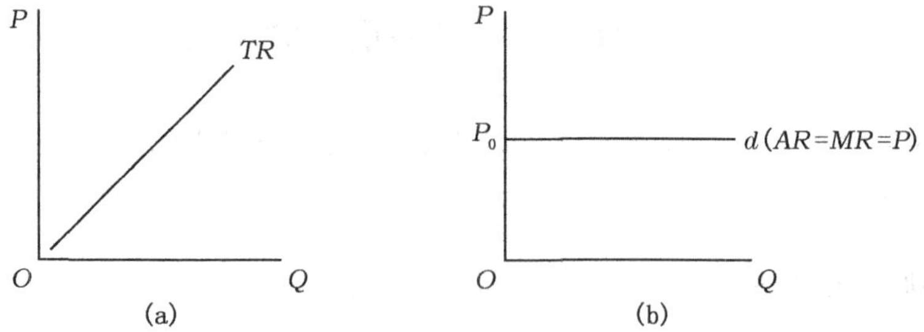

图 5—2　价格不变时企业的收益曲线

图 5—2(a)是价格不变条件下的总收益曲线。如图所示,在价格不变时,总收益曲线的斜率不变,等于既定的市场价格 P,所以总收益曲线是一条从原点出发向右上方倾斜的直线。

图 5—2(b)表明,在价格不变的条件下,企业的平均收益曲线和边际收益曲线重合,都等于价格的水平线。这是因为,对于竞争企业来说,在既定市场价格下的任何销售量上,平均收益等于边际收益并且等于价格。

(二)价格递减条件下的收益曲线

在不完全竞争市场,单个企业不再是价格的接受者,而是价格的制定者。这时企业要想增加产品的产量(销售量),就必须降低价格。表 5—4 表明了某厂商的总收益、平均收益和边际收益。

表 5—4　不完全竞争企业的总收益、平均收益和边际收益

产 量 (*Q*)	价格 (*P*)	总收益 (*TR*)	平均收益 (*AR*)	边际收益 (*MR*)
0	11	0		
1	10	10	10	10
2	9	18	9	8
3	8	24	8	6
4	7	28	7	4
5	6	30	6	2
6	5	30	5	0
7	4	28	4	−2
8	3	24	3	−4

根据表 5—4 可以画出价格递减条件下企业的收益曲线,如图 5—3 所示。

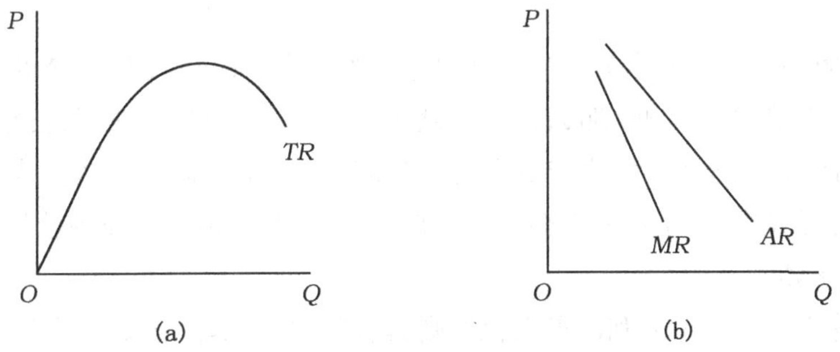

图 5—3　价格递减时企业的收益曲线

图 5—3(a)是价格递减条件下的总收益曲线。图中,当产量为零时,总收益为零,随着产量的增加,总收益开始增加;当产量增加到一定程度之后,边际收益接近于零,总收益最大。因此,总收益曲线是一条从原点出发、先上升而后下降的曲线。

图 5—3(b)表明,在价格递减的条件下,企业的平均收益仍然等于价格,即平均收益曲线是一条向右下方倾斜的曲线。由于价格递减,边际收益小于价格,所以,边际收益曲线是一条位于平均收益曲线之下、向右下方倾斜的曲线。

三、利润最大化原则

在分析了企业的成本和收益之后,我们考察企业如何实现利润最大化。

我们用前面表 5—3 价格不变的例子来进一步分析企业利润最大化的决策。表 5—5 各栏表明的是某厂商短期的产量、成本和收益。表 5—5 中的总成本是假设的,并由此得出了边际成本递增的结果。

表 5—5 竞争企业利润最大化的实现

产 量 (Q)	总收益 (TR)	总成本 (TC)	利 润 (TR−TC)	边际收益 (MR)	边际成本 (MC)
0	0	3	−3	6	
1	6	5	1	6	2
2	12	8	4	6	3
3	18	12	6	6	4
4	24	17	7	6	5
5	30	23	7	6	6
6	36	30	6	6	7
7	42	38	4	6	8
8	48	47	1	6	9

有两种方法可以说明企业的决策:

第一,总收益—总成本分析法。总收益减去总成本($TR-TC$)可计算出利润。从表 5—5 可以看出,当该厂商的产量为 4 或 5 时,实现了利润最大化,因为这时总收益超过总成本的值最大。

第二,边际收益—边际成本分析法。如果边际收益大于边际成本,即 $MR>MC$,表明厂商每增加一单位产量会增加利润,那么企业会继续增加生产。如果边际收益小于边际成本,即 $MR<MC$,表明厂商每增加一单位产量会使总利润减少,那么企业必然会减少生产。只有在边际收益等于边际成本时,企业才不会调整产量。因此,利润最大化原则就是边际收益等于边际成本,即 $MR=MC$。

边际收益等于边际成本的利润最大化原则具有普遍意义,无论是在竞争市场还是在不完全竞争市场,企业都是遵循这一原则进行决策的。

案例分析 5—2 福特公司产量的安排

对于许多企业来说,总成本分为固定成本和可变成本取决于时间框架。例如,考虑福特汽车公司的情况。在只有几个月的时期内,福特公司不能调整其汽车工厂的数量与规模。它可以生产额外一辆汽车的唯一方法是,在已有的工厂中多雇用工人。因此,这些工厂的成本在短期是固定成本。与此相比,在几年的时期中,福特公司可以扩大其工厂规模,建立新工厂和关闭旧工厂。因此,其工厂的成本在长期是可变成本。

由于许多成本在短期是固定的,但在长期是可变的,所以,企业的长期成本曲线不同于其短期成本曲线。长期平均总成本曲线是比短期平均总成本曲线平坦得多的 U 形曲线。此外,所有短期成本曲线在长期成本曲线上或以上。这些特点的产生,是因为企业在长期有更大的灵活性。实际上，在长期，企业可以选择它想用的那条短期成本曲线；但在短期，它不得不用它过去选择的任何一条短期成本曲线。

当福特公司想把每天的产量从 1 000 辆汽车增加到 1 200 辆时，在短期，除了在现有的中等规模工厂中多雇工人之外，别无选择。由于边际产量递减，每辆汽车的平均总成本从 1 万美元增加到 1.2 万美元。但是，在长期，福特公司可以扩大工厂和车间的规模，而平均总成本仍保持在 1 万美元的水平上。

对一个企业来说，进入长期要多长时间呢？回答取决于企业。对一个大型制造企业，如汽车公司来说，这可能需要一年或更长。

【关键术语】

机会成本　显性成本　隐性成本　短期总成本　短期固定成本　短期可变成本　短期平均成本　短期平均固定成本　短期平均变动成本　短期边际成本　总收益　平均收益　边际收益

【课堂讨论】

节假日期间，许多商场都延长营业时间，那么平时为什么不延长营业时间呢？

【复习自测】

1. 短期边际成本曲线与短期平均成本曲线、短期平均可变成本曲线是什么关系？为什么？
2. 某产品的边际成本递增，这是否意味着平均可变成本递增或递减？请解释。
3. 什么是机会成本？谈谈你的理解。
4. 经济成本、会计成本、显性成本和隐性成本之间有什么关系？
5. 试述厂商实现最大利润的原则，并谈谈你的看法。

第六章　市场理论

【学习目标】

1. 了解市场的含义；
2. 掌握市场的四种基本类型；
3. 掌握每种市场的主要特征；
4. 理解垄断者进行价格歧视的原因；
5. 了解各市场的均衡条件。

【重点】

市场结构的分类、各市场的主要特点、垄断市场中厂商的行为

【难点】

完全竞争市场的理论

导入案例

网约车的出现

长期以来，上海出租车市场以大众、强生等几大公司为主，占据了大部分的出租车市场。但到了2015年，网约车的出现打破了这一市场局面。滴滴、易到、神州等网络打车平台企业纷纷进入出租车市场，而且这些企业推出了许多优惠政策，给传统的出租车市场带来了巨大的冲击，加剧了出租车市场的竞争。为了稳定出租车市场，2016年7月28日，交通运输部等七部委发布了《网络预约出租汽车经营服务管理暂行办法》，认可了网约车的合法性，但同时也规定了网约车平台不得以低于成本的价格运营扰乱市场秩序。

思考：在教师的指导下讨论，出租车市场是一个怎样的市场？

前面我们分析了厂商如何根据既定的条件使生产达到最佳效益，但成本理论只是表明了厂商生产各种产量所支付的最低成本，并不能说明厂商将选择什么样的产量水平。厂商最优产量的确定还要取决于其面临的市场结构。

第一节　市场的相关概念

一、市场的含义

只要存在人类经济活动，那么就会存在市场。市场无处不在，如我们熟悉的服装店、食品店、玩具店、理发店、美容店、古玩市场、花鸟市场等，一般是指一种货物或劳务买卖的场所。注意，经济学中所指的市场不一定是具体的、有形的场所，而更偏重于具有经济上某种同质性的分类，如劳动力市场、能源市场、粮食市场、股票市场、期货市场。特别是20世纪出现的网络市场，是按照交易方式所作的分类汇总，相比传统的有形市场，其具有便捷性高、成本低、时空无限制等优势，已经成为交易不可或缺的重要场所。

二、市场的分类

划分市场类型的方法有很多。例如，根据交易商品的不同，市场可以划分为生产资料市场、消费市场、服务市场；根据市场交易的方式不同，市场可以划分为现货市场、期货市场。但经济学依据价格理论，通常按照市场的竞争程度来划分，影响市场竞争程度的因素主要包括以下四个方面：

(1)市场上厂商数量；

(2)产品的差别程度；

(3)单个厂商对市场价格的控制程度；

(4)单个厂商进出市场的难易程度。

根据以上四个方面因素的不同特点，可将市场划分为完全竞争市场、垄断竞争市场、寡头垄断市场和完全垄断市场，后三个市场类型也可称为不完全竞争市场，详见表6—1。

表6—1　市场类型的划分和特征

市场类型	厂商数量	产品差别程度	厂商控制程度	厂商进出行业的难易程度	现实中接近的市场
完全竞争	很多	完全无差别	没有	很容易	粮食业
垄断竞争	较多	有差别	有一些	比较容易	零售业
寡头垄断	几个	有或无差别	相当程度	比较困难	钢铁、汽车、石油
完全垄断	一个	唯一产品，无替代品	很大，但经常受到管制	很困难，几乎不可能	公用事业

从表6—1中可大体看到：市场中厂商数量越多竞争性越强，厂商数量越少垄断性越强；产品差异越小竞争性越强，产品差异越大垄断性越强；厂商对价格控制程度越弱竞争性越强，厂

商对价格控制程度越强则垄断性也越强；厂商进出行业越容易竞争性越强，反之则垄断性越强。

从表6—1中还可看到与市场相对应的另一概念，它就是行业。行业或者说产业是指生产和提供相同或类似产品或劳务的厂商的集合。厂商与行业的关系是个体与集体的关系，区分好厂商与行业可以帮助我们更好地进行分析。而行业与市场也是异中有同，行业往往是提供生产或服务的那一方面，市场则包括供求双方的关系，但与此同时两者的类型一致，例如完全竞争市场上对应着完全竞争行业。

从前面的学习中我们已了解到消费者追求的效用最大化行为决定了市场的需求曲线，厂商追求的利润最大化行为又决定了市场的供给曲线，厂商的利润则取决于收益和成本，其中收益部分取决于市场对产品的需求状况。不同的市场类型条件下，厂商所生产的产品(或劳务)面临着不同的需求状况，厂商利润最大化行为的决策自然就必须要区分不同的市场类型。

第二节　完全竞争市场

一、完全竞争市场的含义

完全竞争市场，又称纯粹竞争市场，是指一种不受任何阻碍和干扰的、没有任何垄断的市场结构。

二、完全竞争市场的特征

完全竞争市场必须具备以下四个基本特征：

(1)市场上有大量的生产者和消费者。每个生产者和消费者的商品量只占市场总额的极小部分，因而对市场价格及市场供求关系不会产生明显的影响。每一个生产者或消费者都只是市场价格的接受者，而不是市场价格的制定者。市场价格只能由全体买者的需求总量和全体卖者的供给总量共同决定。

(2)市场上的产品同质。所有厂商提供标准化的产品，产品之间完全可以互相替代，对于买者来说，根本不必在乎是哪家厂商的产品。只要一个厂商的卖价高于市场价格，买者就会转而购买其他厂商的产品，从而使价高者丢失全部市场份额。但同时它也没必要降价，因为每个厂商的市场份额都很小，一般来说，都能在既定的市场价格水平下实现自己的市场份额。

(3)生产要素自由流动。厂商可以自由地进入或退出某一行业，不受任何法律的、社会的或资金的障碍。当某一产品有较高的利润时，其他行业的厂商可以迅速进入市场；若亏损的话，该厂商也可以迅速地缩小生产规模或退出该市场。

(4)市场信息完全。所有生产者和消费者掌握完备的市场信息，因此市场中不存在互相隐瞒或欺骗行为。

在现实经济生活中，完全竞争市场并不存在，通常把某些市场看作接近完全竞争市场进行研究，比如农产品市场。相对来说，农产品市场上存在大量的生产者和消费者，都只是市场价格的接受者，不能随心所欲地制定价格；农产品之间的差别较小，如面粉，不同生产者供应的面粉几乎可以互相替代;农民进退某一农产品市场较为容易,如某一农产品销路不佳,可以改种其他农产品,当然现实社会中需要一定的时间间隔;但市场信息完全这一点,该市场还是不具备的,生产者和消费者双方不可能完全掌握农产品市场的全部信息。既然现实生活中不存在完全竞争市场,为什么还要研究完全竞争市场模型呢?这主要还是因为,完全竞争市场模型建立的作用在于其预测性而非准确性,它有助于我们对资源配置的效率作出较为准确的判断,该模型还可以为其他类型市场的经济效率分析和评价提供参照对比。

三、完全竞争市场的需求与收益

(一)完全竞争市场的需求曲线

在完全竞争市场上,每个厂商和整个行业所面临的需求曲线是不同的。

1. 厂商需求曲线

根据完全竞争市场的特征,每个厂商都是市场价格的接受者。如果厂商想稍微提高一下价格,那么它的销售量将降至零。因此,每个厂商所面临的需求曲线是一条在既定市场价格位置的水平需求曲线和在其上的纵坐标线,如图 6－1(a)所示。

在完全竞争市场上,每个厂商是市场价格的接受者,其产品的价格是一个常数,因此厂商每销售一个单位产品所得的边际收益等于市场价格。

2. 行业需求曲线

行业需求曲线是一条自左向右下方倾斜的曲线。行业供给曲线是各厂商的需求曲线之和。行业需求曲线和供给曲线相交,即供需相等时所决定的均衡价格即为该产品的市场价格,如图 6－1(b)所示。

值得注意的是,每个厂商面临的需求曲线水平会随着行业需求曲线的变化而发生变化,即产品的价格不是一成不变的。当行业的需求曲线或供给曲线发生上下移动时,该产品的市场价格会发生变动,那么每个厂商将面临新的需求曲线。当然,每一次变动后的市场价格对每个厂商来说,始终表现为一种既定的价格。

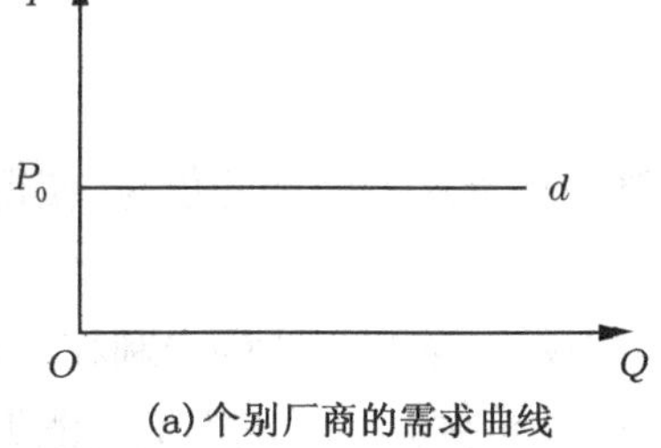

(a)个别厂商的需求曲线

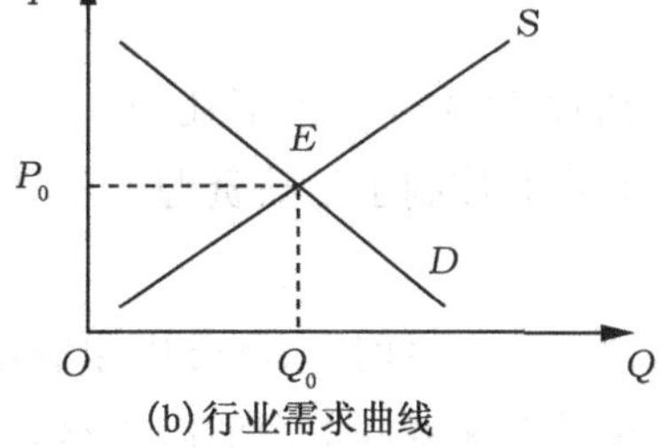

(b)行业需求曲线

图 6—1　完全竞争市场的厂商需求曲线和行业需求曲线

(二)完全竞争市场的收益曲线

在完全竞争市场上,单个厂商增加产品的销售量不会影响市场。厂商每增加一单位产品的销售,其市场的价格都是固定不变的,从而每增加一单位产品的边际收益也不变,边际收益等于价格。因此,对于单个厂商来说,平均收益、边际收益和价格相等,其面对的收益曲线是一条水平线，如图 6—2 所示。

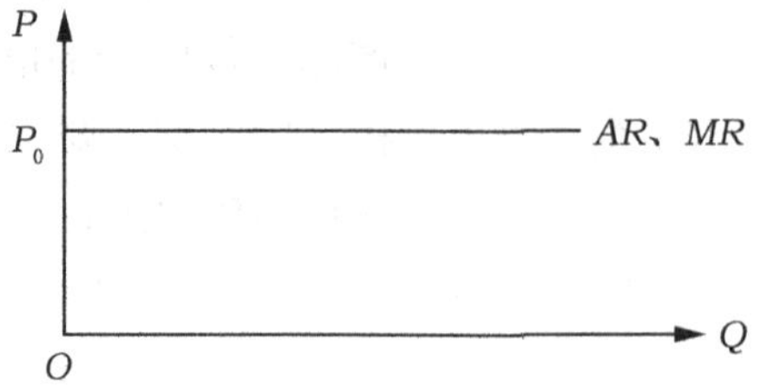

图 6—2 完全竞争市场的收益曲线

第三节 完全垄断市场

一、完全垄断市场的定义

完全垄断市场是指市场上只存在一个厂商的一种市场结构。完全垄断市场正好与完全竞争市场相反，是市场结构的另一个极端。

二、完全垄断市场的特点

从理论上说，完全垄断市场具有以下几个特点：

(1)市场上只有一个厂商。市场上没有任何替代品，这一厂商不会面临其他厂商的竞争威胁。

(2)该厂商是产品市场价格的制定者，它可以决定产品的价格和产量，实现自己的利润最大化。

(3)其他厂商无法进入。巨大的行业壁垒，使潜在的竞争者望而却步，无法进入。

现实生活中，完全垄断是极少见的，和完全竞争市场相比，是市场结构的另一种极端的表现。

形成垄断的原因主要有以下几个：

第一，垄断企业控制了稀缺资源。如某厂商控制了稀土这种资源的供应，使得其他企业无法进入市场。

第二，法律壁垒。目前，大部分国家制定了知识产权法，某些企业的专利权、版权等受到了法律的保护，也就意味着其他企业缺乏这方面的权利，进而丧失了进入市场的能力与资格。如微软公司的办公软件受到法律的保护。根据知识产权法的规定，发明专利的保护期自申请日起 20 年，实用新型专利的保护期自申请日起 10 年，外观设计专利的保护期自申请日起 10 年；商标自注册日起 10 年，期满可申请续展，每次续展的保护期是 10 年；法人版权保护期为 50 年，截止于作品首次发表后第 50 年的 12 月 31 日，公民个人版权保护期为作者有生之年及死亡后 50 年，截止于作者死亡后第 50 年的 12 月 31 日。

第三，规模经济的产生。当一个行业中某一企业产生了规模经济时，其平均成本会随着产量的增加而降低，只要这家厂商提供比其他厂商更多的产品，它的平均成本就会比其他厂商低，它能通过不断地扩大生产来降低其价格，迫使其他厂商无利可图，最终退出该行业，形成垄断。如通信、煤气等行业都存在着明显的规模经济。

第四，政府授权专营。某些行业只有获得了政府的特许，才可以生产经营。如我国的国家电网公司垄断了全国的供电。

三、需求曲线、平均收益与需求弹性

完全垄断市场上，仅有一家厂商，它的需求曲线就是市场需求曲线，是一条向右下方倾斜的需求曲线，垄断厂商只能通过降价来增加自己产品的销售量；否则，若厂商一味借用垄断实力抬高价格的话，消费者可能会减少需求量，政府也会加强对垄断的管制。

与完全竞争市场一样，在完全垄断市场上，每一单位产品的价格也就是它的平均收益，因此，价格仍等于平均收益。不同的是，在完全垄断市场上，销售量增加时，产品的价格会下降。

四、完全垄断厂商的价格歧视

与完全竞争厂商不同，垄断厂商是价格的制定者，它们往往为了获得更多的超额利润，在不同的市场和不同的消费者之间实行价格歧视。价格歧视也称为差别定价，是指垄断者在同一时间内对同一成本的相同产品向不同的购买者收取不同的价格，或者是对不同成本的产品向不同的购买者收取相同的价格。要实行差别定价，必须具备以下几个条件：

第一，必须是完全垄断的市场。垄断厂商面对众多消费者拥有价格制定权。

第二，市场必须可有效分割。有效分割的市场可使产品不能流动，消费者不能转而投向价格低的市场。比如手机运营商所制定的“漫游费”，主要的作用就在于分割市场，依据不同地区的收入水平制定不同的通信费用。

第三，各个市场的产品必须具有不同的需求价格弹性。在弹性大的市场要实行低价，而在弹性小的市场要实行高价。

大体上，按照差别定价的做法，可以分为三种类型的差别价格。

(1)一级价格歧视。一级价格歧视是指完全垄断厂商根据每一个消费者买进每一单位产品愿意并且能够支付的最高价格来确定产品的销售价格。厂商占据了所有的消费者剩余和生产者剩余。

(2)二级价格歧视。二级价格歧视是指垄断厂商对不同的购买数量实行不同的价格。顾客购买得越多，价格越低。例如，一位消费者若购买一件服装，原价；若一次性购买两件服装，打九折；若一次性购买三件及以上服装，打八折。又如，现在比较流行团购，往往团购价比普通的售价要低。

(3)三级价格歧视。三级价格歧视是指垄断厂商把不同类型的购买者分割开来，形成各子市场，然后把总销量分配到各市场出售，根据子市场的需求价格弹性分别制定不同的销售价格。例如，一条飞机航线上，航空公司往往会把舱位分为经济舱和商务舱，并分别制定不同的价格。又如，同一产品分别在上海和西藏销售，其售价也会有所不同。

垄断与竞争相比，人们往往认为竞争会带来更高的效率，而垄断会通过减少产量、提高价

格等方式降低资源配置效率、降低大众福利等。但美国经济学家约瑟夫·熊彼特则认为经济发展的本质在于创新，而垄断实际上是技术创新的源泉，比如，专利保护所创造的垄断大大推动了技术的创新。笔者认为垄断也好、竞争也罢，都是社会发展不可或缺的。

第四节　垄断竞争市场

一、垄断竞争市场的定义

垄断竞争市场是一种市场上存在许多生产者和消费者，且商品具有差异性，从而形成不完全竞争的市场结构。垄断竞争既有垄断又有竞争，垄断竞争市场是最常见的一种市场类型。

二、垄断竞争市场的特点

垄断竞争市场是介于完全垄断和完全竞争之间的一种市场结构，其具有以下几个特点：

(1)市场上有大量的生产者和消费者。每个厂商所占的市场份额非常小，而且它们都认为自己的行为对其他厂商影响很小，自己也不会受到其他厂商措施的影响，因此市场上的每个厂商都是独立的个体。

(2)市场上的产品具有差异性，这些产品之间有着高度可替代性，但又不是完全可以替代的，即产品之间的需求交叉弹性很大却也并非无穷大。形成产品之间的差异性，可以是核心产品的不同(如产品质量、外观形态等)，也可以是外延产品的不同(如服务质量、品牌等)。正是产品之间存在的差异性形成了市场的垄断。

(3)厂商可以自由进出该行业，在该市场上要素可以自由流动。新厂商带着这种产品的新品牌进入市场和已有厂商在它们的产品已无利可图时退出市场都比较容易。当然，一般来说，这种厂商的生产规模比较小。

在现实经济市场中，垄断竞争是一种非常普遍的市场结构。一般来说，零售市场属于垄断竞争市场。如沐浴露产品市场，生产沐浴露的厂商很多，如宝洁、高露洁、强生、安利、联合利华等。但各产品之间有差异性，从功效方面分析，有的侧重去屑，有的侧重润肤，有的侧重美白；从年龄层分析，有儿童沐浴露，有成人沐浴露……厂商进出沐浴露市场是非常便捷的。

知识窗 6－1　　垄断竞争市场理论开拓者

E. H. 张伯伦在其 1933 年出版的《垄断竞争理论》一书中，提出了关于市场结构和价格形成的理论。同年，英国经济学家 J. 罗宾逊出版了《不完全竞争经济学》一书。两者共同促使“垄断竞争论”成为现代微观经济学的重要组成部分。

三、垄断竞争厂商面临的价格弹性

在垄断竞争生产中，各厂商的产品有差别，各自的成本和需求未必相同。但在市场模型分析中,我们总是假定各厂商有相同的成本和需求,并以代表性厂商进行分析,这样做既能简化分析,又不影响分析的实质。

垄断竞争厂商的需求与需求价格弹性有关,垄断竞争厂商的需求价格弹性不似完全竞争厂商的那么无穷大。由于垄断竞争厂商可以在一定程度上控制自己产品的价格,即通过改变自己所生产的有差别的产品的销售量来影响商品的价格,所以,垄断竞争厂商面临的需求价格弹性随着产品的差异化而变动,差异化越大,需求价格弹性就越小。垄断竞争市场中的厂商通过创造差异化优势来获得更大的利润。这种差异化表现在产品品质、性能、售后服务、款式设计乃至广告宣传上,称之为非价格竞争。

案例分析 6—1　　钻石恒久远,一颗永流传

"钻石恒久远,一颗永流传。"这句广告语深入人心。那么,这句广告语出自何处呢?它是南非的一家钻石公司戴比尔斯的广告语,这家公司控制了世界钻石生产的 80%左右,对世界钻石价格产生重大影响。可以说,戴比尔斯公司处于一个近乎垄断的市场。那它为什么还要花钱做广告呢?你觉得垄断企业做广告有必要吗?

第五节　寡头垄断市场

一、寡头垄断市场的定义

寡头垄断市场是指少数几家厂商控制了某一行业产品的全部或大部分份额的一种市场结构。寡头垄断市场主要有两种:一种是厂商间生产的产品没有差别,如石油、建材等行业,我们称之为纯粹寡头市场;另一种是厂商间生产的产品有差别,如飞机、汽车等行业,我们称之为差别寡头市场。

二、寡头垄断市场的特征

寡头垄断市场基本特征主要有:

(1)厂商生产的产品可以同质,也可以有差别。厂商间存在激烈竞争。

(2)厂商数量少,新厂商加入比较困难。究其原因,与完全垄断市场相似,主要有:政府的扶植与支持,例如专利、许可证等;生产的客观需要,某些产品的生产必须达到较大生产规模才能有好的经济效益;某些资源、某些生产要素的供给被少数几家厂商控制;消费者对新进入者生产的产品缺乏必要信息,以致客观上限制了它们的进入;已有厂商的市场策略,使新进入者相信自己一定会采取策略进行有效抵抗,若它们进入市场,必定是竹篮打水一场空。

(3)厂商行为具有不确定性。厂商不再像完全竞争、完全垄断厂商那样独立决策,不必考虑竞争对手的反应。在寡头垄断市场上,每个厂商的产量和价格变动都深刻影响着其竞争对手乃至整个行业的产量和价格。正因如此,厂商间互相依存度极高。厂商必须考虑它的行为对其他对手的影响及对手会作出何种反应，对手的反应又会对自己产生什么作用，等等。例如，通用、克莱斯勒、福特，谁家敢毫无顾忌地削价？它的答案，普通消费者都能脱口而出。

寡头厂商们行动的复杂性，使其理论也随之复杂，它不再像前三种市场，寡头垄断市场上并没有一个模型能对该市场价格和产量决定作出一般的理论总结。可以说，有多少竞争对手的反应假定，就可以出现多少结果，就有多少的模型。

在实际市场中，我国的电信市场就是一个寡头垄断市场。中国的电信市场由中国移动、中国电信、中国联通三家占据着。为了争夺更多的市场份额，三家竞争是非常激烈的。

三、寡头垄断市场上的价格决定

(1)价格领先制。价格领先制是指一个行业的价格通常由某一寡头率先制定，其余寡头追随其后确定各自的价格。

(2)成本加成法。成本加成法是指按一定的百分比在平均成本上加利润。

(3)协商定价法。协商定价法是指卡特尔厂商之间签订正式的协议来控制产量、分享市场和维持价格。

知识窗 6－2　　卡特尔

卡特尔(cartel)就是寡头垄断厂商用公开或正式的方式勾结的一种形式。该行业中的厂商就价格、产量、市场如何划分等事项会达成明确协议。

卡特尔仍是遵循利润最大化原则行动，即 $MC=MR$。相关事项大致如此决定：从各厂商的资料中确定每一价格水平下的产品需求量，得出卡特尔需求曲线，从而计算出边际收益曲线；将各厂商的边际成本曲线水平相加得到卡特尔边际成本曲线；在 MR 和 MC 相等时确定均衡产量及对应于需求曲线的价格为均衡价格。这与完全垄断厂商价格、产量的决定相同，或者我们可以说，这时的卡特尔就是一个完全垄断厂商。产品价格统一后，卡特尔通常规定限制产量。如何分配产量呢？基本原则是使各厂商 MC 相等，并等于均衡产量水平的 MC。

卡特尔的产量分配方式往往被认为是一种理想的分配方式，现实中很难实现。因为卡特尔成员为了追求最大化的利润，往往会避开卡特尔的规定。

值得注意的是，在现实经济市场中，不同的市场结构是可以相互转化的。如第一部手机上市时，由于该生产者是唯一一个掌握了该项技术的厂商，此时处于完全垄断市场。当其他几家大厂商也研发出来相关技术进入该市场后，市场结构逐步发生变化，由原先的完全垄断市场变为寡头垄断市场；受到高利润的刺激，其余厂商跃跃欲试，纷纷进入该市场，市场逐步经历垄断竞争市场、完全竞争市场。当然，完全竞争市场也可能会转变成不完全竞争市场。

【关键术语】

完全竞争市场　完全垄断市场　垄断竞争市场　寡头垄断市场

【课堂讨论】

假设一个偏僻的小村庄里只有一家理发店，该理发店欲对不同阶层的顾客制定三级价格歧视。请问这种价格方案是否可行？

【复习自测】

1. 简述影响市场竞争的因素。
2. 垄断竞争厂商如何选择使其利润最大的产量和价格？
3. 简述市场结构的类型及其特征。
4. 简单说明垄断形成的原因。
5. 实体店如何迎接网店的挑战？

第七章　分配理论

【学习目标】

1. 了解生产要素市场供给和需求的特点；
2. 理解工资、利率、地租和利润的决定；
3. 掌握洛伦斯曲线。

【重点】

生产要素理论、洛伦斯曲线

【难点】

生产要素理论

导入案例

各城镇居民平均工资水平比较

据统计，2014 年，上海的城镇居民单位就业人员平均工资为 100 251 元，2013 年为 90 908 元，涨幅为 10%；北京 2014 年的城镇居民单位就业人员平均工资为 102 268 元，2013 年为 93 006 元，涨幅为 10%；西藏 2014 年的城镇居民单位就业人员平均工资为 61 235 元，2013 年为 57 773 元，涨幅为 6%。从横向来分析，同样是 2014 年，不同的省市区，城镇居民单位就业人员的平均工资水平是不同的，如北京、上海的平均工资水平是 10 万多元，而西藏的平均工资水平是 6 万多元，相差 4 万元左右；从纵向来分析，每个城市的城镇居民单位就业人员平均工资水平都呈现上升趋势，但涨幅是有所不同的，内地较为发达的城市相对西部地区的平均工资水平的涨幅要更大些。

（资料来源：http://www.stats.gov.cn。）

思考：劳动报酬如何决定？

分配理论要解决的是“为谁生产”的问题。作为资源配置的问题之一，这个问题还是由价格来解决的。根据西方经济学的解释，各种收入就是生产要素的价格，因此，分配理论也就是要解决生产要素的价格决定问题。

第一节　生产要素的需求和供给

一、生产要素的含义

生产要素是指进行社会生产经营活动时所需要的各种社会资源，是维系国民经济运行及市场主体生产经营过程中所必须具备的基本因素。现代西方经济学把生产要素的范畴定义为劳动力、土地、资本、企业家才能。随着科技的发展和知识产权制度的建立，技术、信息也作为相对独立的要素投入生产。

二、生产要素的需求

（一）生产要素需求的特点

1. 生产要素的需求是一种派生需求

厂商对生产要素的需求来自消费者对产品的需求。消费者对产品的需求是一种直接需求，消费者由于产品的使用价值，出于自己对产品的需要而产生需求。而厂商对生产要素的需求并不是因为其自身的需要，而是消费者对某一产品的市场需求。因为市场对某一产品有需求，为了获取利润，厂商组织生产经营活动，购买生产要素。所以生产要素的需求是一种由消费者的直接需求派生出的需求。例如，现代社会，人们对手机有一定的依赖性，对手机这种产品有需求。为了满足这一市场需求，在可以获利的条件下，厂商们会雇用劳动力、租厂房、购买设备、聘请专业人士和管理人员等来组织生产经营活动。

2. 生产要素的需求是一种联合的需求

任何一种生产活动都需要多种生产要素，而不仅仅只对其中一种要素的需求。在一定条件下，对一种生产要素的需求可以用另外一种要素来替代。例如，近年来，在劳动力成本比较高的国家，很多制造业厂商用机器人设备代替工人实施现场操作。

（二）生产要素的需求曲线

生产要素的需求取决于生产要素的边际生产力。边际生产力是指每增加一单位生产要素所增加的产量或收益。以实物表示生产要素的边际生产力，称为边际物质产品（MPP）；以收益表示生产要素的边际生产力，称为边际收益产品（MRP）。

在完全竞争市场上，厂商为了实现利润的最大化，必须使得购买最后一单位生产要素所支出的边际成本等于购买生产要素带来的边际收益。在完全竞争市场上，边际收益等于平均收益，即等于价格。所以，厂商对生产要素的需求就是实现生产要素边际收益、边际成本等于价格时的需求。由于生产要素的边际收益是递减的，生产要素的需求曲线是一条向右下方倾斜的曲线。

在不完全竞争市场上，单个厂商具有控制市场的能力，其面对的需求曲线是一条向右下方倾斜的曲线。如果厂商想增加出售产品，那么其价格必须低于之前的单位产品价格，即每追加一单位的产品，其获得的边际收益会下降，因此其面对的需求曲线和完全竞争市场厂商所面对的需求曲线是一样的，也是一条向右下方倾斜的曲线。

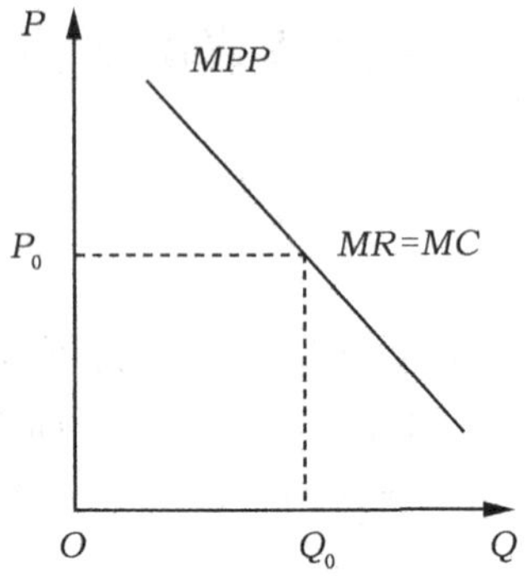

图 7—1　生产要素的需求曲线

生产要素的边际收益 MR 等于生产要素的边际成本 MC，这时生产要素市场处于均衡状态，生产要素的供给量为 Q_0。当生产要素的价格高于 P_0 时，生产要素的边际收益小于边际成本，生产要素的需求减少；当生产要素的价格低于 P_0 时，生产要素的边际收益大于边际成本，生产要素的需求增加。

三、生产要素的供给

生产要素供给是指生产要素的所有者（家庭户）提供给市场的要素的数量。一般而言，某种生产要素的价格越高，这种生产要素的供给越多；其价格越低，供给也越少。即生产要素的供给量与要素的价格是呈同方向变化的，因此，生产要素的供给曲线是一条向右上方倾斜的曲线。但具体地，不同的生产要素会面对不同的供给曲线。

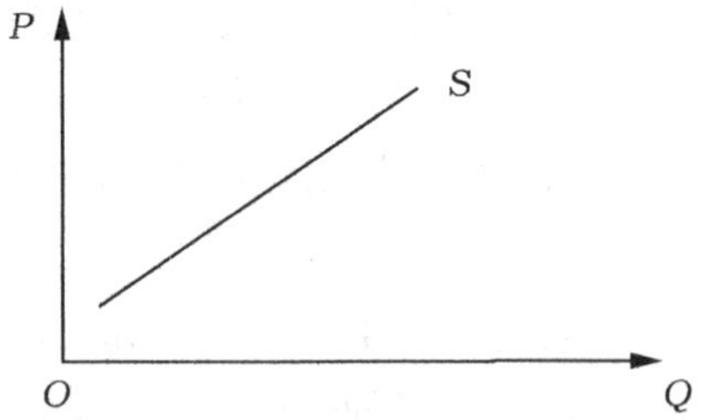

图 7—2　生产要素的供给曲线

第二节　工资、利率、地租、利润理论

一、工资理论

工资是劳动力这种生产要素的价格。工资理论是研究均衡劳动力价格的形成以及什么因素会导致均衡劳动力价格的改变。

(一)完全竞争市场上均衡工资的决定

1. 劳动力的需求

劳动力的需求取决于劳动力的边际收益,劳动力的边际收益是递减的,所以劳动力的需求曲线是一条向右下方倾斜的曲线。

2. 劳动力的供给

要素市场上的劳动力是由劳动者提供的,劳动者可以选择提供劳动力,也可以选择不提供劳动力,或者说选择闲暇。劳动者之所以选择提供劳动力,是因为劳动后可以取得劳动报酬,即工资。劳动和闲暇同样能够给人们带来福利的增加。劳动力供给的背后就是劳动者在劳动收入和闲暇之间的取舍。

当劳动者工资水平较低时,劳动者愿意增加劳动力供给以提高自己的收入水平,随着劳动者工资水平的提高,劳动者闲暇的机会成本增加,劳动者更愿意选择更多的劳动力供给,这正好解释了为什么高收入人群拼命工作的原因。但是,由于时间对每一个人都是有限的,人们不能把所有的时间都用在工作上,当收入提高到一定水平后,人们愿意选择闲暇以提高自己的福利水平。所以,劳动力的供给曲线是一条向后弯曲的曲线(见图7—3)。

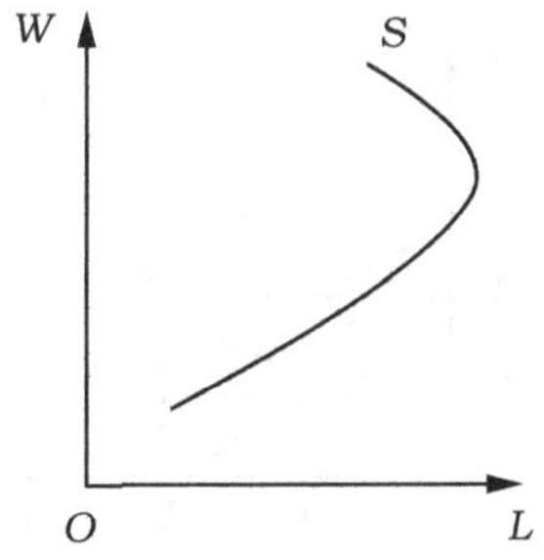

图7—3　劳动力的供给曲线

图7—3中,横轴表示劳动力的供给量,用符号 L 表示,纵轴表示劳动者的工资水平,用符号 W 表示,S 表示劳动力供给曲线。

3. 工资的决定

在完全竞争的劳动力市场,工资是由劳动力的供求关系决定的。单个自然人的劳动力供给曲线相加就得到了劳动力市场的供给曲线。尽管单个自然人的劳动力供给曲线是一条向后弯曲的曲线,但是整个劳动力市场的供给曲线并不一定会向后弯曲,因为高工资水平下会吸引更多新工人加入,所以劳动力市场的供给曲线通常是一条向上倾斜的曲线。劳动力市场的需求曲线和供给曲线共同作用决定了完全竞争劳动力市场的均衡工资(见图 7—4)。

图 7—4 中劳动力市场的需求曲线 D 和供给曲线 S 相交于 E,E 是劳动力供给的均衡点,均衡劳动力数量为 L_0,均衡工资水平为 W_0。

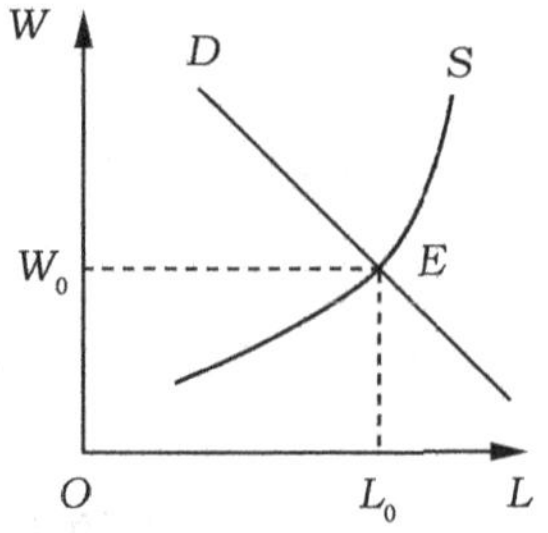

图 7—4 均衡工资决定

首先,由于产业结构的调整和技术变革等因素的影响,劳动力需求曲线会发生移动。例如,20 世纪 80 年代后期,上海启动 14 项重点项目全市攻关大会战,大力调整产业结构,高科技含量的新兴产业逐步取代传统产业。拥有 55 万职工的纺织业首当其冲,"壮士断臂"。当时,市场对纺织工人的需求大幅度减少,假设上海地区纺织工人劳动力市场是完全竞争的,纺织工人在短期内不会流向其他劳动力市场(供给不变),政府不对纺织工人劳动力市场进行干预,那么需求曲线必将向下移动(见图 7—5)。图 7—5 中,需求曲线由 D_1 移动到 D_2,供给曲线不变,新的劳动力市场均衡点从 E_1 移动到了 E_2,均衡劳动力数量由过去的 L_1 降低到 L_2,工人工资由过去的 W_1 降低到 W_2。在一个完全竞争的劳动力市场,劳动力的供求关系决定了工资水平和劳动力数量会达到一种均衡状态,但均衡状态不是一成不变的,由于各种因素的影响,均衡工资水平和劳动力数量会不断变动。

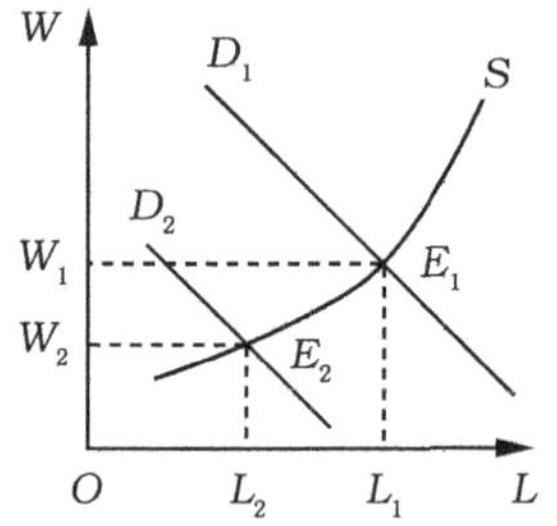

图 7—5 劳动力需求曲线移动

其次,由于战争、移民或者出生率上升等因素,劳动力供给曲线也会发生移动。例如,由于海湾战争的影响,中东重要的石油生产国科威特石油工人数量锐减,导致石油工人供给曲线向左移动(见图 7—6),即供给曲线由 S_1 移动到 S_2,这样劳动力市场均衡点由过去的 E_1 移动到 E_2,劳动力数量从过去的 L_1 减少到 L_2,工人工资由过去的 W_1 提高到现在的 W_2。

(二)不完全竞争劳动力市场的工资决定

现实中的劳动力市场并非完全竞争的,存在不同程度的垄断。如厂商对劳动力购买的垄断,特别是一些垄断行业,市场上唯一的劳动力购买者面对的是众多的劳动者。又如,工会等

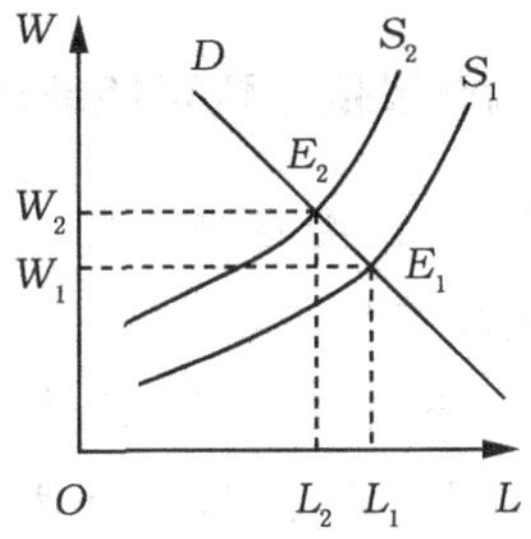

图 7—6　劳动力供给曲线移动

劳动者团体的存在,垄断了劳动力的供给。工会通常要求增加出口、限制进口的贸易保护主义政策来增加市场对劳动力的需求,或者通过限制移民、减少工作时间等措施来减少劳动力的供给。增加市场对劳动力的需求和减少劳动力的供给都会提高工人的工资,改善工人的福利待遇。

图 7—6 中,我们假设,工会通过要求减少工作时间等措施减少了劳动力的供给,劳动力供给曲线由 S_1 移动到 S_2,这样工资水平得到了提高。值得注意的是,这里工会是通过减少工作时间的方法减少了劳动力供给,这样总的就业人数不会改变,换句话说,不会加剧失业。中国政府通过增加"黄金周"的方法,也正是减少了工作时间,增加了工人的福利而不会增加失业。同样,通过加强劳动执法、限制使用童工和限制加班或者提高法定加班工资等也可以减少劳动力供给,增加工人福利。

各个国家通常会通过立法,限制企业支付工人的最低工资。工会也会迫使政府提高最低工资。最低工资能否提高工人的福利待遇呢?

通常情况下,政府规定的最低工资要高于均衡工资,如图 7—7 中,均衡工资为 W_0,政府规定的最低工资为 W_1,在 W_1 的工资水平下,市场对劳动力的需求为 L_1,而劳动力的供给是 L_2,这样虽然工资水平有所提高(提高水平为 W_1-W_0),但是市场有部分劳动者处于失业状态(失业人数为 L_2-L_1),所以最低工资制度加剧了失业率的上升。对于所有劳动者的总福利的变化,就是要比较图 7—7 中 1 区和 2 区的面积大小,如果劳动力的需求弹性大于供给弹性,则 1 区面积小于 2 区面积,实行最低工资制度后劳动者的总福利减少了。如果劳动力的需求弹性小于供给弹性,实行最低工资制度后劳动者的总福利增加,但是由于失业的影响,部分劳动者失去工作,贫富差距扩大,政府应当通过转移支付的方法,救助(L_2-L_1)数量的劳动者。

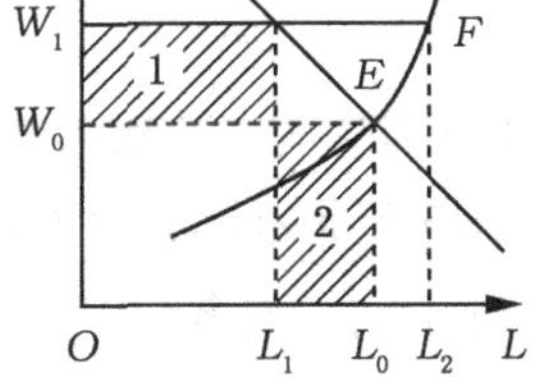

图 7—7　最低工资制度

知识窗 7－1　　频繁调整最低工资可能破坏市场

社会劳动力的成本到底是多少，应该由市场决定。如果频繁调整最低工资，看起来很美，也很得民心，但实际上可能会破坏市场。

记者从地方人社系统获悉，根据当前经济下行压力较大、企业经营困难的情况，人社部决定在一段时间内将最低工资标准调整的时间，由每两年至少调整一次，改为两至三年至少调整一次，且调整幅度原则上不超过社会平均工资增长幅度。之所以延长最低工资调整周期，与近年来有舆论认为最低工资涨幅过快有关。根据人社部统计，过去 5 年间，全国最低工资标准年平均增幅为 13.1%。

最低工资标准向来是一个矛盾的集合体。最低工资标准高了，企业用工成本会增加，经营负担会加重；最低工资标准低了，低收入群体的生活恐怕难以保障，甚至可能会激化社会矛盾。站在企业的角度与站在政府的角度、站在民生的角度，会对最低工资标准的调整产生完全不同的态度。

当下，经济下行压力较大，权威人士道出的"L"型经济发展曲线更是意味深长。而且，最近一次最低工资标准的调整是发生在去年年底，有几个省市的最低工资标准已经突破了 2 000 元，而最低工资又是扣除社保的"到手工资"，这已经是一个相当高的用工成本。在此语境下，通过延缓最低工资调整周期来降低企业的负担，是人社部门的积极作为，对经济复苏也会有一定的帮助。

最低工资终究是一个市场化的东西。它不应该代替社会的基本保障制度，也不应该给企业造成巨大的负担。延长最低工资调整的周期，应该视作政府尊重市场规律的行为，这是一个很大的进步。要知道，世界上仍然有一些国家不实行最低工资标准制度，原因就在于它们的政府不希望通过强制手段来干预公司行为。

工资与劳动付出，是市场经济中的两个重要因素。政府能不能发布一个漂亮的最低工资方案，有时并不重要；重要的是，这个地方的劳动力市场究竟是处于供大于求的状态，还是处于供不应求的状态。如果存在严重的"用工荒"现象，则企业想不执行最低工资标准都难。可是，如果某一行业、某一年龄段的劳动力并不紧缺，恐怕即便低于最低工资标准，也有人削尖了脑袋抢工资。

制约国民收入的症结，也远远不在最低工资这个问题上。没有集体协商工资制度，没有真正能够为劳动者维权的社会团体，仅靠行政命令，最低工资标准也很容易被架空。而且，最低工资标准应该是各个地区、各个行业的职工团体来提出的，维权和诉讼事宜也应该由团体来完成。

因此，频繁调整最低工资，在经济新常态下，越来越凸显弊端。延长最低工资调整周期，甚至是暂缓数年，也是落实"让市场在资源配置中起决定性作用"之举。

（资料来源：人民网，2016 年 5 月 18 日，转载《中国青年报》。）

二、利率理论

资本作为一种生产要素，资本所有者同样是追求回报的。资本生产要素的回报就是利息，利息是对推迟消费的一种经济补偿。西方经济学认为，资本之所以可以带来利息，是因为使用资本可以提高生产效率。利息的多少用利率来表示。利率是利息与资本的比值。

（一）资本的需求

资本的需求是由资本的边际收益决定的，资本的边际收益是递减的，所以资本的需求曲线是一条向右下方倾斜的曲线。

（二）资本的供给

资本是区别于劳动力和土地的一种生产要素，可以分为资本品和货币资本。资本品是一种作为生产要素的产品，例如机器、设备、原材料等。资本品的供给和产品市场的供给一样，由其生产成本决定，是一条向右上方倾斜的曲线。货币资本的供给取决于利率的高低。利率越高，货币资本所有者就愿意提供更多的货币资本以获得更多的资本收益，所以货币资本的供给是一条向右上方倾斜的曲线。由于货币资本和资本品都是一条向右上方倾斜的曲线，所以资本的供给曲线是一条向右上方倾斜的曲线（见图 7—8）。

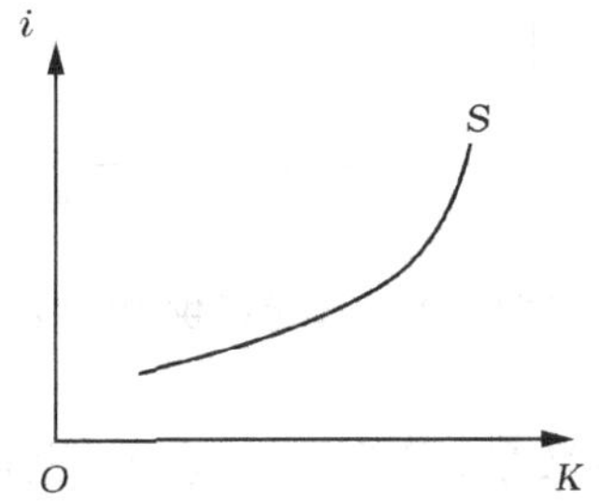

图 7—8　资本的供给曲线

图 7—8 中，横轴表示资本的数量，用符号 K 表示，纵轴表示利率，用符号 i 表示，S 表示资本的供给曲线。

（三）资本市场上利率的决定

对于完全竞争市场，利率是由资本的供求关系决定的。图 7—9 中，资本的供给曲线 S 和需求曲线 D 交于均衡点 E，形成资本的均衡价格 i_0 和资本的均衡供给 K_0。

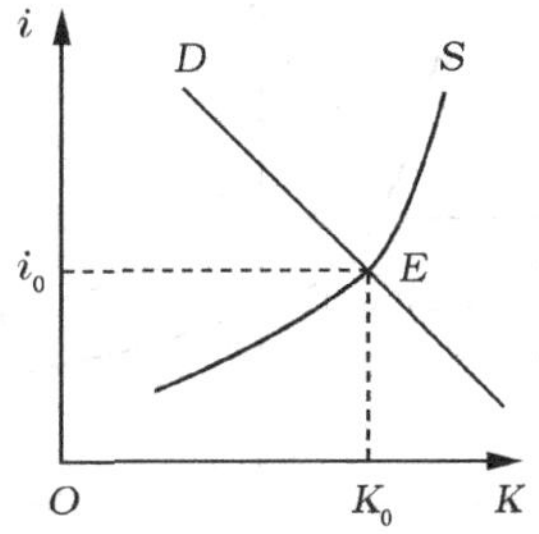

图 7—9　利率的决定

三、地租理论

地租是土地所有者凭借土地所有权从土地使用者那里获得的报酬。在某些场合，西方经济学把地租定义为物主将其所有的土地、房屋或任何财产租给他人使用所获得的报酬，范畴很广。

土地作为一种自然资源，经济学上假定它的供给是恒定的。这样，作为土地回报的地租的决定就有别于工资和利率的决定。在完全竞争市场，土地的价格是由土地的供求关系决定的。经济学上所说的土地泛指一切自然资源，经济学上通常假定这种资源的供给是固定的，它不随地租率的变化而变化，所以土地的供给曲线是一条垂直的曲线（见图 7－10）。土地的需求曲线是由土地的边际收益决定的，土地的边际收益是递减的，所以，土地的需求曲线是一条向右下方倾斜的曲线。

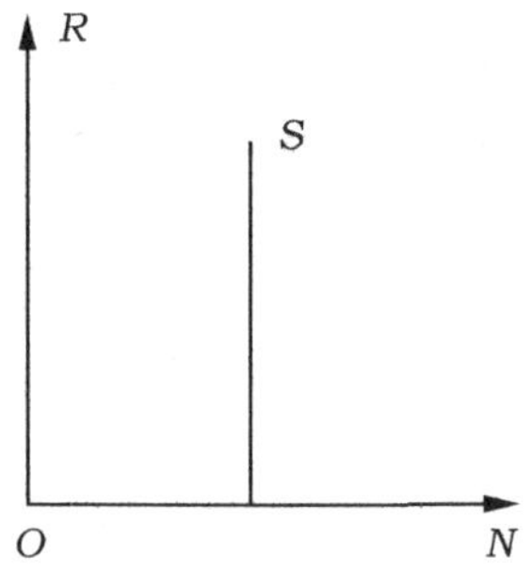

图 7－10 土地的供给曲线

图 7－10 中，横轴表示土地的数量，用符号 N 表示，纵轴表示土地的价格（地租），用符号 R 表示，S 表示土地的供给曲线。

同样，地租由土地的供求关系决定。图 7－11 中，土地的供给曲线 S 和需求曲线 D_0 交于 E_0，形成了土地的均衡价格地租 R_0。但是，由于经济的发展和人口的增长，市场对土地的需求会不断增加，土地的需求曲线会不断向右上方移动，由 D_0 移动至 D_1，与供给曲线 S 交于 E_1，形成新的均衡价格（R_1），地租呈现上升趋势；当经济萧条时期，企业的破产倒闭也会导致土地需求的降低，地租会随之下降。

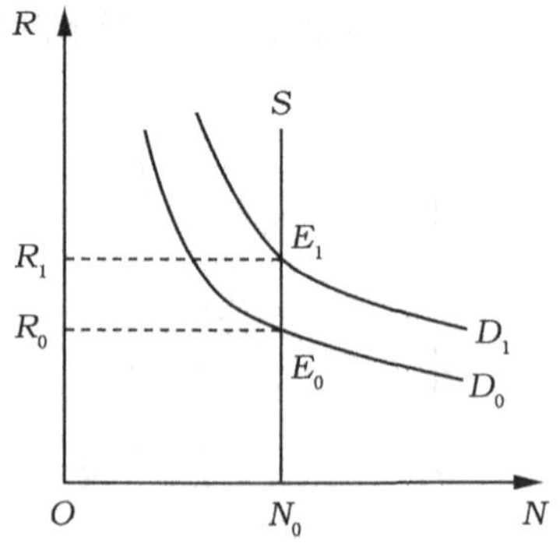

图 7－11 地租的决定

知识窗 7－2　　融信 110 亿元夺上海地王，创中国最高成交记录

2016 年 8 月 17 日，在沪上部分银行表态不介入地王项目的情况下，上海土地市场却再度让人“惊诧”——融信以 110.1 亿元的总价夺得上海静安地王，创下了中国土地成交史上最贵地王记录，同时该地块也刷新了全国住宅最高单价记录。该地块起拍价 46 亿元，名义楼板价约 10 万元/平方米，可售楼板价 14.3 万元/平方米，溢价率 139.3%，未来售价基本上将超过 15 万元/平方米。

这次出让的土地为两块相邻地块，总出让面积为 31 034.1 平方米，容积率 3.54，住宅占 90%，商业占 10%。不过，建筑限高 100 米，而在 90%的住宅面积中，出让条件规定了有近 3 000 平方米的配套设施、5 000 平方米的保障房、14 000 平方米的自持房；同时，地块中小套型住宅面积不得低于总住宅建筑面积的 80%。

（资料来源：节选于《新浪财经》，2016. 8. 17，http://finance. sina. com. cn/china/2016-08-17/doc-ifxuxnah3740933. shtml。）

知识窗 7－3　　对农地产权与经营权问题争论的评析

中国农地产权关系较为特殊，除了所有权、经营权(使用权)、收益权等之间的关系外，还有承包权。在当前中国农村的“确权认证”中，必须明确农地产权中所有权属于集体经济，承包权首先归农户家庭使用，农户转让后的使用权可以是多元的。所谓“确权”，就是给农民“赋予承包权”。这样，农地的使用就可能有多个使用权主体。但解决好产权主体与产权关系问题，还必须明确作为农地所有权主体的集体由谁代表、怎样发挥作用、怎样实现其职能等问题。集体经济对农地所有权的实现，需要确保经营权及收益权长期不变。农村土地承包经营权的流转，如果仅是分散单个农户的经营权，并通过其对承包权的垄断获得一部分绝对地租，这对发展农业规模经济、提高农地使用效率并无意义。借鉴越南、老挝等国的经验，不让集体所有权缺位，是解决问题的关键。

通过“确权认证”确定农地承包经营权主体之后，农户可以通过流转，将使用权赋予其他使用权主体。但问题在于，当前能够成为使用权主体的只能是有资格的其他农户，一些企业资本只能通过租赁的形式成为有限期的使用权主体，而无资格的其他农户或市民不可能成为使用权主体，这将限制流转的方向和规模。此外，许多农户仍然视农地为生活的最后保障，在无安全感的情况下，他们宁愿将土地撂荒也不愿流转。同时，大量承包地是“碎片化”经营的，这也给流转造成了困难。有学者依据科斯定理一、二、三认为，只要形成了好的农地产权制度，就可以解决包括流转在内的许多问题。也有学者认为，科斯定理的前提是要有充分发展的市场，而中国当前并无完善的农地流转市场，因此科斯定理将失灵。但当前中国农地流转困难主要缘于所有权虚置，农地产权关系没有理顺。

不少专家通过调查，对当前农地经营及流转过程中出现的诸多不良现象感到担忧。例如，一些农户宁愿将土地撂荒，也不愿流转给其他农户；为了致富不惜破坏地力、污染环境、破坏生态、生产有毒有害的作物；视承包权为所有权，以致过度维权等。农地经营及流转形成的收益应在集体和农户之间进行合理的分配。由于农地流转与农地经营产生的收益已不是简单的土地应用（如种植、养殖等）的收益，同时具有类似城市地租的金融收益，因此收益分配更加复杂化。我们认为，绝对地租由农地集体所有权形成，应当归属农民集体所有，可适当分割一部分承包给农户，但不能全部给农户。在现实生活中，绝对地租没有归农户集体所有的现象十分严重。级差地租的分割也应进行合理分配。例如，国家或集体投资修建了一条路，会实际改变农地的位置，从而形成了级差地租Ⅰ，这部分地租理应在国家或集体及承包户之间分割，而不能全部归属承包农户。

（资料来源：蒋海曦、蒋南平：《对农地产权与经营权问题争论的评析》，《中国社会科学报》，2015 年第 3 期。）

四、利润理论

通常情况下，把利润分为正常利润和超额利润。在完全竞争的市场条件下，厂商只能获得平均的市场利润，这种利润可以看作正常利润，正常利润是企业家才能的价格，也是企业家才能这种生产要素的回报。企业家才能的形成不仅有先天的禀赋，还与后天的学习和特殊经历有关，企业家才能是一种稀缺的资源。企业家才能在企业产生和发展中起到了决定性的作用，因而市场对企业家才能的需求很大。正是由于企业家才能的供求关系特点，使得企业家才能的收入回报很高。

完全竞争的市场是一个理想的环境。现实世界中，市场是不断变化的。由于对资源的垄断或者对变化的环境承担的风险，厂商可以取得高于正常利润的回报，我们称之为超额利润。超常利润也称作经济利润或者纯粹利润。在完全竞争的市场条件下，在静态的社会里，不会产生经济利润。但是，在一个动态的环境中，垄断和不确定性的存在使得经济利润的取得成为可能。处于非完全竞争条件下的厂商，可以通过对风险的把握或者利用差异化优势，获得超常利润。

知识窗 7－4　　富兰克·H.奈特：风险、不确定性和利润

古典和新古典经济学的主要内容是价格机制，企业仅仅被抽象为利润最大化的生产者，即企业拥有完全的知识和预见，它总是遵循边际成本等于边际收益的原则进行生产，所以，在长期竞争均衡条件下，企业只能获得正常利润。为了批判这一理论，奈特用不确定性来说明在不完全竞争均衡条件下利润存在的合理性。

奈特认为，在不确定性假设下，所有的生产决策是在知识有限的情况下作出的，以至于对可能出现结果的概率计算成为不可能。由于每个决策只产生一种唯一的结果，所以，个体决策所导致的一系列可能的结果不受统计计量的约束。经济学分析是在完全竞争假设下对经济运行机制的研究，完全竞争是一个使产品价值与其成本趋于一致的过程，但是，在现实中两者总存在一个差额，这个差额就是利润。也就是说，由于现实中的竞争并非完全竞争，理论与实际的不一致性造成了不确定性，从而不确定性是利润存在的基础。

奈特强调，变化不一定会导致利润的产生，因为有些变化可以事先精确地计算到成本中，使成本与产品售价相同，不会产生利润；只有不确定性能够将利润与变化联系在一起。利润的真正来源是不确定性，仅有变化和进步不足以产生利润，变化和进步的结果并不是其本身的结果，而是不确定性的结果。

富兰克·H. 奈特(1885—1972)是20世纪最有影响力的经济学家之一，也是西方最伟大的思想家之一，他对于经济学发展和经济分析方法的创新做出了多方面的杰出贡献。"作为一个古典自由主义者，他是芝加哥学派的创始人；作为一个批评家，他告诫公众，经济学家的知识是有限的，其预测的失误是不可避免的；作为一名教师，他培养出了像弗里德曼、斯蒂格勒和布坎南这样著名的经济学家。"

（资料来源：富兰克·H. 奈特：《风险、不确定性和利润》，中国人民大学出版社2005年版。）

第三节 洛伦斯曲线

为了研究国民收入在国民之间的分配不均衡问题，美国统计学家洛伦斯提出了著名的洛伦斯曲线。下面我们介绍一下洛伦斯曲线的绘制方法和经济意义。

首先将一国的人口按照累计收入从低到高进行排序，然后计算出任意百分比的人口所得到的累计收入占总的国民收入的百分比。见表7—1，分别计算出收入最低的20%的人口的收入占国民收入的5%，收入最低的40%的人口的收入占国民收入的12%，收入最低的60%的人口的收入占国民收入的25%，收入最低的80%的人口的收入占国民收入的45%。然后，将表7—1中最低收入人口百分比对应的收入百分比的点描绘，这样就可得到图7—12的洛伦斯曲线。

表7—1 **人口与收入百分比** 单位：%

人口百分比	收入百分比
0	0
20	5
40	12
60	25
80	45
100	100

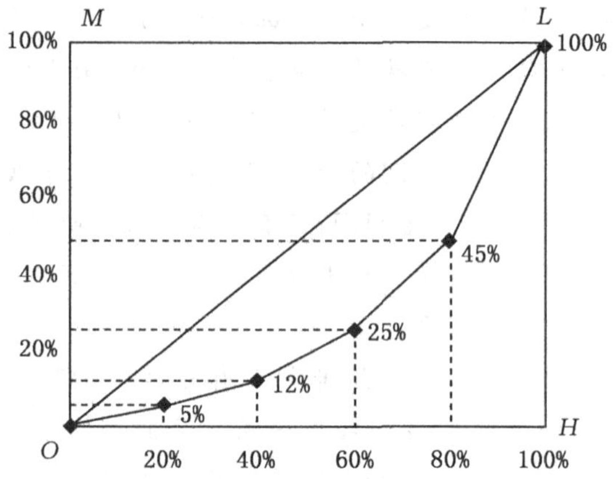

图 7—12 洛伦斯曲线

洛伦斯曲线的横轴表示最低收入从低到高排列人口百分比，纵轴表示最低收入人口百分比对应的收入占国民收入的百分比。由这条曲线我们可以知道，收入最低的 20％的人口仅仅占有社会财富的 5％，收入最低的 40％的人口占有社会财富的 12％，收入最低的 60％的人口占有社会财富的 1/4，收入最低的 80％的人口占有社会总财富的比例不到一半(45％)，由此可见这个国家的收入分配存在很大的不平衡。一种完全平均分配的理想社会的洛伦斯曲线，应该是从 *O* 点出发的 45 度的倾斜直线(*OL*)；一种极端分配不平衡的现象是这个国家的财富归一个人所有，那么洛伦斯曲线应该是 *OHL* 折线；现实中，收入分配既不是完全平均分配，也不是国民收入全部归一个人所有，这样洛伦斯曲线应该是存在于 *O*、*H*、*L* 三点组成的三角形中，并且洛伦斯曲线越靠近直线 *OL*，收入分配越平均。

洛伦斯曲线离直线 *OL* 越远，或者说洛伦斯曲线和直线 *OL* 围成的图形面积越大，收入分配不平均程度就越大，所以将洛伦斯曲线与直线 *OL* 围成的图形的面积叫做“不平等面积”；当收入分配完全不平均时，洛伦斯曲线就演变成了折线 *OHL*，所以将折线 *OHL* 和直线 *OL* 围成的三角形的面积称作“完全不平等面积”。不平等面积与完全不平等面积的比值，称为“基尼系数”。基尼系数是反映一国国家收入分配不平均程度的指标，基尼系数介于 0～1 之间。基尼系数越大，说明一个国家的收入分配越不平均，贫富差距越大。基尼系数达到 1 时，说明一个国家的分配绝对不平均。

根据国际通用的标准，基尼系数在 0～0.2 之间，表示收入分配绝对平均；基尼系数在 0.2～0.3 之间，表示收入分配比较平均；基尼系数在 0.3～0.4 之间，表示社会收入分配基本合理；基尼系数大于 0.4 就说明一个国家的收入分配存在问题，应该高度警觉。改革开放之前，我国基尼系数低于 0.2，属于绝对平均的国家。改革开放以后，我国的收入分配差距逐渐拉大，不平等程度加大。现在部分城市的基尼系数已经高于 0.4，处于国际公认的警戒线以上，这已经引起了我国政府的高度重视，国家也正在采取各种措施缩小各种群体之间的收入差距，维护社会的稳定与和谐。

知识窗 7—5　　展望“十三五”：全面深化收入分配制度改革

“十二五”时期，党和国家高度重视收入分配工作，采取了一系列深化改革的政策措施，也收到了良好的效果，但是我们还应该清醒地认识到，我国收入分配立法严重滞后，制度还很不完善，人均收入总体还比较低，收入分配差距还比较大，中等收入群体还不够强大，符合先进市场经济体制运行要求的收入分配格局还远远没有构建起来，因此深化收入分配制度改革任重而道远。

“十三五”将是我国全面建成小康社会的关键5年，也是最后5年。展望“十三五”，我国将坚定不移地按照“四个全面”战略部署，全面深化收入分配制度改革。改革的重点是千方百计增加居民收入，通过让居民拥有更多财产性收入等方式切实提高居民收入水平，确保人均国民收入年均增长7.18%以上，加大居民收入分配力度，努力实现中共十八大提出的到2020年城乡居民人均实际收入比2010年翻一番；改革的关键是要通过各种有效手段和改革措施促进低收入者提高收入水平，努力扩大中等收入者群体，形成全面提高居民收入水平和改善收入分配格局相互促进的局面，最终要在全社会形成两头小、中间大的橄榄型收入分配格局。改革的保障是加快收入分配立法，通过立法将我国收入分配改革成功经验不断固化，使之成为全民遵循的共识，全面规范人们的收入分配行为，在全社会建立一整套规范的、定型的、成熟的且符合社会主义市场经济运行要求的收入分配制度体系。只有全面把握改革的重点、关键和保障，精准发力，毫不动摇地推进改革，才能真正实现发展依靠人民、发展成果由人民共享，为全面建成小康社会奠定扎实的基础。

（资料来源：《展望“十三五”：全面深化收入分配制度改革》，中国日报网，2015年10月29日。）

【关键术语】

生产要素　资本　洛伦斯曲线

【课堂讨论】

近年来，家政服务人员的收入越来越高，有的甚至可以达到5位数，比部分白领的工资都高。劳动力市场出现的这一现象合理吗？如何解释？

【复习自测】

1. 生产要素分为哪些？各自有什么特点？
2. 生产要素的需求曲线是怎样的？为什么？
3. 土地、资本、劳动力的供给曲线是怎样的？为什么？
4. 地租、利率、工资、利润是如何形成的？
5. 如何解释洛伦斯曲线的经济意义？
6. 基尼系数是怎样计算的？其经济意义是什么？

第八章　市场失灵与微观经济政策

【学习目标】

1. 了解市场失灵的几种重要的表现；
2. 掌握解决市场失灵问题的微观经济政策。

【重点】

市场失灵的表现及原因、道德风险问题、逆向选择问题、微观经济政策

【难点】

微观经济政策

导入案例

城市轨道交通运营线路情况

城市轨道交通的快速发展为人们的出行提供了便利，改善了城市的交通环境，促进了城市的发展。

截至2015年末，我国城市轨道交通累计通车里程达3 286公里，累计已有25座城市的112条线路通车运行。根据发改委已经批复的城市轨道交通项目以及各地的城市轨道交通建设规划，预计到2020年，我国城市轨道交通通车里程有望达到8 500公里，比2015年末增长150%以上，“十三五”期间新增城市轨道交通通车里程更是比“十二五”期间的约1 700公里增长200%以上。“十二五”期间，我国城市轨道交通投资额达到1.16万亿元，年均投资额2 300亿元；预计“十三五”期间，每年城市轨道交通投资额都将维持在3 000亿～3 500亿元，甚至有望超过4 000亿元，“十三五”期间累计投资额有望超过2万亿元。投资巨大，每年的维修费用也是巨大的。因此，城市轨道交通的发展往往都有政府的参与。

上海的城市轨道交通发展迅猛，短短的 21 年，上海的轨道交通已有 14 条之多，而且在“十三五”期间还会进一步完善。为了提高上海市老年人福利水平，2014 年，上海曾推行过公交老年卡，本市 70 周岁以上老年人在非高峰时段可免费乘坐轨道交通、公交车，由此上海轨道交通上的老年乘客明显增多。而为了解决免费乘车制度因出行状况不同产生的不均衡等问题，2016 年，上海建立了老年综合津贴制度，将 70 周岁以上老年人免费乘车等单项补贴统筹调整为老年综合补贴，即货币补贴直接给老人，同时免费乘车制度取消。在取消老年卡的首日，城市轨道交通上的老年乘客明显减少了许多，拥挤问题有所缓解。

（资料来源：www. askci. com. 2016—05—09。）

思考：

1. 城市轨道交通的建设与运营为什么离不开政府的参与？

2. 试分析上海城市轨道交通出现的现象。

我们提倡完全竞争市场结构，由市场来配置资源，但在现实经济中，市场不是万能的，它不可能解决经济社会中的所有问题。比如，市场不能提高垄断市场的经济效率，市场不能防止欺诈行为的发生，市场不能阻止化工厂污染空气，市场也不能提供公共设施。我们把市场经济的运行不能实现供求均衡，从而不能达到资源最优配置的状况称为“市场失灵”。市场失灵的主要表现是信息不对称、外部性和公共物品。

第一节　信息不对称问题

一、信息不对称的含义

经济理性主义假定中重要的一条就是：假定信息是充分的。信息充分而准确是做出合理决策的前提。但在现实生活中，信息充分只是一个假定，由于人们的认识能力有限或市场经济不能进行信息有效配置，所以人们面对的信息往往是不完全的。例如，普通的消费者在购买服装时，对布料认知不足，不会对服装真正的原材料信息掌握完全，只能从销售者那里获取信息，这个信息的真假性不得而知。又如，纳米技术刚研发出来时，部分不法厂商就利用这个高科技欺骗消费者。信息作为一种有价值的资源，其分布通常是分散的，获取信息也往往需要付出一定的成本，有时甚至根本不可能获得某信息，或者说获得该信息的成本无限大。因此，理性的消费者通常按照边际原则来获取信息，这就意味着我们在许多情况下不具备完全信息。

信息不对称是指市场上的参与者所拥有的信息量是有差异的，掌握信息比较充分的一方往往就处于有利的地位。信息不对称理论指出，市场中卖方比买方更了解有关商品的各种信息。例如，商品的销售者比购买者更了解自己所要出售商品的质量，二手车的车主更清楚自己提供的二手车的性能，雇员对自己工作能力的了解情况也大大超过了雇主。但有些市场则是买方所掌握的信息要比卖方多。例如，医疗保险市场的投保人肯定比保险公司更清楚自己身体状况或者发病的可能性。因此，信息在市场参与者之间的分布是不均匀的，或者说是不对称的。

案例分析 8－1　　买的不如卖的精

俗话说“从南京到北京，买的不如卖的精”，这其中的道理就是信息不对称。非对称信息，是指市场上买卖双方所掌握的信息是不对称的，一方掌握的信息多一点，另一方掌握的信息少一些。

中国古代有所谓“金玉其外，败絮其中”的故事，讲的是商人卖的货物表里不一，由此引申比喻某些人徒有其表。在商品中，有一大类商品是内外有别的，而且商品的内容很难在购买时加以检验，如瓶装的酒类、盒装的香烟，还有录音带、录像带等。人们或者看不到商品包装内部的样子(如香烟、酒等)，或者看得到却无法用眼睛辨别产品质量的好坏(如录音带、录像带)。显然，对于这类产品，买者和卖者了解的信息是不一样的。卖者比买者更清楚产品实际的质量情况。这时，卖者很容易依仗买者对产品内部情况的不了解来欺骗买者。如此看来，消费者的地位相当脆弱，对于掌握了“信息不对称”武器的骗子似乎毫无招架之术。

由于信息不对称，价格对经济的调节就会失灵。比如，某商品降价消费者也未必增加购买，消费者还以为是假冒伪劣商品；某商品即使是假冒伪劣商品提高价格，消费者还以为只有真货价格才高。这就是市场失灵造成的市场无效率。

为消除信息不对称，精明的商家想了很多办法。在大商场某一生产鸭绒制品的公司开设了一个透明车间，当场为顾客填充鸭绒被，消除了生产者和消费者之间的信息不对称。

二、信息不对称带来的问题

在现实的经济活动中，存在大量的信息不对称现象。信息不对称会引起逆向选择、道德风险等问题，从而降低市场效率。

(一)逆向选择

1. 逆向选择的含义

当事人签约前发生的不对称，称为逆向选择(adverse selection)。逆向选择原是保险业中承保人的常用语，意指投保人的选择恰与承保人的期望相反。买卖双方在信息不对称的情况下，当交易中的一方对交易可能出现的风险比另一方知道得更多时，就会出现逆向选择问题，“劣品驱逐良品”就不可避免。换句话说，逆向选择就是拥有信息优势的一方在交易中总是趋向于做出尽可能有利于自己而不利于别人的选择的情况；或者差的商品总是将好的商品驱逐出市场。例如，在保险市场中，投保人比保险公司更了解自身的身体状况，保险公司只能通过提高医疗保险的价格来匹配它们需要承担的风险，而这样做的结果是，只有认为自身健康状况较差的人才会继续投保，于是参加保险者的平均健康状况随着保价的提高而下降。

知识窗 8—1　　阿克洛夫模型

阿克洛夫模型又称柠檬模型。阿克洛夫提出了一个逆向选择的简单模型(“柠檬”市场),即在一个二手汽车市场中,卖者比买者更加了解产品特性,并以旧车为例对此进行了经典分析。

“柠檬”(有缺陷的车子的口语用词)就成了每位经济学家词汇中一个众人熟知的比喻说法。阿克洛夫认为,买者常常必须依赖各种近似估计的技巧,使他们能从有形到无形作出推断。如果对一辆虽有少许凹坑和划痕但装饰很好的汽车和一辆明显破旧的汽车进行比较,买者可能会推断前者比后者保养得好,据此估计汽车的技术可靠性。然而,大多数人很快意识到这种推断是犯了Ⅰ型错误(指在统计检验中不接受正确的零假设),即提出了错误的主张,认为一辆漂亮的车等于一辆好车。于是,涉及一些更重要的交易方面,消费者根据可靠性等近似估计技巧推测对一辆旧车作出的报价,可能会比那些知道旧车前主人如何小心翼翼地保养这辆车的人要来得低。人们会预料到市场上的汽车外表华丽,但保养不当或有瑕疵。如果购车者是个风险中性者,在他不能确知所购车辆的内在价值的前提下,他愿意接受的价格也只是所有旧车价值按概率加权计算的一个平均值,即预期价格,而不管购得的旧车质量如何。结果,过了一段时间,这种预测增加了买者对产品质量的不确定性,进一步降低了合理的报价。随着时间的流逝,买者通过经验发现,卖者把低于中等水平的产品投入市场,这种认为产品质量递减的意识反过来又会使产品的价格下降。这一过程不断持续,最后市场上只剩下损坏最严重的旧车,所有稍好一点的旧车都会从市场上消失。

(资料来源:互动百科,http://www.baike.com。)

2. 逆向选择的防止措施

(1)严格准入制度

在可能的场合,通过政府强制认证,实施准入制度或者政府强制等。政府规定某些种类的产品在销售前,必须通过权威质量认证部门的认证,以保证这些产品进入市场前确实达到基本的质量要求。例如,商品房建设必须要有质量监理,即第三方进入对建筑质量进行全程把关。因为房子的许多质量问题是由于在建设过程中用料或者用工不当造成的,房屋建好以后,短时间内有偷工减料导致的质量问题不一定暴露。因此,要在建设过程中跟踪检查用工用料的情况。在进入市场之前,要得到有关部门颁发的房屋销售许可证,颁发许可证的过程就是有关管理部门对开发商所建设的商品房质量把关并予以确认的过程,保证其达到基本的质量要求。

(2)强行实行“三包”制度

消费者在购买耐用消费品时,除了可以看到产品合格证之外,对其真实质量无法作出准确真实的判断,有些质量问题要等消费者使用了一段时间才会暴露出来。如果让每一个消费者先确认产品的质量之后再购买,其要付出的精力和代价很大。国家规定厂商对其销售出去的商品实行包退、包换和包修的“三包”制度,既可以解决质量上的信息不对称、不完全等问题,又节约了交易费用。

随着市场的成熟,逆向选择和信息不对称将会有所收缩。对于某些保险行业中的逆向选择问题，政府可以强制投保，实现无偏选择。例如，对机动车实施交通保险，就会出现那些驾车不细心、容易出事故的司机大量投保，而驾车仔细、稳健的司机不投保的逆向选择问题。这样的逆向选择会加大交通事故保险的赔付比率，保险公司必然要求增加保费。要求保险的司机就会越来越少，而参加保险的司机就是那些比较容易出事故的司机，如此循环，交通保险市场就会失灵。为了能让这一保险正常进行，政府就会规定所有的车辆都必须强制投保。

(3)完善信用系统

信息不对称会引起社会信用的缺失。为了推动我国经济健康发展，应完善信用系统，使诚信的企业畅通无阻，使不守信用的企业受到阻碍。例如，建立信用信息平台，同时推动发展信贷登记咨询系统、企业信用担保体系及个人信用管理系统，缩小交易各方之间的信息差距。另外，还需建立多维度、网络化的信用治理体系和惩罚体系。

(二)道德风险

1. 道德风险的概念

签约后发生的非对称，即为道德风险(moral hazard)。道德风险是指进入合同关系，即委托代理关系之后，行为人隐匿自己行为的信息，使得委托人面临风险的情况。道德风险产生的原意在于交易协议给交易双方建立起了一种关系，在关系中处于信息劣势的一方无法观察到占据信息优势的一方的行为，最多只能观察到行为产生的不利后果，而且又无法确定这种不利后果的发生是否与占据信息优势的一方的行为不当有关，因此只能成为这种道德风险行为的受害者。

例如，汽车未投保时，遭遇车祸所受的损失都得由车主自己承担，所以车主会格外小心；当汽车投保后，损失大部分由保险公司承担，车主可能会疏于管理，一定程度上放任事故的发生。

道德风险不仅会使处于信息劣势的一方遭受损失，而且也会带来其他的一些不利影响，比如使市场上的道德规则受到践踏，破坏了原有的市场规则和市场平衡，导致社会资源配置效率低下等。

在现实中，类似这样的道德风险问题还有很多。道德风险与逆向选择一样，也会严重影响市场交易的有效性，甚至导致市场的萎缩。然而，必须说明的是，在经济学上，道德风险是指一方面临另一方事后隐藏行为或隐藏信息而受到损害的危险，不是指拥有信息优势的一方伦理上的道德败坏(moral degeneration)。根据“经济人”假说，掌握信息优势的一方事后隐藏行为或信息，都是为了追求自身利益，仍然符合理性。

2. 减少道德风险的对策

当交易的一方存在道德风险时，如何解决道德风险以减少效率损失呢？可行的解决办法是设计一些制度安排。

(1)制定尽可能详尽的合同

在合同中对代理人的行为进行严格规定，确定检查监督的方式，可以在一定程度上缓解道德风险的问题。合同可以对交易双方在各种情况下应当承担的责任和义务做一个详尽的说明，以及对违约行为如何处罚作出规定，以便各方监督执行。最重要的还是制定完善的法律，对于明显的道德风险行为给予法律上的制裁，这才是减少道德风险的最重要的途径。但是，制定详细、周密的合同也需要很大的成本。人们不可能预见将来可能发生的各种情形，并且把它们都写到合同中去，况且这种做法成本也太高，有时不得不放弃。只能随着人们缔约经验的丰富，逐渐积累相关的能力和经验，提高合同的完善程度。同时，执行合同也是有成本的。有时候谈判不仅费时费力，谈判破裂还要花费诉讼等方面的费用。

(2)利用品牌信誉

人们在选购商品和服务的时候，刚开始由于信息的不充分，无法辨别商品的真实质量，这个时候只能根据厂商过去的行为来间接作出判断。因此，一个拥有良好品牌声誉的厂商会得到更多的顾客，品牌信誉就会成为企业的无形资产。如消费者在购买运动服装时，可能会倾向于阿迪达斯、耐克、李宁等品牌，虽然品牌商品的价格比同类产品的价格要高，但消费者还是愿意选购品牌商品，这正是由于品牌带来的效应、品牌隐含的质量保证和商家的信誉。另外，与有良好品牌信誉的企业交易，可以明显降低企业风险，信誉可以约束和规范企业的行为，从而提高交易的效率和质量。

(3)利用抵押保证

为了防范代理人的道德风险，要求他们预付一笔保证金作为抵押品，也是一种常用的方法。诉诸法律不仅成本高昂，而且获得证据也很难。如果双方在合同中规定得很清楚，但是缺乏可以足够证明交易中的一方在合同实施过程中有违约行为的证据，或者证据不足，也很难保证诉讼成功。设计抵押保证就是一种不依赖于第三方的、较有力的自我实施惩罚，就是设计某种质押性的安排，在代理人行为结果显现出来且完全符合合同中约定标准的时候，才可以得到全部收益。比如，在房屋装修时，将以往的一般竣工即付清全部费用的方法改成竣工时只交付部分人工费用，其余部分在全面检验工程质量之后再行结清，这样就可以有效避免代理人的道德风险。

道德风险虽然能够设计出一套或者一系列的措施来降低，但是仍有大量的行为受到道德风险的困扰。比如公募基金的经理在操作时私建“老鼠仓”(基金的操作人用个人名义以低价大量买进将要被操纵的上市公司的股票，待用公有资金拉升到高位后个人仓位率先卖出获利)谋取私人利益的问题成为股市难以根除的顽疾。

第二节 外部性问题

一、外部性的定义与分类

所谓外部性(externality)，也称外部影响或外部经济，是指单个经济主体在从事经济活动时对其他人产生了有利影响或不利影响，而该行为主体并没有因为这有利影响带来的利益得到报酬或没有对这不利影响带来的损失进行补偿的现象，如教育问题、污染问题。

根据经济活动的主体不同，外部性可以分为生产外部性、消费外部性；根据经济活动带来的结果不同，外部性可以分为正的外部性、负的外部性。

(一)正的生产外部性

当一个生产者采取的经济行动对他人产生了有利的影响，便产生了正的生产外部性。例如，一个企业对其所雇用的工人进行培训，这些工人以后有可能跳槽到其他单位，而该企业又无法从其他单位索回培训费,或得到其他形式的补偿。又如,苗圃厂商大面积地种植树苗,制造了大量的氧气,给周围的住户带来了清新的空气,但这些住户是不需要为此支付任何费用的。

(二)负的生产外部性

当一个生产者采取的行动给他人带来不利影响,而又未对此付出代价或成本,便产生了负的生产外部性。例如,对于居住在任何一个城市的飞机场附近的居民来说,飞机的噪声给他们带来了很大的损失;砍伐树木和开垦林地都是负的生产外部性,这些行为破坏了野生动植物的生活环境,影响了大气中二氧化碳的含量,对全球气温造成了长期影响,但砍伐人并未对此承担责任,而是由社会中的每个人及后代来承担。再如,污染问题,有的工厂烟囱浓烟滚滚,造成空气中粉尘弥漫,周围的人不能开窗,不能穿白领衬衫,更增加了呼吸系统的疾病。

(三)正的消费外部性

当一个消费者采取的行动对他人产生了有利影响,便产生了正的消费外部性。例如,小孩小时候每隔一段时间会去注射免疫疫苗,这不仅使小孩自己免除了得此病的可能性,同时也降低了其他人感染此病的可能性。再如,一个人对自己的孩子进行教育,把他培养成更值得信赖的公民,这显然使整个社会都得到了好处。

(四)负的消费外部性

当一个消费者采取的行动对他人产生了不利影响,而又未对此付出代价或补偿,便产生了负的消费外部性。如吸烟者在公共场合吸烟的行为危害了被动吸烟者的身体健康,但并未对此付出任何代价。为了避免这种负的外部性,很多公共场合禁止吸烟。消费者购买和消费汽车,会造成对环境的污染(尾气、噪音)和交通拥挤,这也是负的消费外部性的表现。

二、外部性的影响

(一)生产外部性的影响

外部性的存在显然使资源配置达不到最优状态。因为在价格既定的情况下,当存在负的生产外部性时,由于生产者没有偿付生产过程中的全部成本,就会过多生产产品,使产量超过社会最优的产出水平;当存在正的生产外部性时,生产者没有获得全部的社会收益,产量就会低于社会的最优水平,使得潜在的生产能力没有充分发挥出来。因此,外部性的存在使市场机制不能实现优化资源配置的基本功能。

在造纸厂排污的例子中,由于造纸厂可以不对排出的废水负责,因此在造纸时就不会考虑这种成本,而是根据造纸的私人边际成本与私人边际收益相等的原则确定产量,这就使纸张产量与社会资源优化配置所要求的产量不相符合,实际产量往往大于最优产量。而对于下游的养鱼场,由于造纸厂排出的废水污染了环境,使养鱼场的产量受到影响,若要减少或消除这种影响,就要加大投入治理水污染,这必然会增加它的成本。对养鱼场来说,或不予治理,产量减少,收益减少;或予以治理,成本增加,收益减少。其结果是,实际产量往往小于最优产量。

(二)消费外部性的影响

一方面,外部性可以改变消费者的效用水平;另一方面,消费者也可能会造成外部性。如消费者购买和消费汽车,会造成对环境的污染(尾气、噪音)和交通拥挤。这些问题加大了社会成本，但社会很难通过市场交换的方式让消费者为此付费。这样，消费者享受了汽车所带来的效用，却并没有承担由此产生的全部成本。外部性所造成的这种对汽车消费成本的缩小与效用的扩大，会引导更多的消费者进入汽车消费领域，进而通过市场的运转影响到整个市场的资源配置。

知识窗 8－2　列车的“外部性”

20 世纪初的一天，一辆列车在绿草如茵的英格兰大地上飞驰。车上坐着英国经济学家 A. C. 庇古。庇古看着车窗外的田园，说道：“我们坐的列车在行驶过程中，机车喷出的火花（当时是蒸汽机车）难免溅到麦穗上，给农民造成损失，但没有铁路公司会为此买单。”将近 70 年后，美国经济学家乔治·斯蒂格勒和阿尔钦去日本旅游，他们在列车上想起了庇古当年的感慨，就问列车员，铁路附近的农田是否因列车的驶过而减产。列车员说，恰恰相反，由于列车驶过反而把偷吃稻谷的鸟给吓跑了，农民获益了。当然，铁路公司也没有向农民收取任何费用。

三、解决外部性的对策

外部性内涵极其丰富，争议也很多，在关于处理外部性的问题上，各个经济学术流派的观点都不一样，但基本思路都是让外部性内部化，即将经济主体经济活动所形成的社会收益或者社会成本，转化为私人收益或者私人成本，使技术上的外部性变成货币上的外部性，强制实现原来不存在的货币转让。不过，自由放任流派认为，外部性是由于市场机制不完善造成的，只要进一步发挥市场功能，市场机制本身能够克服外部性，实现资源的最优配置；国家干预流派则认为，外部性的存在使得市场机制本身无法实现资源的最优配置，必须借助于政府的干预。我们提出的解决思路在于两个方面：一是政策干预，强化政府和社会的管理职能；二是产权界定，力求使得外在成本内在化。

（一）政府角度

1. 管制与指导

在多数国家中，处理环境问题的主要方法是管制与指导。强制污染者减少污染，否则受到法律上的制裁。例如，强行建立自然保护区并制订和实施保护计划，划分禁渔区以保护资源的恢复和再生，对石油、稀有金属等战略物资实行计划开采、国家储备制度等。主要手段如下：

一是收取排污费。在污染较为严重的时候，该措施的见效比较快。但是，当厂商数目较多且规模差异较大时，往往会使单个厂商无法达到有效的状态。

二是发放可转让的排污许可证。政府设定排污目标量，发放等量的排污许可证，只有持有许可证的厂商方能排污，且排污量不能高于许可证上标明的数量。

政府管制的特点是具有强制性，即强制执行具有明确目标的某种政策或措施，有时还对不执行者实行经济处罚。

2. 税收和补贴

对于带来正的外部性的企业和个人，比如那些在荒山植树造林、有利于水土保持和改善气候的个人或者企业，政府采取予以补贴、减免税收等鼓励措施，使得私人收益低于社会收益的部分得到补偿。对于带来负的外部性的个人和企业，如排放废气、废水的企业，政府采取罚款和征收特别税等惩罚措施，使得私人成本和社会成本一致。

用于纠正外部效应影响的税收称为庇古税(Pigou Tax)，由英格兰经济学家 A. C. 庇古提出。制定庇古税的具体内容是：对造成负外部性的企业，国家应该征税，其数额等于该企业给社会其他成员造成的损失，也就是边际外部影响，从而使该企业的私人成本等于社会成本。

外部性是普遍存在的，政府直接出面解决的只能是一些重大问题。一些人遇到的外部性问题，虽然从他个人来说可能很严重，但并没有达到要政府出面解决的程度。只有当问题达到一定规模，或严重到一定程度时，政府出面解决才具有规模经济效率。因此，绝大多数细小的外部性问题，就需要通过法律来解决。

法律措施的优点是其规则的普遍性，它给每个人都提供了可以行使自己权利的手段，不必依赖政府出面来解决。法律具有普遍适用性，这一特点与外部性无所不在的特点相吻合，是解决外部性的有效手段。但是法律手段也有局限性，如成本较高(包括诉讼费用成本、时间成本等)、审批结果的不确定性等。

(二)私人角度

1. 内部化合并

例如，一家企业的生产影响到另一家企业的生产，如果把这两家企业合并为一家企业，此时的外部影响(包括正外部性和负外部性)就“消失”了，即被“内部化”了。合并后的企业为了自己的利益，将使自己的生产确定在边际成本等于边际收益的水平上，而且合并企业的成本与收益分别同社会的成本与收益相等。

2. 利益各方签订合同

科斯认为，如果各方可以无交易成本地就资源配置进行协商，那么他们就可以自己解决外部性问题。这就是著名的科斯定理。科斯定理说明，私人经济主体可以解决他们之间的外部性问题。无论最初的权利如何分配，有关各方总可以达成一种协议，在这种协议中每个人的状况可以变好，而且结果是有效率的。如化工厂与受污染者签订合同，合同中约定各自的义务与权利。

3. 慈善组织

如倡议向一些慈善组织捐款，扩大正的外部性。

案例分析 8－2　　解决外部性需要明晰产权

一个湖泊里鱼的数量是有限的，大家都来捕鱼，鱼越捕越少。对这种情况有什么解决办法？

湖泊里捕鱼太多会使鱼的数量越来越少，这就是有害的外部性。解决这个问题可用明确产权的办法，即由某一个企业或个人来承包这个湖泊的捕鱼作业；也可用征税的办法，即对捕鱼者征税，并把税收用于投放鱼苗；还可用法律手段，明确规定休渔期禁止捕捞的时间。

第三节　公共物品问题

一、私人物品的含义

在经济学中,我们论述的主要是私人物品,如我们购买的服饰、化妆品、食品、汽车等。私人物品是指可得数量将随任何人对它的消费的增加而减少的物品,即这些物品能够通过市场交易达到资源优化配置。

私人物品具有排他性和竞争性。排他性是指一种物品具有的可以阻止其他人使用该物品的特性。竞争性是指一个人使用一种物品时,如果其他人同时使用,必然会降低使用者的效用。

市场机制是一种以等价交换为基本原则的经济运行机制,它是以对交换物明确的、排他性的权利为基础。任何人如果需要别人所拥有的产品,就需要付出相应的代价,即进行等价交换。这样,对于需要某一产品而又不拥有这个产品的人来说,该产品就具有了稀缺性;如果另外的人也需要,就形成了竞争性,竞争性实际上就是一种出价机制,谁出价高,谁获得该产品。而对于拥有该产品的人,就可以通过让渡该产品获得相应的利益。这样就形成了在等价交换前提下的当事人各方对自己利益的最大化追求,形成了供求关系和价格体系,也就形成了市场机制的调节。市场机制是调节私人物品生产的非常有效的机制。

二、公共物品的含义

市场上除了私人物品,还有公共物品。公共物品(public goods)是相对于私人物品而言的。公共物品是指那些具有非排他性和非竞争性、不能依靠市场交易实现有效配置的产品。如大家都需要的国防、警务、消防、公共道路、教育、公共卫生等就属于公共物品。

从公共物品的消费来看,它具有以下特征:

(一)非排他性

私人物品具有排他性,当消费者付费获得产品后,别人就不能获得该产品了。公共物品的非排他性,是指人们不管是否付费,都不能排除他人对该产品的消费。这是因为对公共物品的收费是非常困难的,甚至是不可能的,因此任何一个消费者都可以免费使用公共物品。例如,一国的国防一经设立,就不能排斥该国任何一位公民从国防安全中受益;不管人们是否对环保工程作出贡献,每个人都得益于清洁的空气。

(二)非竞争性

私人物品具有竞争性,你用我就不能用,你多用我就只能少用。公共物品具有非竞争性,或称共享性,你用不影响我用,你多用也不影响我多用。对于任一给定的公共物品,额外增加一个人的消费,不会影响其他人;同时,对生产者来说,也不会由于消费者的增加,而额外增加成本,即消费人数的增加所引起的边际成本趋于零。例如,对于航行必须经过的灯塔来说,多增加一艘过往的船只一般不会增加成本;对于宽敞的地铁来说,多一位乘客不会带来社会边际成本的递减。

三、公共物品的分类

按照公共物品所具有的非排他性和非竞争性的程度不同，公共物品可以进一步分为纯公共物品、准公共物品和公共资源。

(一)纯公共物品(pure-public goods)

纯公共物品是指具有完全非竞争性和完全非排他性的产品。比较典型的纯公共物品是国防、外交、科学理论、文化知识等。

(二)准公共物品(quasi-public goods)

准公共物品是指不同时具有非竞争性和非排他性的产品，又称半公共物品。例如，医疗系统、公路交通系统等准公共物品具有拥挤性的特点，这类公共物品的消费要受到消费人数的限制。当消费者的数目没有达到拥挤点时，增加新的消费者，不影响原有消费者的效用，也不增加供给成本，即增加新的消费者的边际成本为零，此时公共物品具有非排他性、非竞争性。但是，当人数超过了拥挤点以后，每增加一个消费者，不仅会减少全体消费者的效用，而且会增大供给成本。因此，这类公共物品的效用是消费人数的函数。鉴于这类产品的拥挤性，供给者也往往采取收取一定费用的方式，降低拥挤程度。如我国的博物馆通过收取门票来降低拥挤程度。

(三)公共资源(public resources)

公共资源具有竞争性，但不具有排他性。例如，公海中的资源、拥挤的道路等。

在现实生活中，纯公共物品是少数，大多是准公共物品，但是在一定条件下可以转化。例如，电视本来具有非竞争性和非排他性，但通过有线频道可以做到排他使用，因而也成为可收费的准公共物品。报纸在家里是私人物品，到了办公室就变成了准公共物品，而在街头的阅报栏又成了纯公共物品。此外，不同国家对公共物品的界定标准也不一样。例如教育，在发达国家或者高福利国家从小学到大学都是免费的，然而在有的国家则只能实行从小学到初中的免费教育。

四、公共物品的影响

(一)搭便车问题

公共物品的非排他性意味着任何购买公共物品的人不能独自占有该物品，得到该物品所能提供的全部效用，因此潜在的购买者在作出支付决策时，不会将他人的潜在收益考虑在内，而作为公共物品的提供者就要独自承担该物品的全部成本。如此，越来越多的人都想免费享用该公共物品。因为每个人都消费相同数量的公共物品，没有人会从这种收益中被排除在外，也没有人愿意支付该费用，每个人都希望搭便车。正是搭便车现象，使市场机制在公共物品领域失灵；由政府或公共部门开支安排，并根据社会福利原则分配公共物品，就成为解决搭便车问题的唯一选择。

(二)囚徒困境

尽管提供公共物品会给双方都带来更大的利益，但理性的个人还是会选择不提供公共物品。假设同一楼层的住户甲和乙面临着是否出资安装防盗门的决策，安装成本为200元，两人从防盗门中得到的满足(安全)都是150元。若两人共同出资安装,则双方分摊成本,即各出100元;若只有一个人出资,则需独自出资200元。个人往往有很大的诱惑去搭便车,因为若自己出资而对方无动于衷的话,那么自己的效用水平非但低于对方,而且还有负的效用水平。没有谁愿意自己出资、对方坐享其成而使自己的效用水平下降。另一方面,若对方出资而自己不出资,则可坐收渔利,获得最高水平的效用(150)。当双方都这样理性地算计并行事时,该公共物品就不会提供出来,结果就是集体的低效用水平。

五、公共物品的供给

发达的市场经济国家,政府直接提供公共物品的形式有三种:

(一)中央政府直接经营

在发达国家,造币厂和中央银行是由中央政府直接经营的。除此之外,各国之间的差异较大。美国在公共物品生产方面更多地偏向由私人提供。还有一些国家,中央政府直接经营军工、医院、学校、图书馆、自来水、煤气等准公共物品。对这些产品的公共经营,在有些国家是由于私营亏损或破产时,由政府通过国有化而实现的。

(二)地方政府直接经营

这里所说的地方政府是指中央政府以下的各级政府。在欧洲大多数国家,地方政府直接经营诸如保健事业、医院、自然资源保护、实践法律条款的司法工作、街道、住宅、警察、防火、供水、下水道、煤气、供电、图书馆、博物馆等。欧洲各国地方政府在许多绩优型产品供应方面表现出直接经营的一些特点,而美国则更多的是通过私人企业进行间接经营。

(三)地方公共团体经营

最典型的代表是日本和法国。日本的国有企业是由地方公共团体来经营的。地方公共团体经营的这些企业,可从事有利于地方居民福利的任何事业,其法定事业有七项:自来水、工业水、铁路、汽车运输、地方铁路、电气、煤气。

发达国家在公共物品的私人生产与经销方面有以下几种方式:

1. 签订合同

政府与私人公司签订经营公共物品合同,是发达国家使用最普遍的一种形式。适用于这一类的公共物品主要是具有规模经济的自然垄断型产品,它们大部分为基础设施,还包括一些公共服务行业。

近些年,很多国家还允许私人企业以建设—经营—转让(BOT)的方式参与公共基础设施和服务的提供,即政府允许私人企业投资建设基础设施,并通过若干年特许经营,收回投资并获得利润后,再由政府接收这项公共基础设施。

2. 授予经营权

在发达国家,许多公共领域都以这种方式委托私人公司经营,如自来水公司、电话公司、供电公司等。此外,还有很多公共项目也是采用这种方式经营生产的,如电视台、广播电台、航海灯塔、报纸杂志等。

3. 经济资助

欧美国家对民营公共物品经济资助的途径和方法非常多,如补助津贴、优惠贷款、无偿赠款、减免税收等。财政补贴的主要公共领域是科学技术、住宅、教育、卫生、保健、图书馆、博物馆等。

4. 政府参股

政府参股的方式主要有四种:收益分享债券、收购股权、国有企业经营权转让、公共参与基金。这种方法主要应用于桥梁、水坝、发电站、高速公路、铁路、电信系统、港口、飞机场等。比较引人注目并且效果较好的参股领域之一是高科技开发研究。

5. 社会服务

发达国家在许多公共领域一直允许社会各种团体和个人持合法执照经营。只要遵守宪法和有关法律,个人、团体、宗教事业、慈善事业、基金会、境外人士等均可参与经营。此外,营利性和非营利性机构都可以被核准经营。

案例分析 8—3　　基础理论知识是公共物品吗?

如果一个数学家证明了一个新定理,该定理是不是公共物品呢?

如果一个数学家证明了一个新定理,该定理成为人类知识宝库的一部分,任何人都可以免费使用。由于知识是公共物品,以盈利为目的的企业就可以免费使用别人创造的知识,结果用于知识创造的资源就太少了。

在评价有关知识创造的适当政策时,重要的是要区分一般性知识与特殊的技术知识。特殊的技术知识,例如一种高效电池的发明,可以申请专利。因此,发明者得到了他的好处。与此相比,数学家不能为定理申请专利,每个人都可以免费得到这种一般性知识。换句话说,专利制度使特殊的技术知识具有排他性,而一般性知识没有排他性。

以美国为例,政府努力以各种方式提供一般性知识这种公共物品。政府机构,例如,国家保健研究所和国家自然科学基金补贴医学、数学、物理学、化学等基础研究。一些人根据空间计划增加了社会知识宝库,来证明政府为空间计划提供资金的正确性。的确,许多私人物品,包括防弹衣和快餐汤,都使用了最初由科学家和工程师在登月研究中开发出来的材料。当然,决定政府支持这些努力的合适水平是困难的,因为收益很难衡量。

【关键术语】

市场失灵　信息不对称　外部性　公共物品　道德风险　逆向选择

【课堂讨论】

“三个和尚没水喝”,请运用公共物品的相关理论说明这个故事。

【复习自测】

1. 描述几种卖主能使买主相信他们的产品是高质量的方法。哪种办法适用于服装、通信市场?

2. 为什么卖主会觉得发出有关他的产品的信号是有利的？保证和保证书是如何成为市场信号的一种形式的？

3. 下列哪个描述了外部性，哪个没有？解释它们的区别。

(1)巴西限制咖啡出口的政策导致美国咖啡的价格上升，它反过来又导致茶叶的价格上升。

(2)一位美女使一个驾驶汽车的人分心，然后他撞上一根电线杆。

4. 公共物品既是非竞争的，又是非排他的。解释这两个概念并清楚地说明它们之间的区别。

5. 如何克服外部不经济对社会的影响？

第九章　国民收入核算的总量指标

【学习目标】

1. 了解国民收入核算的总量指标；
2. 理解 GDP 和 GNP 的含义和计算方法。

【重点】

国民收入核算的指标、GDP 和 GNP

【难点】

国民收入的核算

导入案例

GDP 与车祸

乡间小路上，两辆汽车静静驶过，一切平安无事，它们对 GDP 的贡献几乎为零。但是，其中一个司机由于疏忽，突然将车开向路的另一侧，连同到达的第三辆汽车造成了一起恶性交通事故。“好极了。”GDP 说。因为随之而来的是救护车、医生、护士、意外事故服务中心、汽车修理或买新车、法律诉讼、亲属探视伤者、损失赔偿、保险代理、新闻报道、整理行道树等，所有这些都被看作正式的职业行为，都是有偿服务。即使任何参与方都没有因此而提高生活水平，甚至有些还蒙受了巨大损失，但我们的“财富”即所谓的 GDP 依然在增加。

（资料来源：厄恩斯特·冯·魏茨察克等：《四倍跃进》，中华工商联合出版社 2001 年版。）

从第九章开始，将介绍宏观经济学的基础理论。宏观经济学在衡量整个社会经济活动时需要一些重要指标，其中最重要的有 GDP、GNP 等。本章将围绕这两个指标做着重介绍。

第一节　GDP与GNP的含义和计算

一、国内生产总值及其含义

国内生产总值(Gross Domestic Product，GDP)是指在某一既定时期(通常是一年)一个国家内生产的所有最终物品和劳务的市场价值。

在这里，包含六个方面的意思：(1)GDP是市场价值。(2)GDP要能衡量一个国家在一个时期生产的所有最终产品和劳务的价值，而这种价值的加总只能是市场价值的加总，数量或者重量的加总没有现实意义。(3)GDP是所有最终物品和劳务的价值，而不是中间产品的价值。(4)GDP是一个国家在一定时期生产的，故包含时间因素。(5)GDP是指一个国家地理范围内的经济问题，而不是国民概念。(6)GDP仅指为市场生产物品和劳务的价值。你雇用了一位女仆做家务所支付的劳务费用要计入GDP，当你娶了这位女仆做太太后，她做家务所产生的价值就不计入GDP。

(一)名义GDP和实际GDP

名义GDP是按照当年价格计算的全部商品和劳务的市场价值，例如2015年的中国名义GDP就是2015年生产的全部最终产品和劳务用2015年的市场价格计算出来的市场价值。实际GDP是指用某一年作为基年的价格计算出来的价值。如果以1998年作为基年的话，2015年中国的实际GDP是指2015年生产的全部最终产品和劳务用1998年的市场价格计算出来的市场价值。

名义GDP与实际GDP的区别可用表9—1表示出来，在表中假定某国螺帽和螺丝钉的价格在2014年分别是2元和3元，在2015年分别是5元和4元，则我们分别计算出两年的名义GDP和实际GDP，从中可以看出两者的区别。

表9—1　　举例说明实际GDP和名义GDP的计算(以2014年价格计算)

物品名称	2014年产量	2014年GDP	2015年产量	2015年名义GDP	2015年实际GDP
螺帽	20	40	30	150	60
螺丝钉	60	180	70	280	210
合计		220		430	270

某一时期名义GDP和实际GDP之间的差别，也可反映出这一时期和基期相比的价格变动的百分比。如表9—1中，430/270＝159.3%，由于所选基年的价格指数定为100%，因此，从2014年到2015年该国价格水平上升了59.3%。159.3%称为价格指数，在GDP的核算中又称为GDP的平减指数。名义GDP、实际GDP和价格指数这三者的相互关系是：

$$\text{实际}\ GDP=\frac{\text{名义}\ GDP}{GDP\ \text{平减指数}}$$

由此可以看出，实际GDP可通过名义GDP用相应的价格指数“紧缩”而来，因此价格指数又称为“国内生产总值折算指数”。

(二)最终产品和中间产品

GDP 核算只能计算最终产品和劳务的价值,不能计算中间产品的价值。这是因为我们计算的 GDP 是一段时期生产出来的产品和劳务的价值,因而相关产品和劳务只能计算一次,不能重复计算。所谓最终产品,是指在计算期间生产的但不重复出售而是最终使用的产品。张三从商店买了一条裙子穿在身上,我们就可以把这条裙子看作最终产品。中间产品是指用于再出售,而供生产别种物品使用的产品。张三买下这条裙子后,把裙子改了一下,然后卖给了李四,那么这条裙子就只能算中间产品了。

进一步举例来说,假定张三的裙子生产经历了五个阶段:养羊、纺纱、织布、制裙、改裙。假定羊毛的价值为 100(羊毛投入的中间产品价值为 0),纺纱厂买进羊毛纺成纱售价为 150,于是纱的新增价值为 50;再假定织布厂买进纱织成布的售价为 160,则布的新增价值为 10;最后制衣厂买进布制成裙子的售价为 240,则裙子的新增价值为 80;而张三把裙子改进后卖给李四的售价为 300,则新裙子的新增价值为 60。具体可以从表 9—2 中看出。

表 9—2 裙子生产时的价值增值

	羊毛	纱	布	裙子	新裙子
投入的中间产品价值	0	100	150	160	240
新增价值	100	50	10	80	60
产品售价	100	150	160	240	300

从表 9—2 中可以看出,新增价值总和是 300(100+50+10+80+60),即新增价值总和等于最终产品的价值。所以,如果我们要计算这一时期生产的价值,可采用两种方法:一是计算最终产品生产过程中的新增价值;二是计算最终产品的价值。这两者一定相同。

知识窗 9—1　我们为什么要关注 GDP

美国参议员罗伯特·肯尼迪在 1968 年竞选总统时说过这样一段话:

"我们的国内生产总值(GDP)确实惊人,数字接近 8 000 亿美元。但是,我们能够以此为根据评判整个国家的状况吗?仅有此项业绩就够了吗?况且这个国内生产总值还应算进去空气污染、烟草广告以及战地救护车在血肉横飞的战场上穿梭的费用;还应该计入我们房门上多装数把大锁的费用,以及把砸烂那些锁具的行窃者关进监狱的费用;还要计入惠特曼步枪、斯比克刀具以及泛滥的影视剧目的费用——因为它们炫耀暴力,以求把更多的仿真玩具倾销给我们的孩子。这就是我们所谓的国内生产总值,它既不能保障我们孩子的健康,也不能保障他们所受教育的质量,甚至不能保障他们无忧无虑地快乐。它与我们工厂设施的严密以及我们住区街巷的安全毫不相关。它不包括诸如能让我们的诗句溢美、能使我们的婚姻坚实、能滋养公民谈吐的睿智以及能确保我们的官员具有磊落风范的要素。它既不能用于衡量智慧和勇气,又不能衡量学养和见识,更无法衡量我们对自己国家的热诚和责任。"

趣味窗 9－1 **人均 GDP 与行业**

汽车：人均 1 000 美元时汽车开始进入家庭，人均 3 000 美元时私人购车爆炸式增长。

旅游：人均 1 000 美元时观光游剧增，人均 2 000 美元时休闲游骤升，人均 3 000 美元时度假游渐旺，人均 6 000 美元时进入休闲游时代。

酒类：人均 2 000 美元以下时主要是烈性酒，人均 3 000～4 000 美元时啤酒消费曲线陡峭上扬，人均 5 000 美元时红酒与啤酒交相辉映。

教育：人均 300 美元时教育经费所占比重不应低于 3.299％，人均 800～1 000 美元时教育经费所占比重下限为 4.06％～4.24％，人均达到 4 000 美元时教育会成为居民消费的重点。

医疗保健：人均 1 000 美元时补钙需求骤增，人均 5 000 美元时医疗卫生成为消费增长点，人均 7 000 美元时保健品支出增加。

文化娱乐：人均 3 000 美元以下时生活质量与人均 GDP 关系较密切，超过后相关性就很脆弱，富裕不等于幸福；人均 1 500～3 000 美元时文化娱乐消费将进入快速增长阶段，达到 3 000 美元时文化娱乐消费需求将占总消费支出的 23％。

科技：人均 5 000 美元时国家才真正注重科技对经济增长的关键作用，开始注重自主研发，走引进吸收与自主创新并重的发展道路；人均 10 000 美元之后，国家开始形成完整的产学研体系，建立国家创新体系。

物流：人均 6 000 美元后开始真正重视进入物流效率的全面提升，产业发展更多依赖于整个服务体系的完善和优化。

环保：人均 10 000 美元时，极大地增加了环保力度和污染治理费用。在韩国，当人均 GDP 未达到 10 000 美元时，环境问题也是很严重的。但是人均达到 10 000 美元之后，用来治理污染的经费非常大，这也是中国今天所面临的问题。

二、国民生产总值的含义及其与国内生产总值的区别

国民生产总值(Gross National Product，GNP)是指一定时期内一国国民所拥有的全部生产要素生产出来的最终产品的市场价值。这里一国国民包括居住在本国的本国公民、暂住在国外的本国公民。例如，常住在中国的中国公民所创造的最终产品价值是中国 GNP 的构成部分，暂住在国外的中国公民所创造的最终产品价值也是中国 GNP 的一部分。

国民生产总值和国内生产总值的区别在于，国民生产总值按照国民原则进行计算，而国内生产总值按照国土原则进行计算。国内生产总值计算的是一国地理范围内生产的最终产品和劳务的市场价值，国民生产总值计算的是一国国民生产的最终产品和劳务的市场价值。

GDP 和 GNP 之间的换算方法如下：

$$GNP = GDP + \begin{matrix}\text{本国国民在外国生产的}\\ \text{最终产品的价值}\end{matrix} - \begin{matrix}\text{外国国民在本国生产的}\\ \text{最终产品的价值}\end{matrix}$$

现在大多数国家采用 GDP 指标来衡量一国的经济总产出。这是因为国外净收入数据不

易获取，同时 GDP 可以衡量一国国内就业潜力和经济景气程度。

三、GDP 的计算

计算 GDP 的方法有支出法、收入法和部门法。其中，常用的方法是支出法和收入法。下面我们先分别对这两种方法进行说明。

(一)用支出法计算 GDP

支出法又称为产品流动法或者最终产品法，是通过计算一定时期内整个国家购买最终产品和劳务的总支出来计算 GDP。为了防止重复计算，这里的产品和劳务必须是最终产品。产品和劳务的购买对象主要有国内居民购买、本国政府购买、本国企业购买以及外国居民和政府的净购买。四种购买对象代表了四个方面的支出：居民个人消费支出、投资支出、政府购买支出和净出口。

1. 居民个人消费支出

居民个人消费支出(用符号 C 表示)，指个人或家庭用在耐用消费品、非耐用消费品及劳务上的支出。耐用消费品的支出如小汽车、冰箱、洗衣机、个人电脑等，非耐用消费品的支出如食物、衣服等，劳务支出主要包括交通、通信、医疗、文化教育、旅游、美容美发等。个人住房购买不属于居民个人消费支出，而是属于下面要说明的投资支出。

2. 投资支出

投资支出(用符号 I 表示)，指厂商或者居民(不包括政府)购买不用于当期消费的产品支出。投资包括固定资产投资和存货投资。固定资产投资包括对厂房建设、仓库建设、住宅建设的投资以及对机器设备的投资。存货投资是指当期存货价值的净增加(或者净减少)。

3. 政府购买支出

政府购买支出(用符号 G 表示)，指中央及各级政府在最终产品和劳务上的支出。它既包括政府采购的军品、民品、公共工程支出，也包括政府对其公职雇员、各级首脑人物、法官及消防人员的薪金支出。值得注意的是，政府购买支出只是政府支出的一部分。政府转移性支付，如养老金、失业救济金、各种补贴费用、公债利息等不能计入 GDP。

4. 净出口

净出口是出口(用符号 X 表示)和进口(用符号 M 表示)的差额，即净出口等于 $X-M$。净出口是国外居民或者政府对本国产品购买的支出，是本国提供的最终产品和劳务的一部分，所以应计入本国 GDP 中。

把以上四个项目加总，我们就得到了用支出法计算 GDP 的公式如下：

$$GDP=C+I+G+(X-M)$$

我国统计部门对于 GDP 的计算通常采用支出法，把支出分成了三个项目，它们分别是最终消费支出、资本形成总额以及货物和服务净出口，详情参阅表 9—3。

表 9—3　1990～2015 年用支出法计算中国名义 GDP

年　份	支出法国内生产总值（亿元）	最终消费支出（亿元）	资本形成总额（亿元）	货物和服务净出口（亿元）	最终消费率（消费率）（%）	资本形成率（投资率）（%）
1990	19 067	12 001	6 555	510	62.9	34.4
1991	22 124	13 614	7 893	618	61.5	35.7
1992	27 334	16 225	10 834	276	59.4	39.6
1993	35 900	20 797	15 783	−679	57.9	44.0
1994	48 823	28 272	19 916	634	57.9	40.8
1995	61 539	36 198	24 343	999	58.8	39.6
1996	72 102	43 087	27 557	1 459	59.8	38.2
1997	80 025	47 509	28 966	3 550	59.4	36.2
1998	85 486	51 460	30 397	3 629	60.2	35.6
1999	90 824	56 622	31 666	2 537	62.3	34.9
2000	100 577	63 668	34 526	2 383	63.3	34.3
2001	111 250	68 547	40 379	2 325	61.6	36.3
2002	122 292	74 068	45 130	3 094	60.6	36.9
2003	138 315	79 513	55 837	2 965	57.5	40.4
2004	162 742	89 086	69 421	4 236	54.7	42.7
2005	189 190	101 448	77 534	10 209	53.6	41.0
2006	221 207	114 729	89 823	16 655	51.9	40.6
2007	271 699	136 229	112 047	23 423	50.1	41.2
2008	319 936	157 466	138 243	24 227	49.2	43.2
2009	349 883	172 728	162 118	15 037	49.4	46.3
2010	410 708	198 998	196 653	15 057	48.5	47.9
2011	486 038	241 022	233 327	11 688	49.6	48.0
2012	540 989	271 113	255 240	14 636	50.1	47.2
2013	596 963	300 338	282 073	14 552	50.3	47.3
2014	647 182	328 313	302 717	16 152	50.7	46.8
2015	696 594	359 516	313 070	24 007	51.6	44.9

注：支出法国内生产总值不等于国内生产总值是由于计算误差的影响。

资料来源：中华人民共和国国家统计局：《中国统计年鉴》(2016)，http://www.stats.gov.cn/tjsj/ndsj/2016/indexch.htm。

（二）用收入法计算 GDP

收入法也称要素支付法、要素收入法和成本法。西方经济学家认为，在社会生产中，各种生产要素（如土地、资本、劳动力、企业家才能）的所有者因提供了生产要素就该得到报酬。这些生产要素对使用者来说构成成本，而对所有者来说是一种供给，统计生产要素所得到的各种收入的总和，即可确定一国的国内生产总值。国内生产总值是一年内各种生产要素报酬的总和。

表 9—4 是某国 2004 年用收入法计算 GDP 的统计表，下面对表中的具体项目作说明。

(1)工资和其他补助。从广义上讲，工资和其他补助代表的是生产中劳动力的费用，因此，它包括雇员的一切收入，如企事业单位发放的工资、政府发放的补助费和福利费等。

(2)租金收入。它包括出租土地、房屋的收入，从各种专利权、版权取得的收入，以及自用房屋的估计租价。

(3)净利息。它是指过去时期国内居民个人储蓄的货币资本在本期内的利息总额，包括股息和债券利息等。

(4)业主收入。它是指个人独资企业的企业净收入。例如，律师、家庭教师、牙医等的经营收入。

(5)公司税前利润。它是指生产要素资本的收入，包括公司所得税、社会保险金、股利和公司未分配的利润等。公司所得税和社会保险金向政府缴纳，股利支付给了股东，未分配利润留存企业，用于企业的扩大再生产。

(6)企业间接税和转移支付。产品出售时，由于其价格包括进口关税、周转税、销售税，所以按收入法计算 GDP 时，这些企业的间接税应统计在国内生产总值中。转移支付是指公司对非营利性机构的公益活动的捐助和消费者无法清偿的呆账，它是非营利性机构或者部分消费者收入的一部分，所以要计入 GDP。

(7)资本折旧。它是指在产品和劳务的总收益中为维持原资本存量完整所进行的支出。

这样，按收入法核算所得的 GDP＝工资＋租金＋利息＋业主收入＋利润＋间接税和转移支付＋折旧。计算得到的 GDP 称为国内总收入，在国内总收入中，只有工资、利息、利润和租金为要素收入。

表 9—4　　2004 年某国国内生产总值(收入法)　　单位:10 亿美元

项目编号	收入项目	收入数据
1	工资和其他补助	1 772
2	租金收入	34
3	净利息	215
4	业主收入	134
5	公司税前利润	189
6	企业间接税和转移支付	257
7	资本折旧	322
	合计(GDP)	2 923

资料来源:李成、何善华、林笛:《西方经济学》，暨南大学出版社 2006 年版。

知识窗 9—2　　**绿色 GDP**

绿色 GDP 是指一个国家或地区在考虑了自然资源(主要包括土地、森林、矿产、水和海洋)与环境因素(包括生态环境、自然环境、人文环境等)影响之后经济活动的最终成果,即从现行 GDP 中扣除环境资源成本和对环境资源的保护服务费用,其计算结果可称为"绿色 GDP"。绿色 GDP 这个指标,实质上代表了国民经济增长的净正效应。绿色 GDP 占 GDP 的比重越高,表明国民经济增长的正面效应越高,负面效应越低;反之亦然。

$$GDP\text{ 总量}-(\text{环境资源成本}+\text{环境资源保护服务费用})=\text{绿色 }GDP$$

到目前为止,绿色 GDP 核算只涉及自然意义上的可持续发展,包括环境损害成本、自然资源的净消耗量。这只是狭义的绿色 GDP,应该把与社会意义上的可持续发展有关的指标纳入 GDP 核算体系。因此,在 GDP 的核算中,必须扣除安全生产事故造成的 GDP 损失,以及处理这些事故的支出;扣除社会上各种突发事件造成的 GDP 损失,以及处理这些事件的支出;扣除为了防范和处理市场不公正、腐败造成的损失。

从 20 世纪 70 年代开始,联合国和世界银行等国际组织在绿色 GDP 的研究和推广方面做了大量工作。2004 年以来,我国也在积极开展绿色 GDP 核算的研究。2004 年,国家统计局、国家环保总局正式联合开展了中国环境与经济核算绿色 GDP 研究工作。

第二节　国民收入核算中的其他总量指标

在西方国民收入核算体系中,国民收入核算的总量指标除了前面我们介绍的国内生产总值和国民生产总值外,还包括国内生产净值、国民收入、个人收入和个人可支配收入等。下面我们分别对这些总量指标进行解释。

一、国内生产净值

国内生产净值(Net Domestic Product,NDP)是指某一既定时期(通常是一年)一个国家生产的所有最终物品和劳务的市场价值的净值,即新增的市场价值。它等于国内生产总值减去当期消耗的资本(折旧)后的价值余额。NDP 表示一国一定时期能够用于消费和净投资的价值总额。NDP 和 GDP 的关系可以表示如下:

$$NDP=GDP-\text{折旧}$$

二、国民收入

国民收入(National Income,NI)是指某一既定时期(通常是一年)一个国家用于生产产品和提供劳务的各种生产要素(土地、劳动力、资本与企业家才能)所获得的收入,即租金、工资、利息和利润的总和。国民收入与国内生产净值的区别在于:从理论上讲,前者是从分配的角度考察的,后者是从生产的角度考察的;从数量上讲,国民收入等于国内生产净值减去企业间接税。

除去间接税是因为间接税作为价格的部分计入了国内生产净值，但它既不是任何生产要素提供的，也不能为任何生产要素所获得。NI 和 NDP 的关系可以表示如下：

$$NI=NDP-\text{企业间接税}$$

三、个人收入

个人收入(Personal Income，PI)是指某一既定时期(通常是一年)一个国家个人从各种来源所取得的收入总和。按照生产要素报酬计算的国民收入并不会全部成为自然人的收入。例如，利润收入中要给政府缴纳企业所得税，厂商还要留下一部分利润用于扩大再生产，只有一部分利润以红利和股息形式分给自然人。另一方面，人们也会以各种形式从政府或者企业手中获得转移支付收入，如失业保险金、职工养老金、职工困难补助等。因此，从国民收入中减去公司未分配利润、公司所得税，加上政府和企业给个人的转移支付，大体上就得到个人收入。个人收入与国民收入的区别在于：国民收入是所有生产要素取得的收入，是自然人和企业取得的收入总和；个人收入是自然人取得的收入。PI 和 NI 的关系可以表示如下：

$$PI=NI-\text{公司未分配利润}-\text{公司所得税}+\text{个人转移支付}$$

四、个人可支配收入

个人可支配收入(Personal Disposable Income，DPI)是指某一既定时期(通常是一年)一个国家所有自然人所得到的收入总和减去个人所得税后实际得到的个人所支配的收入，即人们可随意用来消费或储蓄的收入。由此可见，个人可支配收入并不是人们得到的收入总和，而是在扣除个人应纳税款和个人非税支付之后，可以由个人自由支配的收入。个人应纳税款包括个人所得税、财产税、房地产税等；个人非税支付包括罚款、教育费和医疗费等。

个人可支配收入主要用于个人消费和储蓄。用于个人消费包括食品、衣物、居住、交通、文化娱乐等；用于储蓄就是用于个人的各种类型的存款。DPI 和 PI 的关系可以表示如下：

$$DPI=PI-\text{个人所得税}$$

【关键术语】

国内生产总值(GDP)　国民生产总值(GNP)　投资(I)　储蓄(S)　国内生产净值(NDP)　国民收入(NI)　个人收入(PI)　个人可支配收入(DPI)

【课堂讨论】

老师在课堂上提问："在两部门经济中，$GDP=C+S$，那人们口袋中的零用钱和用于购买股票、债券的收入不是没有被计入吗？谁来解释一下？"学生关羽回答："这些收入在国民收入中所占比例很小，所以可以忽略不计。"学生张飞回答："因为储蓄被定义为总收入中未用于消费的部分，所以购买股票、债券的收入及零用钱被归于储蓄。"你同意谁的看法？

【复习自测】

1. 国民生产总值和国内生产总值的含义有什么区别？

2. 国民收入核算中的重要总量指标有哪些?
3. 国内生产净值是如何核算的?
4. 国民收入是如何核算的?
5. 个人可支配收入是如何核算的?

第十章　简单的国民收入决定理论

【学习目标】

1. 掌握国民收入核算中的恒等关系；
2. 掌握消费函数和储蓄函数及其关系；
3. 理解三部门经济中的均衡产出决定模型；
4. 理解乘数原理及其应用。

【重点】

乘数原理、*IS-LM* 模型、国民收入恒等关系

【难点】

IS-LM 模型、国民收入恒等关系

导入案例

中国人应该是多花钱还是多存钱

在中国人传统观念中，有所谓勤俭持家的说法。有人说："大富靠天，小富靠俭。"这种勤俭就是美德的说法，在中华儿女的心目中是根深蒂固的。事实上，对于每一个家庭而言，存在许多方面的不确定因素。储蓄是为了"积谷防荒"，为了家人有一个安稳的日子，节俭作为美德是有其道理的。但是，如果每一个人都很勤俭，这对于整个经济体来说并非好事。少数家庭或企业减少消费和投资，对经济影响比较小；但是大家如果都不消费和投资，经济体的总需求减少，厂商产品无法销售出去，经济体就会受到很大影响。

那么，中国人应该是多花钱还是多存钱？从宏观经济学的观点来看，回答是"要看什么情形"。在高失业率和生产能力过剩时期，鼓励人们消费和投资的做法是正确的。但是当经济已

经处于繁荣时期，还一味地刺激消费和投资将导致通货膨胀。另外，在长期中，经济的增长必须依靠资本的积累，而资本的积累来自储蓄，所以这种情况下，勤俭节约对经济是有利的。

（资料来源：三亿文库，http://3y.uu456.com/bp_831nn1mmp04oweh0pitw_1.html。）

在了解了国民收入如何核算的基础上，还需要知道国民收入是如何决定的，即经济社会的生产或收入水平是怎样决定的。本章将从国民收入核算的恒等关系开始介绍，然后将分析国民收入决定的两个模型——收入—支出模型、*IS-LM* 模型。

第一节　国民收入核算中的恒等关系

我们在上一章的第一节讨论了用收入法和支出法分别对国民收入进行核算。从理论上讲，收入等于支出。现实中，如果国民收入核算中不存在误差的话，用收入法和支出法计算的 GDP 一定相等。这就是我们国民收入核算中的一个重要研究课题，即国民收入核算的恒等关系。

按照支出法计算 GDP，我们把购买对象分为四类，它们分别是国内居民、本国政府、本国企业和外国居民，对应四类支出，分别是居民个人消费支出、政府购买支出、投资支出和净出口。我们用 C 表示居民个人消费支出，用 G 表示政府购买支出，用 I 表示投资支出，用 $(X-M)$ 表示净出口，那么用支出法计算 GDP 的公式表示如下：

$$GDP=C+I+G+(X-M)$$

一、两部门经济的储蓄投资恒等式

先考虑两部门经济中的情况，即只存在家庭和企业部门，不存在政府部门和对外经济联系，所以也就没有税收、政府购买和进出口。因此，从支出的角度看，$GDP=C+I$。从收入的角度看，如果我们把储蓄(S)定义为国民总收入中没有消费的部分，则 $GDP=C+S$。

由于 GDP 按总收入和总支出所计算的值应该相等，所以消费加投资必然等于消费加储蓄，即 $C+I=C+S$，于是得 $S=I$。这一恒等式的含义是：根据国民收入的定义，未来用于购买消费品的收入（储蓄）等于未归于消费者之手的产品（投资）。

二、三部门经济的储蓄投资恒等式

在两部门经济的基础上，现在转入三部门经济的分析。三部门经济就是存在家庭消费部门、企业生产部门和政府部门的假想经济。从支出的角度讲，这时的 GDP 等于消费支出、投资支出和政府购买支出的总和，即 $GDP=C+I+G$。从收入的角度讲，GDP 仍旧是各种生产要素得到的收入总和，总收入除了消费和储蓄，现在还要纳税，即 $GDP=C+S+T$。

于是，三部门经济中的收支均衡要求 $C+I+G=C+S+T$，即 $I+G=S+T$，或 $I=S+(T-G)$，$T-G$ 可看做政府储蓄，它可以是正值也可以是负值，负值表示政府用尽税收收入后，借债用于政府购买。因此，$I=S+(T-G)$ 的含义是，收支均衡要求投资等于私人储蓄加政府储蓄。

三、四部门经济的储蓄投资恒等式

在三部门经济的基础上，再引进对外经济联系，即加上一个国外部门，就构成了等同于现实经济的四部门经济。

从支出的角度看，即 $GDP=C+G+I+(X-M)$。

为了研究的简便，我们不考虑折旧、间接税和政府津贴，这样国内生产总值、国内生产净值和国民收入都相等，我们统一用符号 Y 表示，那么：

$$Y=C+G+I+(X-M) \tag{10.1}$$

按照收入法计算的 GDP 是指加总各种生产要素的收入，这些收入在扣除各种税收之后，要素所有者把收入用于即期消费和远期消费（或称为储蓄）。所以 GDP 等于税收、消费与储蓄之和。我们用 C 表示消费，用 S 表示储蓄，用 T 表示税收，那么：

$$Y=C+S+T \tag{10.2}$$

根据式（10.1）和式（10.2），我们可以得到如下的恒等关系：

$$C+G+I+(X-M)=C+S+T \tag{10.3}$$

我们在式（10.3）的等号两边同时减去消费（C），我们会得到：

$$G+I+(X-M)=S+T \tag{10.4}$$

即政府购买、企业投资和净出口等于居民储蓄和政府税收，政府税收也称为政府储蓄。等式的左边反映物品和劳务的流出，等式的右边反映货币的流入。式（10.4）是在一个开放的国家，存在居民、厂商、政府和外国居民四个部门条件。根据国民收入核算的恒等关系，整理得到：

$$I=S+(T-G)+(M-X)$$

这里 S 表示本国居民私人储蓄，$(T-G)$ 代表政府储蓄，而 $(M-X)$ 则可代表外国对本国的储蓄。M 表示本国进口，于是外国有了收入；X 表示出口，外国购买本国商品与劳务，于是外国需要支出。当 $M>X$ 时，外国对本国的收入大于支出，于是有了储蓄；反之，则有负储蓄。这样，$I=S+(T-G)+(M-X)$ 的等式就代表四部门经济总储蓄和投资的恒等关系。

第二节 消费函数和储蓄函数

为了说明一个国家的产出是如何决定的，宏观经济学分三个层次来说明：第一个层次只涉及产品市场，称作“简单国民收入决定理论”；第二个层次讨论产品市场和货币市场的共同均衡，比第一个层次更复杂些；第三个层次研究对象是在产品市场和货币市场的基础上再加上劳动力市场。本节讨论的是第一个层次。

一、消费函数

消费函数是指消费支出与决定消费的各种因素之间的依存关系。影响消费的因素很多，但收入是最主要的因素，所以，为研究方便起见，消费函数通常以收入为自变量，反映国民收入 Y 和消费 C 之间的联系。即：

$$C=f(Y)$$

一般来说，在其他条件不变的情况下，消费随收入的变动而同方向变动。即收入增加，消费增加；收入减少，消费也减少。

因此，增加的消费与增加的收入之比率，或者说增加1单位的国民收入中用于增加消费部分的比例，称为边际消费倾向（Marginal Propensity to Consume，MPC）。如以ΔC代表消费增量，以ΔY代表收入增量，则：

$$MPC=\frac{\Delta C}{\Delta Y}$$

平均消费倾向（Average Propensity to Consume，APC）是指任一收入水平上民众消费支出占收入的比例。平均消费倾向的公式是：

$$APC=\frac{C}{Y}$$

如果消费和收入之间存在线性函数关系，则边际消费倾向为一常数，这时消费函数可用下列方程式表示：

$$C=a+bY$$

式中a表示自发性消费部分，即收入为0时，即使举债或动用过去储蓄也必须要有的基本生活消费。b表示边际消费倾向，b和Y的乘积表示收入引致的消费。因此，$C=a+bY$的含义是：消费等于自发性消费与引致消费之和。

当消费和收入之间为线性关系时，消费函数就是一条向右上方倾斜的直线，如图10—1所示。

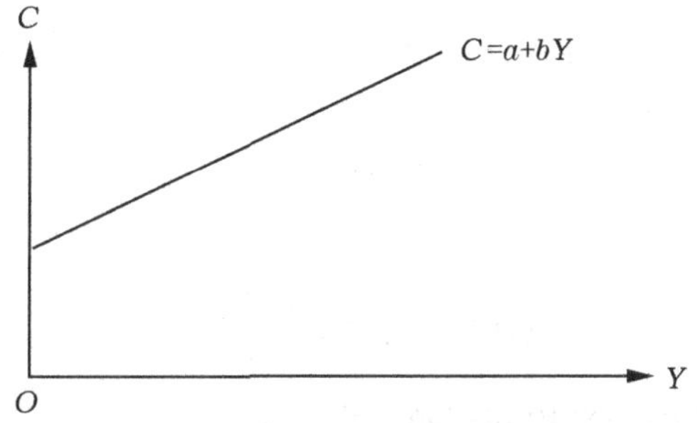

图10—1　线性消费函数

二、储蓄函数

在经济学范畴中，储蓄是指收入中未被消费掉的部分，储蓄与收入之间的依存关系就是储蓄函数。

$$S=f(Y)$$

一般而言，在其他条件不变的情况下，储蓄随收入的变动而同方向变动。即收入增加，储蓄增加；收入减少，储蓄也减少。这点是跟消费函数相似的。

边际储蓄倾向（Marginal Propensity to Saving，MPS）是指每增加或减少1单位国民收入所能增加或减少的储蓄金额。公式表达为：

$$MPS=\frac{\Delta S}{\Delta Y}$$

对应着平均消费倾向(APC)概念，也存在平均储蓄倾向(Average Propensity to Saving, APS)。平均储蓄倾向是指一定收入水平上储蓄在收入中所占的比例。其公式是：

$$APS=\frac{S}{Y}$$

由于储蓄是指收入中未被消费掉的部分，因此有 $S=Y-C=-a+(1-b)Y$，这是一个线性储蓄函数，如图 10—2 所示。

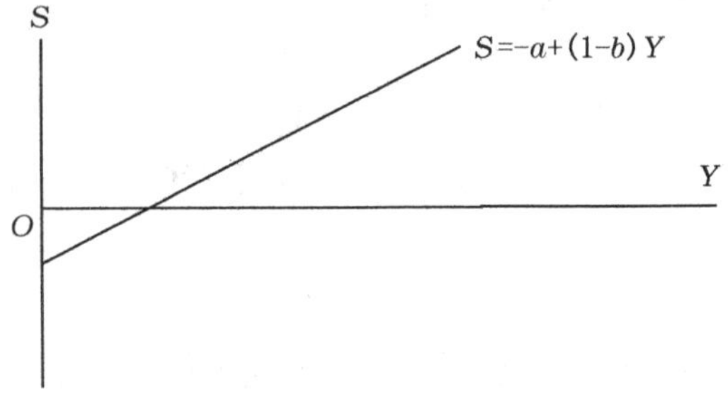

图 10—2 线性储蓄函数

三、消费函数和储蓄函数的关系

由于储蓄被定义为收入和消费之差，因此：第一，消费函数与储蓄函数之和等于总收入，由线性消费函数和线性储蓄函数可得：$C+S=Y$。第二，APC 与 APS 之和等于 1，MPC 与 MPS 之和也等于 1，证明如下：

$$Y=C+S$$

因此：

$$APC+APS=\frac{C+S}{Y}=1$$

也就是说，平均消费倾向与平均储蓄倾向之和为 1。

再看 MPS 和 MPC 的情况：

$$\Delta Y=\Delta C+\Delta S$$

因此：

$$MPC+MPS=\frac{\Delta C}{\Delta Y}+\frac{\Delta S}{\Delta Y}=1$$

第三节 简单的国民收入决定模型

通过前面的国民收入核算理论的学习，我们知道，国民收入 Y 既可以从收入方面也可以从支出方面来考察，因为某甲支付的支出其实也就是某乙得到的收入。因此，Y＝总产出＝总支出＝总收入。

一、两部门经济中的国民收入决定

在前面曾指出，两部门经济中的支出或需求由消费（C）和投资（I）构成，收支均衡由 $Y=C+I$ 表示。为了使分析简化，在收入决定的简单模型中一般假定投资固定不变，即为一常数。这样，只要把收入恒等式与消费函数结合起来，就可求得均衡收入：

$$Y=C+I$$

$$C=a+bY$$

解联立方程式，就可得到均衡收入：

$$Y=\frac{a+I}{1-b}$$

从中可以看出，投资的增加可以带来国民收入的增加。

二、三部门经济中的国民收入决定

首先为了确立均衡产出条件，现在我们假定经济中只有三方面角色的存在，即居民、企业、政府，不存在对外贸易。在有政府的"三部门经济"当中，国民收入从总支出角度看，包括居民消费、企业投资、政府购买，由此得出收支均衡的方程式为 $Y=C+I+G$。当然，政府部门的引入就不能再将税收排除在分析之外。

如果以 TR 代表政府转移支付，以 T_0 代表定量税或非比例税收（即对纳税者征收一定数额的税收，而不管其产出或收入量的多少），t 为比例所得税税率，则税收 T 为：

$$T=T_0+tY$$

则有消费函数：

$$C=a+b[(1-t)Y-T_0+TR]$$

由于均衡收入 $Y=C+I+G$，即：

$$Y=a+b[(1-t)Y-T_0+TR]+I+G$$

最终得到三部门的均衡收入为：

$$Y=\frac{a+b(TR-T_0)+I+G}{1-b(1-t)}$$

由上式可知，税率的降低和税收的减少、政府购买（G）和转移支付（TR）的增加都会带来国民收入的增加；反之亦然。

三、四部门经济中的国民收入决定

四部门经济中，支出或需求要素除了消费、投资、政府购买外，还有净出口（NX）。净出口为出口与进口之间的差额，即 $NX=X-M$，其中 X 表示出口，M 表示进口。在考虑净出口后，商品市场的均衡条件就变为：

$$Y=C+I+G+X-M$$

其中，$X-M$ 即净出口，可用 NX 表示。出口 X 表示本国商品在国外出售，代表国外对本国商品的需求,因此在本国的总需求中应当加上出口部分。由于企业和政府的全部支出不可能都花在本国产品上,有可能还会购买国外产品,所以我们应当减去进口部分,才能真正代表本国的总支出对本国总收入形成的贡献。

此外,进口 M 被假定为随本国收入水平提高而增加,于是得到函数:$M=M_0+mY$。式中 M_0 为自发性进口,它与收入水平无关,表示本国不能生产而必须进口;m 为边际进口倾向。出口 X 我们一般把它看做常量。

据此,我们有如下的均衡收入决定模型:

$$Y=C+I+G+X-M$$

$$C=a+bY_D$$

$$Y_D=Y-T+TR$$

$$T=T_0+tY$$

$$M=M_0+mY$$

$$Y=a+b[(1-t)Y-T_0+TR]+I+G+X-(M_0+mY)$$

得:

$$Y=\frac{a+b(TR-T_0)+I+G+X-M_0}{1-b(1-t)+m} \tag{10.5}$$

四、乘数理论

从国民收入的构成上看,投资、消费、政府购买、税收等的变化都会影响收入 Y 的值。如果有人提出一个问题,假如全国投资增加了 100 亿元,那么收入增加多少?简单地看收入的等式,会得出“既然投资增加了 100 亿元,那么收入也就增加了 100 亿元”的结论,但是,这个结论是错误的。

对于这个问题,我们可以先通过解释一个微观的案例来看。假设 A 厂购买了 50 万元的机床(投资增加 50 万元),这些机床由甲机床厂出售给 A 厂,于是这 50 万元到了甲机床厂手中后,变成了甲机床厂职工的工资奖金、向甲机床厂提供厂房场地者得到的租金、向甲机床厂提供信贷资金者得到的利息收入、购买甲机床厂股票的股东得到的股息……由于甲机床厂购买制造机床的原材料(钢材)的费用已经先行支付给了钢铁厂,所以我们也可以视为钢铁厂和铁矿的职工等也得到了这 50 万元里的一部分。总之,这 50 万元都“分流”到了本国不同居民的手里。这是国民收入的第一轮增加。

但这还没有结束,因为居民拿到钱后需要消费。假定该社会边际消费倾向是 0.8,因此,增加的 50 万元当中会有 40 万元用于购买消费品。于是,这 40 万元又以工资、利息、利润和租金形式流入了生产消费品的生产要素所有者(比如食品厂、服装厂的职工等)手中,从而使该社会居民收入又增加了 40 万元,这是国民收入的第二轮增加。

同理,食品厂、服装厂的职工等会把这 40 万元收入当中的 32 万元用于消费……这个过程不断反复,最终国民收入增加了 $50+50\times0.8+50\times0.8^2+\cdots=50\times(1/1-0.8)=250$(万元)。

把这个微观案例推广到宏观,我们想象 10 万家厂商企业搞各自的投资,最终国民收入的增加值将是一个非常可观的数字。

如果用 ΔY 代表增加的收入，ΔI 代表增加的投资，则两者的比率为 $k_I=\frac{\Delta Y}{\Delta I}$，上例中 $k_I=\frac{250}{50}=5$。

由此我们首先得出投资乘数，投资乘数是指收入的变化与带来这种变化的投资支出变化的倍数。

在上面的例子中，边际消费倾向为 0.8，由此我们不难发现，事实上，乘数＝1/(1－边际消费倾向)。即 $k_I=\frac{1}{1-MPC}$，用 b 代表 MPC，则 $k_I=\frac{1}{1-b}$，由于 $MPS=1-MPC$，因此：

$$k_I=\frac{1}{1-MPC}=\frac{1}{MPS}$$

由于乘数的存在，如要增加 100 亿元的国民收入，并不需要增加 100 亿元的投资。乘数还具有可逆性，投资减少也会引起国民收入的倍数减少。

除了投资乘数之外，其余变量引起收入的成倍变化也有各自的乘数。

政府购买乘数是指国民收入的变化与引起这种变化的政府购买变化的倍数。与投资乘数的原理一样，以 k_G 表示政府购买乘数，则有：

$$k_G=\frac{\Delta Y}{\Delta G}=\frac{1}{1-b}$$

政府购买乘数为正值，表明国民收入随政府购买的增加而增加，随政府购买的减少而减少。

转移支付乘数是指政府转移支付的变动对国民收入的倍增或倍减作用。以 k_{TR} 表示政府转移支付乘数，则有：

$$k_{TR}=\frac{\Delta Y}{\Delta TR}=\frac{b}{1-b}\text{（推导过程略）}$$

转移支付乘数为正值，收入与转移支付同方向变动。

税收乘数是指国民收入的变化与引起这种变化的税收变化的倍数。税收乘数与前面的乘数不同，前面乘数都是正的，税收乘数通常总是负值，意味着政府税收额的增加使人们的可支配收入减少，消费支出也就减少，因此国民收入随之减少。以 k_T 表示税收乘数，则有：

$$k_T=\frac{\Delta Y}{\Delta T}=-\frac{b}{1-b}\text{（推导过程略）}$$

趣味窗 10－1　　　　里根为什么只拍四部电影？

第二次世界大战期间，著名的里根总统曾在一家电影公司做演员。据说，这段经历对他的影响很深远，而经济学者拉弗的理论也因为里根的这段从影生涯而得到了里根更深的理解、更多的肯定。

1980 年 1 月，刚刚通过竞选的里根总统被安排和竞选班子中的一批人一同参加了几次经济学课，学习一些治理国家必备的经济学知识。而第一位给里根总统上课的就是拉弗。利用这个大好的机会，拉弗向里根大大推销了一通自己研究出的有关税收的"拉弗曲线"理论。

拉弗越谈越兴奋，而当他说到"税率高于某一值时，人们就不愿意工作"时，里根更是激动得站了起来。他很肯定地对拉弗说："是这样的。'二战'时，我正在'大钱币'公司当电影演员，当时的战时收入附加税高达 90%，我们只要拍四部电影就达到了这一税率范围。如果我们再拍第五部，那么第五部电影赚来的钱将有 90%给国家交税了，我们几乎赚不到钱。所以，拍完了四部电影后，我们就选择到国外去旅游，而不工作了。"

"拉弗曲线"理论在里根的"现身说法"下，被广泛传开。

因为自身投入电影生涯的特殊经历和感受，里根总统更能理解和接受拉弗的经济学理论。因此，从里根总统主政后，便开始大力推行减税政策。在这个过程中，一开始并未被人注意的"拉弗曲线"理论也因为拉弗和里根之间的默契感知而登上了经济学主流的大雅之堂。

拉弗曲线的主要含义是：当税率为零时，税收自然也为零；而当税率上升时，税收也随之上升；当税率增至某一点时，税收达到最高额，这个点就是最佳税率；当税率超过这个最佳税率点之后，税收不但不增，反而开始下降，因为当税率的提高超过一定限度时，企业的经营成本提高、投资减少、收入减少、税基减小，从而导致政府的税收减少。针对这一情况，拉弗在数轴中用一条曲线来描绘税收与税率之间的关系。这条曲线就叫做拉弗曲线。而这条曲线的目的是为了提醒政府，适时降低税率能够刺激生产，税收总额反倒会因为税率的降低而增加。

拉弗因为发明了"拉弗曲线"理论成了里根总统的经济顾问，专门负责为政府推行的减税政策谋划。但在实际应用中，拉弗曲线一样有许多争议，其被质疑的原因在于，它只对高收入的纳税人才能起到预期效果，对低收入者来说，他们并不负担高税率，所以不会受到高税率的伤害。针对这一分析，拉弗曲线只有运用阶层分析方法，才能在实际应用中获得成功。

（摘自微信公众号：UIBE 财税论坛。）

对外贸易乘数表示出口的变化引起国民收入的变动多少。考虑前述公式(10.5)，可推导出对外贸易乘数：

$$\frac{\Delta Y}{\Delta X}=\frac{1}{1-b(1-t)+m}$$

在考虑了经济的开放性和税收因素后，其他乘数也会适当变形，我们基于式(10.5)也可以推导出相关乘数：

$$k_I=k_G=\frac{1}{1-b(1-t)+m}$$

$$k_{TR}=\frac{b}{1-b(1-t)+m}$$

$$k_T=\frac{-b}{1-b(1-t)+m}$$

与封闭条件相比，现在的各种乘数都变小了。这是因为在开放经济条件下，增加收入的一部分现在用于对进口商品的购买，即收入的一部分流向国外。

知识窗 10－1　　乘数理论的运用是有条件的

同很多西方经济学的理论规律一样，乘数理论模型有其适用的范围，如果超出这个范围滥用，那么就会变成谬论。

假如发生了一起灾难（这灾难可以是洪水、恐怖袭击等）导致大量建筑物被毁，某些学者却说这不见得是坏事，因为重建建筑物的钱（投资）创造了第一轮的国民收入增加，这个收入增加又会继续创造下一轮的需求……因此，结论是灾难会促进经济增长。这明显是荒唐的。

乘数理论模型是在理论上纯粹建设性的环境当中适用的，并没有考虑到大规模破坏性的前提。表面上看，重建建筑物的钱（投资）是具有乘数效应的，但是这一谬论忽略了：(1)如果灾难没有发生，这笔重建建筑物的钱投资到别的生产当中去，可能乘数更大，而清理废墟、重建房屋的人力本可以投入其他生产活动当中去；(2)灾难使得以前投资的"存量经济物"没有防备地化为乌有（例如世贸双塔），这可能是更大的一笔损失（因为这种损失是牵涉多方面的连锁反应），但乘数理论并没有考虑进去（主要由于GDP衡量的是流量而不是存量）；(3)人的生命损失、社会文化损失等无法用金钱估量，没有列入经济的讨论范围。

经济学界普遍认为，仅仅在社会存在足够的闲置资源的时候（如经济萧条期），乘数效应才会发生作用。如果经济已经实现了充分就业，社会没有闲置资源，此时，需求的增加只会提高价格，不会增加供给，即没有乘数效应。

第四节　利率和国民收入决定：*IS-LM* 模型

上一节讨论的简单的国民收入决定理论只涉及产品市场，本节将在前面的基础上通过引入货币市场来进一步说明收入的决定。

在产品市场上，要决定收入，必须先确定利率，否则投资水平无法确定。而利率是由货币市场决定的，在货币市场上，如果不确定一个特定的收入水平，就无法确定货币需求，利率也就无法确定。这就出现了一个循环推论：利率依赖于收入，收入又依赖于利率。为解决这一循环推论的矛盾，凯恩斯的后继者们把商品市场和货币市场结合起来，建立了商品市场和货币市场的一般模型：*IS-LM* 模型。

一、利率与投资

在讲投资理论之前，我们必须明确投资的概念。值得每个人注意的是：在日常生活中，我们往往把购买证券、地产和其他财产都说成投资；但在经济学中，这些不能算作投资，经济学中认为投资是指增加实际资本的行为，表现为一定时期内增加新的建筑物、耐用设备以及增加或减少存货等重置投资，是指用来补偿损耗掉的资本设备的投资。投资是指资本的形成，是指在一定时期内社会实际资本的增加，这里所说的实际资本包括厂房、设备、存货和住宅，不包括有价证券。

尽管前一节中我们谈到了投资是总支出的一部分，但在那里投资被看作给定的一个数值，之所以那样是为了讨论的方便，但是现实中投资大小也要受到一些因素的影响，因此本节有必要专门讨论一下企业的投资行为。

现实中，借款人向贷款人借一笔款项时，承诺在将来归还款项的时候还会另行支付给贷款人一定资金作为报酬，这部分资金称为利息，利息与借款数额的比率称为利率(用 r 表示)。

尽管借贷款未必一定是通过银行完成的，但是我们可以以银行当期的标准利率(比如一年期定期存款利率)来衡量一个时期的整个经济社会的利率的高低，这主要是由于当银行存贷款利率高的时候，社会的民间借贷款利率也高，反之亦然，于是这里社会的 r 就变成了银行利率。

按照凯恩斯的看法，企业是否要对新的实物资本(如机器、设备等)进行投资，取决于这些投资项目的预期回报利润率同为购买这些资产而从银行贷款的利率比较；或者说，我们换个角度思考，企业自己有资金不用借款，那么利润率同样要与“如果不购买这些资产而直接把钱存在银行的存款利率”比较。假如前者大于后者，投资是值得的；假如前者小于或等于后者，投资是不值得的。所以，在决定企业投资的时候，首要考虑因素是市场利率的高低。

利率上升时，企业自然会减少投资品的购买，从而使投资支出减少，从全社会的宏观角度来看都是这样的。在宏观经济学中，投资支出与利率之间的反方向变动关系称为投资函数，记作：

$$I=f(r)$$

为了分析方便起见，我们暂且把投资函数简单地看作如下线性函数：

$$I=e-dr$$

该函数符合利率越低、投资量越多的特征。式中 e、d 为大于 0 的常数，其中 e 表示利率。即使当 e 为 0 时也会有投资，称为自发性投资，它取决于整个社会的产出水平和货币的总供给量，与利率无关。

二、IS 曲线

(一)IS 曲线的推导

仅仅推导出投资函数是不够的，因为我们本章讲的是国民收入的决定理论，所以要做的是把利率 r 和国民收入 Y 结合起来，看看 r 的高低和 Y 会有怎样的关系。通过上一节，我们知道产品市场均衡条件可以表示为：

$$Y=C+I+G$$

然后我们把消费函数 $C=a+bY_D$、投资函数 $I=e-dr$ 代入，就得到：

$$Y=a+b(Y-T)+e-dr+G$$

现在我们只把上面式子当中的 Y 和 r 看作变量，其余字母看作常数，我们就能够得到 r 和 Y 之间关系的函数了。

$$r=\frac{a-bT+G+e}{d}-\frac{(1-b)}{d}Y$$

上面这个关系式用坐标图表示出来其实就是 IS 曲线，见图 10—3。

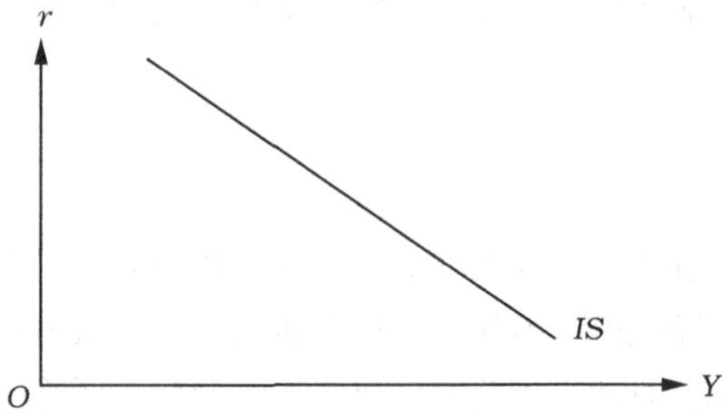

图 10—3　*IS* 曲线

在宏观经济学中，IS 曲线上面的每一点都表示当产品市场达到均衡时某一特定利率与相应的均衡收入的组合。如果统一规定以利率为纵坐标，以收入为横坐标，IS 曲线斜率始终为负。如果 b 不变，边际消费倾向越大，则 IS 曲线就越平坦；反之，就越陡峭。

当投资需求增加时，IS 曲线相应右移，在每一水平上国民收入相应增加；而其他条件不变，当人们的储蓄意愿增加时，人们更节俭，自发性消费 a 下降，则每一储蓄水平所需要的国民收入就会少些，IS 曲线相应左移。

因此，其他条件不变，当政府实行扩张性财政政策时，增加政府支出或减免税额，其作用类似于增加投资、刺激消费，IS 曲线将右移；反之，当政府实行紧缩性财政政策时，减少政府支出或增加税额，IS 曲线将左移。在其他条件不变时，如果净出口额增加，其作用相当于增加了自发性支出，因此 IS 曲线右移；反之，如果净出口额减少，则 IS 曲线左移。

（二）产品市场的失衡

IS 曲线表示所有产品市场达到均衡时的利率与国民收入对应点的连线，因此，IS 曲线外的任意一点都代表产品市场的失衡状况。如图 10—4 所示，A 为 IS 曲线左边的任意一点，B 为 IS 曲线右边的任意一点，由于 A、B 均不在 IS 曲线上，所以它们是产品市场的失衡点。

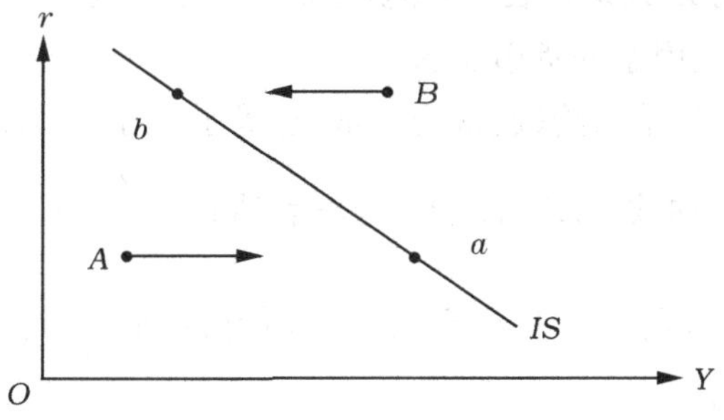

图 10—4　*IS* 曲线的调整

在 IS 曲线左下方的 A 点所对应的国民收入 Y 表示此时 A 点的利率低于产品市场均衡的利率，A 点的投资大于产品市场均衡时的投资，因为均衡条件为 $I=S$，所以在 A 点有 $I>$

S，产品市场上存在产品的过度需求，在市场机制的作用下，将导致产出增加，直至恢复到 IS 曲线上的 a 点。

同理，B 点表示投资小于均衡投资，所以在 B 点上 $I<S$，此时产品市场上存在产品的过度供给，在市场机制的作用下，将导致产出减少，直至恢复到 IS 曲线上的 b 点。

三、LM 曲线

(一)LM 曲线的推导

前面的 IS 曲线着眼点在于产品市场的均衡，现在我们来看货币市场。货币市场考察的主要是整个社会的货币供求的数量，不仅包括社会居民用于普通消费购买交易所需的货币量，也包括短期信贷工具的市场，即融通短期资金或买卖短期金融证券的市场所需的货币量。

货币需求是指人们在手边保存一定数量货币的愿望，它是人们对货币的"流动性偏好"引起的。货币需求又称为流动性偏好。

凯恩斯认为，人们之所以愿意持有货币，主要是出于三种动机。这三种动机包括：

(1)交易动机：是指人们为了应付日常交易或日常经济往来而在手边留有货币的动机，因此产生的需求称为货币的交易需求。

(2)预防动机(或称谨慎动机)：是指人们为了预防未来不确定的各种意外发生而在手边留有货币的动机，因此产生的需求称为货币的预防需求。

(3)投机动机：是指人们为了能够及时把握购买有价证券的机会以获利而在手边留有货币的动机，因此产生的需求称为货币的投机需求。

其中，货币的交易需求和预防需求主要取决于国民收入水平，收入越高，交易需求和预防需求也就越大。因此，货币的交易需求和预防需求是国民收入的增函数。为推导方便，可假设其为线性函数，表示为 $L1(Y)=kY$，其中 Y 表示国民收入，$k>0$，表示货币交易需求和预防需求对收入的敏感程度。货币的投机需求取决于利率，利率越高，人们越不愿意持有货币，而购入证券；反之亦然。因此，货币的投机需求是利率的减函数，也假设其为线性函数，可表示为 $L2(r)=u-hr$，其中 r 为利率，$h>0$，表示投机需求对利率的敏感程度，u 为一常数，表示 $r=0$ 时的货币投机需求量。由此可得货币需求量 $L=kY+u-hr$。

需要说明的是，上面的 L 只是代表"实际货币需求"，也就是具有不变购买力的货币需求，是已考虑到并剔除通胀影响因素的货币需求。

在货币市场中，当实际货币供给(通常为一常数)等于实际货币需求时，收入与利率的各种组合的点的轨迹，就是 LM 曲线。LM 曲线的数学表达式为 $\frac{M}{P}=L=u+kY-hr$，在这个式子中，M 代表名义货币供给(未剔除通胀因素)，P 代表价格水平，$\frac{M}{P}$ 是实际货币供给。为便于讨论，我们通常把 P 设定为 1。

由此，我们可以把 LM 曲线公式变形为：

$$r=\frac{u-M}{h}+\frac{k}{h}Y$$

在理想状态下，如果 k、h 数值不变，那么 LM 曲线如图 10－5 所示。

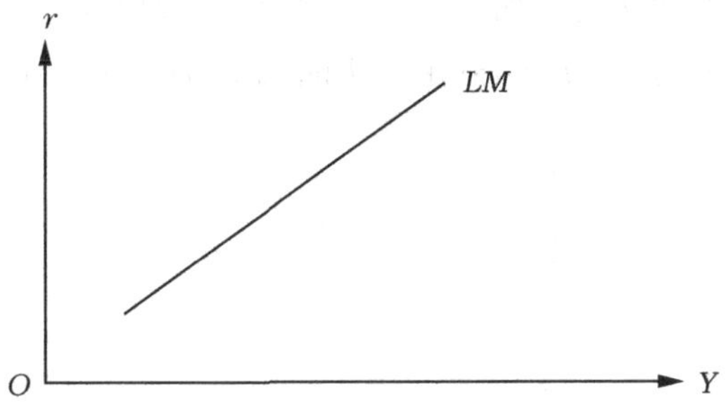

图 10—5 LM 曲线

如果 k、h 可变，在 k 相对稳定的前提下，LM 曲线斜率主要取决于 h。h 越大，LM 曲线越平坦，反之就越陡峭，当 $h=0$ 时，LM 曲线就是垂直线。

在实际生活中，LM 曲线并不是一条直线，而是呈现出"先是水平状，后是向上倾斜，最后变得垂直"的一段曲线，这条曲线的三段区域分别称为凯恩斯区域、中间区域和古典区域（见图 10—6）。

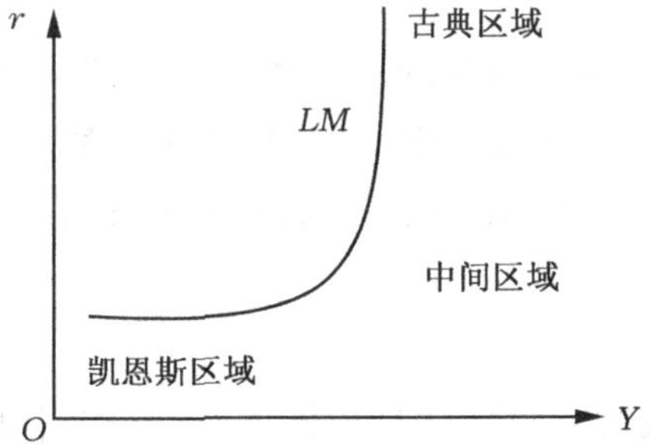

图 10—6 LM 曲线的三个区域

（二）LM 曲线的移动

从 LM 曲线表达式 $r=\frac{u-M}{h}+\frac{k}{h}Y$ 中，我们可以看出，只有当 $\frac{M}{h}$ 的数值发生变动时，该曲线才会变动，因此，使 LM 曲线移动主要是由货币供给变动造成的。如果货币供给增加，LM 曲线会向右平移；反之，LM 曲线会向左平移。由于这里我们主要讨论的是 LM 曲线的移动，而不是 LM 曲线的转动，因此假定 LM 曲线的斜率不变，LM 曲线移动就只能是货币供给量 M 的变动。我们还要记住，这里我们假定 $P=1$，M 代表的是名义货币供给，事实上，LM 曲线的移动还受价格因素的影响。

总之，使 LM 曲线移动的因素有二：

第一，名义货币供给量 M 的变动。M 增加，LM 向右下方移动；反之，LM 向左上方移动。

第二，价格水平 P 的变动。P 上升，$\frac{M}{P}$ 变小，LM 向左上方移动；反之，LM 向右下方移动。

（三）货币市场的失衡

LM 是所有货币市场达到均衡时的利率与国民收入对应点的连线，因此，LM 曲线外的任意一点都代表货币市场的失衡状况。如图 10－7 所示，A 为 LM 曲线左边的任意一点，B 为 LM 曲线右边的任意一点，由于 A、B 均不在 LM 曲线上，所以它们是货币市场的失衡点。

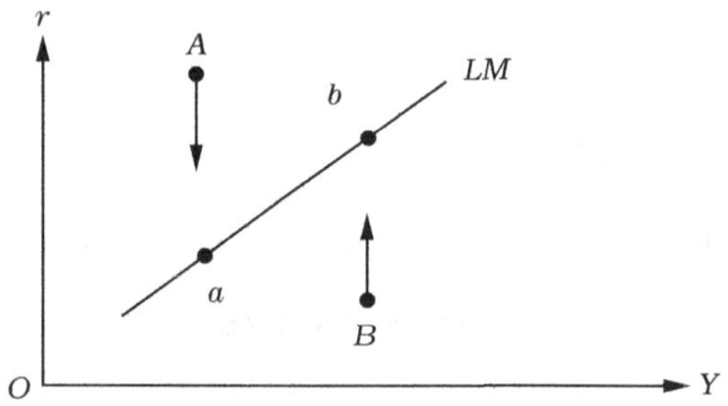

图 10－7 *LM* 曲线的调整

在 A 点所对应的利率高于货币市场的均衡利率，这说明 A 对货币的投机需求小于货币市场均衡时对货币的投机需求，A 点的货币需求小于均衡时货币的需求，所以 $L<M$，此时货币市场上出现过剩供给，在市场机制的作用下，导致利率下降，直至恢复到 LM 曲线上的 a 点。

在 B 点所对应的利率低于货币市场的均衡利率，这说明 B 对货币的投机需求大于货币市场均衡时对货币的投机需求，B 点的货币需求大于均衡时货币的需求，所以 $L>M$，此时货币市场上出现货币短缺，在市场机制的作用下，导致利率上升，直至恢复到 LM 曲线上的 b 点。

四、*IS*-*LM* 联合分析

由于 IS 曲线和 LM 曲线的纵横坐标是一样的，所以我们可以把这两条曲线放在一个坐标系中分析，产品市场和货币市场两者同时均衡只会发生在一个唯一的收入水平和利率水平上，这个“唯一点”就是两条曲线的交点，如图 10－8 所示。

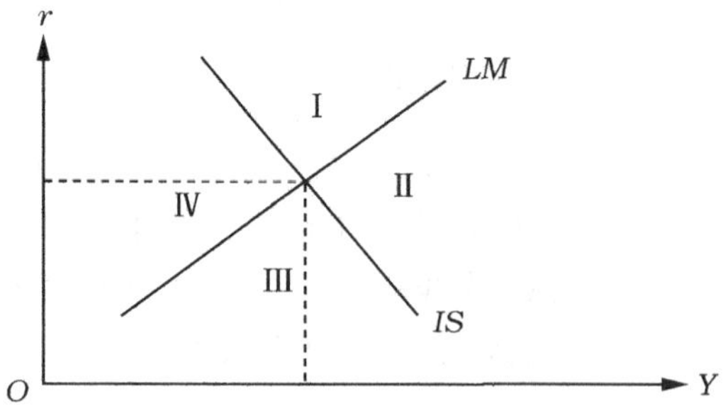

图 10－8 *IS*-*LM* 曲线的联合分析

图 10－8 中，IS 和 LM 两条曲线把坐标系的第一象限划分为Ⅰ、Ⅱ、Ⅲ、Ⅳ四个部分（不讨论虚线），凡是在这四个区域内（不在线上）的点意味着两个市场都不均衡，具体关系见表 10－1。

表 10—1 市场非均衡的情况分析

区域	产品市场	货币市场
Ⅰ	$I<S$ 有超额产品供给	$L<M$ 有超额货币供给
Ⅱ	$I<S$ 有超额产品供给	$L>M$ 有超额货币需求
Ⅲ	$I>S$ 有超额产品需求	$L>M$ 有超额货币需求
Ⅳ	$I>S$ 有超额产品需求	$L<M$ 有超额货币供给

凡是在线上但不处于两条曲线交点的点，都代表着一个市场均衡而另一个市场不均衡的情况。

如果国民收入和利率的组合不在两个市场同时均衡的点上，那么，市场机制的自发作用会使国民收入和利率发生一系列变动，从长期来看，理论上讲，最终会使国民收入和利率的组合点趋于两条曲线交点。

IS-LM 模型是描述和分析这两个市场相互联系的理论结构。在 *IS-LM* 模型中，政府购买、转移支付、税收、进出口等变动会引起 *IS* 曲线移动，实际货币供给和需求会引起 *LM* 曲线移动，这些移动会引起均衡收入和利率的变动。因此，利用 *IS-LM* 模型可以比较简明地分析财政政策和货币政策的影响。

知识窗 10—2　　我国投资 4 万亿元的政策效果

2008 年 11 月 5 日，时任国务院总理温家宝主持召开国务院常务会议，研究部署进一步扩大内需、促进经济平稳较快增长的措施。会议认为，近两个月来，世界经济金融危机日趋严峻，为抵御国际经济环境对我国的不利影响，必须采取灵活审慎的宏观经济政策，以应对复杂多变的形势。当前要实行积极的财政政策和适度宽松的货币政策，出台更加有力的扩大国内需求措施，加快民生工程、基础设施、生态环境建设和灾后重建，提高城乡居民特别是低收入群体的收入水平，促进经济平稳较快增长。

会议确定了进一步扩大内需、促进经济增长的十项措施：

一是加快建设保障性安居工程。加大对廉租住房建设的支持力度，加快棚户区改造，实施游牧民定居工程，扩大农村危房改造试点。

二是加快农村基础设施建设。加大农村沼气、饮水安全工程和农村公路建设力度，完善农村电网，加快南水北调等重大水利工程建设和病险水库除险加固，加强大型灌区节水改造，加大扶贫开发力度。

三是加快铁路、公路和机场等重大基础设施建设。重点建设一批客运专线、煤运通道项目和西部干线铁路，完善高速公路网，安排中西部干线机场和支线机场建设，加快城市电网改造。

四是加快医疗卫生、文化教育事业发展。加强基层医疗卫生服务体系建设，加快中西部农村初中校舍改造，推进中西部地区特殊教育学校和乡镇综合文化站建设。

五是加强生态环境建设。加快城镇污水、垃圾处理设施建设和重点流域水污染防治，加强重点防护林和天然林资源保护工程建设，支持重点节能减排工程建设。

六是加快自主创新和结构调整。支持高技术产业化建设和产业技术进步，支持服务业发展。

七是加快地震灾区灾后重建各项工作。

八是提高城乡居民收入。提高下一年粮食最低收购价格，提高农资综合直补、良种补贴、农机具补贴等标准，增加农民收入。提高低收入群体等社保对象待遇水平，增加城市和农村低保补助，继续提高企业退休人员基本养老金水平和优抚对象生活补助标准。

九是在全国所有地区、所有行业全面实施增值税转型改革，鼓励企业技术改造，减轻企业负担 1 200 亿元。

十是加大金融对经济增长的支持力度。取消对商业银行的信贷规模限制，合理扩大信贷规模，加大对重点工程、“三农”、中小企业和技术改造、兼并重组的信贷支持，有针对性地培育和巩固消费信贷增长点。

初步匡算，实施上述工程建设，到 2010 年底需投资 4 万亿元。为加快建设进度，会议决定，当年四季度先增加安排中央投资 1 000 亿元，下一年灾后重建基金提前安排 200 亿元，带动地方和社会投资，总规模达到 4 000 亿元。

【关键术语】

消费函数　储蓄函数　边际消费倾向　乘数效应　货币需求　*LM* 曲线　*IS* 曲线　*IS-LM* 模型

【课堂讨论】

请根据经济学原理，讨论一下，是否在任何情况下都要提倡节俭？

【复习自测】

1. 扩张性财政政策较适用于明显通胀时期还是经济萧条时期？它会使财政赤字增加还是减少？请说明理由。

2. 在利率很低(例如接近于零)的情况下，政府依靠增发货币对于产量和利率显得毫无作用，这被称为“流动性陷阱”现象，请回答：

(1)利率为零(假设)的时候，公众的货币投机需求是怎样的？有价证券的价格此时又是怎样的？为什么？

(2)政府增发的货币对货币市场利率不起作用，这些货币到哪里去了？

(3)在处于“流动性陷阱”的时候，*LM* 曲线的形状如何？试着用图形解释你的看法。

(4)这个时候政府财政政策的实施预计效果会怎样？为什么？试着用图形解释你的看法。

3. 假设根据调查统计，全社会公众的货币需求对于利率非常敏感，那么 *LM* 曲线应当是很平坦还是很陡峭？为什么？(提示：参照 *LM* 曲线的公式分析。)

第十一章　失业与通货膨胀理论

【学习目标】

1. 理解失业的种类及影响；
2. 掌握通货膨胀理论和菲利普斯曲线原理；
3. 把握失业与通货膨胀的关系。

【重点】

失业的种类、菲利普斯曲线、通货膨胀的种类及其形成

【难点】

菲利普斯曲线

导入案例

土耳其货币瘦身

当2004年12月31日午夜钟声敲响，土耳其的数百万名亿万富翁们，不管他们是否愿意，都将“一贫如洗”。原因是，土耳其政府宣布，新货币将于新年第一天起正式启用，而新货币的面额比旧货币的面额整整少了6个零。

土耳其的新货币——新土耳其里拉——将自2005年1月1日零时起取代目前流通的旧里拉，正式投入使用。新发行的1里拉折合100万旧里拉，即新货币的面额与旧货币的面额相比，整整少了6个零。

土耳其的旧里拉是世界上最大面额的流通货币。不过，尽管其货币面额大得吓人，但是实际价值无几。面额为2 000万里拉的货币，其实际价值只相当于15美元。因此，在土耳其，人们轻而易举就可以成为“百万”或“亿万”富翁。

如此高面值的货币是土耳其多年来高通货膨胀的恶果。几十年来，土耳其持续遭遇两位数的通货膨胀。土耳其里拉对美元的比率从20世纪50年代的2.8∶1，一路变为今天的1 350万∶1。引入新的货币是土耳其政府多年来的目标，官员们希望新货币进入流通将更利于国际贸易。同时，在土耳其正奋力争取加入欧盟之际，官员们也希望此举能增强人们对经济复苏的信心，进一步推动经济发展。

（摘自新华社特稿。）

失业和通货膨胀是一国经济所面临的最为主要的经济问题，如果不采取措施，其所造成的后果将非常严重。西方经济学家设计了各种经济政策用来对付这两种经济问题，并为此做了大量理论研究，取得了不少学术成果。

第一节　失业及其原因

一、失业和失业率

经济学上的失业是指在一定的年龄范围之内，具有劳动能力的人没有工作，但愿意并且正在寻找工作的社会现象。它与人们日常生活中的“失业”有些差异，在人们的日常生活中，失业意味着没有工作，而引起没有工作的原因有很多，如有些人因身体残疾没有工作，再如另外一些人由于资产雄厚过着悠闲的生活而不去工作。这些“失业”不是这里所说的失业。

为弄清失业的概念，应注意以下几点：

第一，失业必须在一定的年龄范围之内。各国对工作年龄的规定不同：在美国，工作年龄是16～65岁；在英国，妇女是16～59岁，男子是16～64岁；而在中国，男子工作年龄的上限是60岁，女子则是55岁。在工作年龄之外，即便是没有工作也不算是失业。

第二，失业必须是具备劳动能力的人。因此，那些因身体有严重残疾或精神上有疾病而不能工作的人要排除在外。

第三，失业必须是非自愿的。也就是说，不满意已有工作、自愿离职的人就不能算失业。

第四，虽没有职业但不寻找工作的人不属于劳动力，也就不是失业者。

值得注意的是，在中国失业人口的统计实行的是登记失业制度。登记对象只针对城镇人口。

衡量失业状况最基本的指标是失业率。失业率是失业人数占劳动力总数的百分比，用公式表示为：

$$\text{失业率}=\frac{\text{失业人数}}{\text{劳动力总数}}\times 100\%$$

失业率不一定能准确地反映失业的确切情况，主要原因有两点：一是由于登记的失业者只是总失业人数的一部分，有些失业者由于未登记而并未算入失业人数中；二是由于失业人数也只是采用抽样调查的方式来估算的，很难精确。但失业率仍是重要的宏观经济指标。

二、失业的类型

失业有两大基本类型：

(一)自然失业

自然失业是由于经济中某些难以避免的原因所引起的失业。包括以下几种类型：

1. 摩擦性失业

即由于劳动力正常流动及新加入劳动力的队伍正在寻找工作而引起的失业。它是由市场制度本身决定的，与劳动力供求状态无关，即使实现充分就业也会存在摩擦性失业。

摩擦性失业一般发生在人们处于不同地区、职业或者生命周期的不同阶段，且工作不停变动的场合。例如，大学毕业生需要花费一段时间寻找第一份工作时，会导致这段时间的失业。

摩擦性失业量的大小取决于劳动力流动量的大小以及寻找工作所需要的时间长短。劳动力流动量是由制度、社会文化、经济结构以及劳动力结构等因素决定的；寻找工作所需要的时间则主要取决于获取工作的信息难易程度和速度，以及失业的代价和失业者承受这种代价的能力。

2. 结构性失业

即经济结构与劳动力结构不一致所引起的失业。它是由于经济结构的变化，劳动力的供给和需求在职业、技能、产业、地区分布等方面的不协调所引起的失业。其最大特点是劳动力供求总量大体相当，但存在着结构性的供求矛盾，即存在失业的同时，也存在劳动力供给不足。

例如，在上海的经济发展过程中，金融部门发展迅速，而纺织部门却在收缩。在这种情况下，往往会出现失业与空缺并存的现象，即一方面金融部门职位空缺，而另一方面纺织部门却存在着许多工人失业。

结构性失业也是经济发展不可缺少的必要条件和代价，结构性失业多伴随着经济结构的升级和调整，而这又恰好是经济发展的重要前提和标志。

知识窗 11－1　　结构性失业和摩擦性失业一般哪个影响更严重?

分析：一般而言，结构性失业比摩擦性失业更为严重。因为摩擦性失业是由于劳动力市场运行机制不完善或者是因为经济变动过程中的工作转换而产生的失业，摩擦性失业的失业者一般都可以胜任可能获得的工作，增加就业信息、增强失业服务机构的作用等都有助于减少摩擦性失业；而结构性失业是由于经济结构变化、产业兴衰转移而造成的失业，它是劳动力失衡造成的失业，虽然一些部门需要劳动力，但失业者往往缺乏到这些部门和岗位就业的能力，而这种能力的培训需要一段较长的时间才能完成。因此，结构性失业的问题更严重一些。

3. 季节性失业

即由于某些部门的间歇性生产特征而造成的失业。比如旅游业、制糖业的淡季以及农闲季节就会造成不少从业人员失业。

4. 技术性失业

即由于技术进步或采用了节约劳动力的机器而引起的失业。例如计算机取代了打字机，原来的打字员不再需要了，因此造成了失业。

（二）需求不足型失业

如果一个经济的有效需求水平过低，不足以为每一个愿意按现行工资率就业的人提供就业机会，即失业人数超过了以现行工资率为基础的职位空缺，由此产生的失业便是需求不足型失业。它包括以下两种类型：

1. 周期性失业

周期性失业是由于总需求不足而引起的短期失业，它一般伴随经济周期的萧条阶段而出现。在经济复苏及繁荣阶段时，各厂商扩大生产，就业人数普遍增加；但到了衰退和谷底阶段时，各厂商纷纷压缩生产，大量雇员被裁减，失业大军形成。

2. 增长不足型失业

即由于需求的增长速度跟不上劳动力的增长速度和劳动生产率的提高速度而引起的失业。

此外，一些经济学家还提出了隐蔽性失业，这些失业者指表面上虽然有工作，但实际上对生产并没有作出贡献的劳动者。当经济中减少就业人员后而产量并没有下降时，就可以认为存在着隐蔽性失业。例如，若就业人数为100万，当减少12万就业人员后国民生产总值却并不见减少，这时便可以认为该经济中存在着12%的隐蔽性失业。这种失业带来的最大后果是劳动纪律涣散和工作效率低下。

趣味窗11—1　　恐怖的失业

据美国媒体报道，美联社调查显示，5个美国成年人中就有4人曾经经历过失业、近乎贫困或依赖福利救济为生的困境。

52岁的布坎南县居民艾琳·萨利尔斯说："我认为经济状况会更糟糕。"她三次离异，现在和男友一起经营一个水果摊，但收入微薄，主要靠政府残疾人补助金生活。

剑桥大学出版社的经济数据显示，76%的成年白人在60岁前曾经经历过失业，至少一年依靠政府救济或者收入低于贫困线150%。将黑人等其他种族人口统计在内，这一数字上升至79%。

超过1 900万白人处于一家四口2.3万美元的贫困线以下，占全国贫困人口的41%，几乎为黑人贫困人口的两倍。

近几十年来，贫困的危险逐渐增大。1969～1989年间，35～45岁的成人中，遭遇贫困的风险为17%；而在1989～2009年间，这一数字增加到了23%。

根据目前不断扩大的收入不平等的态势，到2030年，接近85%的工作年龄的美国人将经历失业、贫困等生活困境。"贫困不再是'他们'的问题，而是'我们'的问题。"华盛顿教授马克·兰克说。他表示，只有当贫困被认为是主流事件而非仅仅波及黑人和拉丁人口的边缘事件时，扶贫项目才能获得广泛支持。

（资料来源：新华网，http://news.xinhuanet.com/world/2013-07/30/c_116738218.html。）

三、充分就业

消灭了周期性失业时的就业状态就是充分就业。充分就业并不意味着100%的就业，即使提供足够的职位空缺，失业率也不可能等于零。因为诸如劳动力流动等原因造成的失业是无法避免的；此外，政府各种福利支出（失业补助、贫困补助等）的存在，也使得一些失业人员可以不去找工作。可见，即使一个国家的资源得到充分利用，实现了充分就业，也不等于没有失业。

充分就业与自然失业的存在并不矛盾。在实现了充分就业时的失业率，经济学家们把它叫做自然失业率（Natural Rate of Unemployment）。一个国家的失业率降到自然失业率的水平，就是实现了充分就业。凯恩斯认为，如果消除了“非自愿失业”，失业仅限于摩擦性失业和自愿失业的话，经济就实现了充分就业。

四、失业的影响

失业会直接造成劳动力资源的极大浪费。失业使劳动力资源闲置，而劳动力资源具有即时性，不能被利用的劳动力资源将消失，无法移至下期使用，本期可利用的劳动力闲置是这部分资源永久性浪费。

失业也会给失业者及其家人带来沉重的心理负担。美国公共健康的研究表明，失业会导致身体和心理健康的退化，会引起较多的心脏病、酗酒和自杀。

失业也会导致实际国民生产总值的减少，经济增长缓慢，政府税收减少，社会福利支出增加，财政负担加重。高失业率往往伴随着高犯罪率和各种社会骚乱。

知识窗 11—2　　奥肯定律(Okun's Law)

1962年美国著名经济学家阿瑟·奥肯(Arthur Okun)提出了一个引人注目的新发现，这一发现被称作“奥肯定律”。奥肯定律说明的是失业率与实际国民生产总值增长率之间的精确联系。

根据统计数据，奥肯发现，与既定的短期失业率增加相联系的是国民生产总值的减少，两者呈反方向的比例关系。这种变化关系表明：高增长率使失业率降低，低增长率则会提高失业率。

他据此进一步研究得出：一般而言，失业率与实际国民生产总值缺口之间的比率是1∶2.5。即失业率每增加1%，则实际国民生产总值会减少2.5%左右；反之，如果要使失业率降低1%，则国民生产总值就必须增长约2.5%。

经过许多国家的实践检验，奥肯定律都显示出了令人吃惊的正确性。

五、失业的治理

(一)摩擦性失业的治理

由于产生摩擦性失业的主要原因是劳动力市场不断变动和信息的不完备，因此可以通过缩短选择工作的时间来减少摩擦性失业。例如，可以通过增设职业介绍所、人才服务中心以及人才网站等方式广泛传播有关就业的信息，以减少摩擦性失业。

（二）结构性失业的治理

经济的发展必然引起经济结构的变化，而这又会导致结构性失业。因此，还必须辩证地看待结构性失业的治理。

理论上说，有两种方法可以减少结构性失业。其一是试图减缓甚至是阻止导致结构性失业的经济结构变化。但从长远来看，这一方式会阻碍经济的发展，是得不偿失的。其二是制定出使经济更适应经济结构变化的政策。由于结构性失业的主要原因是劳动者不能适应经济结构变化后的工作，故可通过教育培训以及帮助劳动者迁移等方式来降低结构性失业。我国目前就正面临着巨大的结构性失业压力。

对摩擦性失业和结构性失业的治理只能是降低其程度，而不可能完全消除。

（三）周期性失业的治理

周期性失业是由于“有效需求”不足而引起的。凯恩斯认为，只要国家积极干预经济，设法刺激“有效需求”，并以实现“充分就业”为目的，就能够实现充分就业。他提出了一些重要措施：其一，刺激私人投资，为个人消费的扩大创造条件；其二，促进国家投资，现在学者们一般认为，可以通过扩张性的财政政策或货币政策来刺激总需求，以消除由于总需求不足所造成的周期性失业。

第二节　通货膨胀

通货膨胀是宏观经济运行中常见的一种现象，它对人们日常的经济生活有着巨大影响。日常经济生活中，如果原来“一分钱，一分货”，现在变成了“一分钱，半分货”，那么就有可能发生通货膨胀了。

一、通货膨胀的含义

通货膨胀是指商品和劳务的价格水平在一定时期内普遍而持续上升的过程。大体上，经济学家们是以对整体经济活动的影响程度来界定是不是出现了通货膨胀。认定通货膨胀应当注意以下几个方面：

(1)单一或几种商品的涨价，不是通货膨胀。如果仅仅是一种或某一类商品价格上涨，而其他商品价格没有发生变化，这不属于通货膨胀，它对整体经济影响不大。当然，有时候单一商品价格的上涨也会引起其他商品价格普遍上扬，这就可能形成通货膨胀了。如在 1973 年及 1979 年两次石油危机时，石油价格的调升引起了世界性的通货膨胀。

(2)一时的上升，也不是通货膨胀。如果许多商品的价格都上涨了，但一时调升后，就停了下来，这也不算是通货膨胀。这种“涨一次即停”现象，对经济活动的冲击不大。

(3)涨幅不大，还不是通货膨胀。一般而言，如果商品的价格涨幅不大，还不能算是通货膨胀。在现代经济社会，物价具有“僵固性”，物价水平常有上扬的特性，多数情况下，物价只升不降。因此，幅度不大，也不能叫做通货膨胀。但是，如果许多商品的价格在某一段时间内，以相当的幅度，一轮轮地持续性上涨，则会对整个经济社会造成困扰，这就可能是通货膨胀了。但对于什么是“相当的幅度”并没有一个标准。对涨幅多少、持续多久才算是通货膨胀，学者们的意见不尽相同。

另外还需要注意，通货膨胀也是因时、因国而异的。通货膨胀常常是一个相对的观念。在不同的历史背景、不同的经济结构下，各国对通货膨胀的容忍程度不同。对于一些国家而言，如墨西哥，它的物价上涨率经常是 20%以上，有时甚至超过 100%，如果能把它降到 15%以下，物价或许就算是稳定了。而对于另外一些国家而言，譬如我国及欧美，近年来物价平稳，上涨率都在 5%以下，故对物价涨幅的要求也较严格。因此，关于物价上涨幅度多少才算通货膨胀，只能粗略地以“超过正常的上涨幅度”界定之。

二、通货膨胀的分类

根据不同的标准，通货膨胀主要有以下几种分类：

（一）根据价格上涨的幅度来划分

根据价格上涨的幅度来划分，有温和的通货膨胀、奔腾的通货膨胀和超级通货膨胀三种类型。温和的通货膨胀，年物价上涨率在 10%以内；奔腾的通货膨胀，年物价上涨率在 10%～100%之间；而超级通货膨胀的年物价上涨率要在 100%以上。

趣味窗 11－2　　民国时期的货币贬值

1936 年，国民政府宣布在全国实行法币政策，中央银行所发行的货币统称为法币（法定货币）。不过，自打问世起，法币就一路贬值。

1946 年，国共“内战”爆发，原本国民政府计划半年结束的战争，一直持续且节节败退。为了筹集资金打“内战”，国民政府不得不向中央银行借钱。中央银行没有钱，只好不断增发货币。这就导致当时的法币发行量剧增，从抗战胜利时的 5 万亿元快速上升至 1948 年 8 月的 604 万亿元，几乎涨了 120 倍，这就造成了恶性的通货膨胀。

1947 年 7 月 24 日美联社发了一条电讯：1937 年，法币 100 元还能买两头牛，一年后就只能买一头牛了，到 1941 年只能买一头猪，到 1943 年只能买一只鸡，1946 年只能买一个鸡蛋，到 1947 年连一盒火柴也买不到了，到 1948 年将会变成只有天知道还能买什么。

1948 年 8 月 19 日，国民政府规定自即日起以金圆券为本位币，发行总限额为 20 亿元，限 11 月 20 日前以法币 300 万元折合金圆券 1 元，限期收兑人民所有黄金、白银、银币及外国币券，限期登记管理本国人民存放国外的外汇资产。

金圆券发行时，国民政府强令兑换市场所有货币金银的期限是 9 月底，结果临近期限时改期至 10 月底，金圆券信誉迅速破产。

实际上 20 亿元的金圆券发行量，已经超过了当时市面上所有法币总额的 10 倍（金圆券兑换法币 1∶300 万，当时的法币总额是 663 兆元，相当于 2 亿元金圆券），加上限价令导致所有交易转入地下，市场混乱，而取消限价令之后，物价再度崩溃，至 1949 年 6 月，金圆券发行总额竟达 130 多万亿元，超过原定发行总限额 65 000 倍，甚至出现了 100 万元的面额，沦为笑柄。

1949 年，南京解放时，当时的国民党南京市市长邓杰卷带市财政金库的 3 亿元金圆券试图驾车逃跑，却被他的私人司机和卫兵痛打一顿，两条腿都被打断了，所携财款被一抢而空。

过后看来，这位邓市长的腿断得实在有点冤，仅在第二天，金圆券就贬至 150 万元兑 1 美元，邓市长卷带的公款仅值 200 美元。后来，“邓还是被指控犯有企图携市政府雇员工资拨款外逃罪”而“被投进了共产党的监狱”。

（资料来源：大众网，http://jining.dzwww.com/sdxw/qiuzhi/201605/t20160526_14354612.html。）

（二）根据不同商品的价格变动来划分

根据不同商品的价格变动来划分，有平衡的通货膨胀和不平衡的通货膨胀。所有的商品价格按同样的比例上升，是平衡的通货膨胀；而不同商品种类的价格上涨幅度不一样，是不平衡的通货膨胀。

（三）根据人们对价格变动的预料程度来划分

根据人们对价格变动的预料程度来划分，有未预料到的通货膨胀和预料到的通货膨胀。未预料到的通货膨胀往往由某些突然的原因所引起，人们对价格上涨的幅度不能预知或不完全预知；预料到的通货膨胀是由于已知的原因所引起，并且通货膨胀的幅度为人们所预知。

（四）根据通货膨胀的原因来划分

根据通货膨胀的原因来划分，有需求拉动型通货膨胀、成本推动型通货膨胀、结构型通货膨胀和惯性通货膨胀等。

三、通货膨胀的原因

通货膨胀的基本原因是由于货币供给量过多导致货币贬值而引起的。历史上的每一次通货膨胀常常是伴随着货币供给量的增加而发生的，当货币供给量明显增加，并且其增加速度超过产量的增加速度时，通货膨胀就发生了。

综合理论界的观点，通货膨胀通常有如下原因：

（一）需求拉动型通货膨胀

需求拉动型通货膨胀又称超额需求通货膨胀，指总需求超过总供给所引起的一般价格水平的持续且显著的上涨。该理论是由凯恩斯首先提出来的，它是产生最早、流传最广、影响最大的一种通货膨胀理论。该理论把通货膨胀解释为“过多的货币追求过少的商品”。社会总需求大于总供给，较多的货币追逐相对少量的商品，必然引起物价上涨，引起通货膨胀。

社会总需求是由国民收入分配和再分配形成的。总需求大于总供给是国民收入超分配的结果。所谓国民收入超分配，是指国民收入分配额超过国民收入生产额。国民收入分配包括企业初次分配、财政再分配和信用再分配三个主要环节。

企业初次分配，应在取得的销货收入范围内进行分配，一般不会产生超分配问题。财政支出大于财政收入，发生财政赤字，就是财政超分配。财政超分配并不必然导致国民收入超分配，只有当发生财政赤字后政府迫使银行增加货币供应，用以弥补财政赤字，才发生国民收入超分配。银行信用分配是指在企业初次分配和财政再分配的基础上进行的分配，它是调节和控制社会总需求的最后闸门。如果银行信用调控不当，使社会信用总规模超过经济发展所决定的信用需求量，就会发生信用超分配，最终导致国民收入超分配。

尽管世界各国引起国民收入超分配的原因不完全相同，但只要国民收入超分配，都必然引起总需求大于总供给，导致通货膨胀。

为了更形象地了解需求拉动通货膨胀理论，我们来看图 11－1。图中，横轴 Y 代表总产量（国民收入），纵轴 P 代表一般价格水平。AD 表示总需求曲线，AS 表示总供给曲线。产量从零增加到 Y_1，价格水平一直稳定在 P_1，没有出现通货膨胀。但当总产量在 Y_2 时，遇到了生产中的"瓶颈"现象（即由于劳动力、原料、生产设备等不足而使成本提高，从而引起价格水平的上涨），物价水平上升为 P_2。当产量达到最大，即为充分就业时的产量 Y_3 时，整个社会的经济资源全部得到利用，此时的价格水平为 P_3。在 Y_3 以后，若总需求继续增加，总供给将不再增加，这时总需求的增加只会引起价格水平的上涨。这就是需求拉动型通货膨胀。

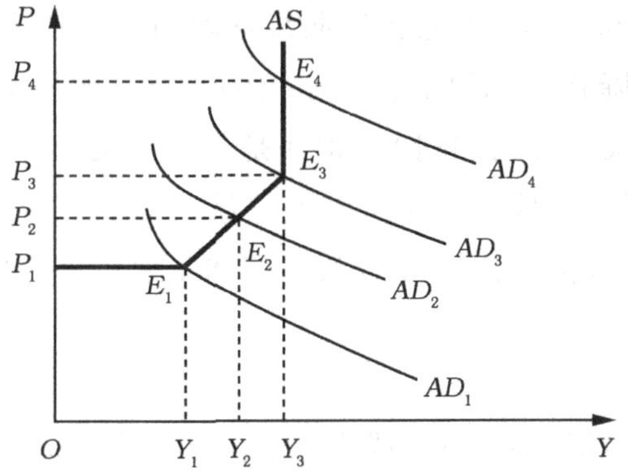

图 11—1 需求拉动型通货膨胀

（二）成本推动型通货膨胀

成本推动型通货膨胀是指价格水平是由生产成本提高而推动的。它又可分为三种：

1. 工资成本推动的通货膨胀

该理论认为，强有力的工会组织对雇主提出过分增加工资的要求，使工资的增长率大于劳动生产率的增长率。由于工资提高，便引起了生产成本的增加，从而导致物价的上涨；而一旦物价上涨后，工人又会进一步要求提高工资，从而再度引起物价的进一步上涨。

2. 利润推动的通货膨胀

这种理论认为，垄断企业为了追求更大的利润，通过"操纵价格"使产品价格上升的幅度大于成本增加的幅度，形成通货膨胀。这种通货膨胀的根源在于商品市场的不完全竞争。

3. 进口型通货膨胀与出口型通货膨胀

一国经济中一些重要的进口物品价格的上升，会引起用这些进口物品作为原料的本国产品生产成本的上升，从而导致物价水平的上升，这就是进口型通货膨胀。这种通货膨胀极容易变为滞胀。如果出口迅速扩张，以致出口生产部门的边际生产成本上升，国内市场的产品供给不足，也会导致国内物价水平上升，这种情况就是出口型通货膨胀。

成本推动型通货膨胀的模型如图 11—2 所示。

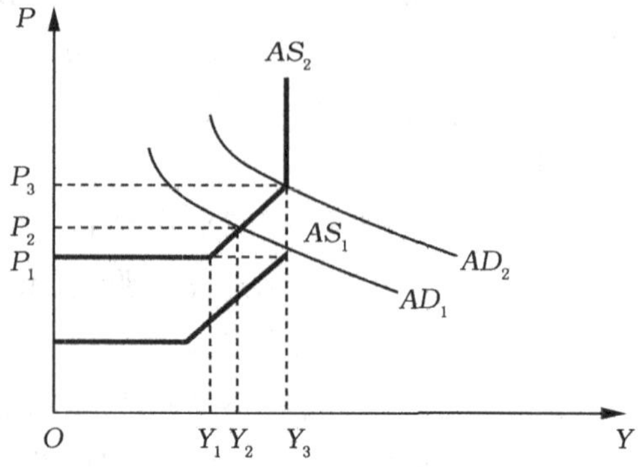

图 11—2 成本推动型通货膨胀

在图11—2中，最初的总供给曲线 AS_1 和总需求曲线 AD_1 在潜在产出 Y_3 处达到均衡。假定由于工资推动或利润推动的作用使总供给曲线移动到 AS_2 的位置，此时，如要使价格稳定在 P_1，则总产量水平会下降到 Y_1，造成失业。由于在原价格水平 P_1 存在过度需求（Y_3-Y_1），于是价格水平上升到 P_2，总产量增加到 Y_2，但还是未达到充分就业，所以政府会采取宽松的财政政策和货币政策，使总需求曲线移动到 AD_2 位置，于是经济恢复到充分就业，但新的均衡价格是 P_3。然后工会和厂商因价格提高，实际工资和实际利润下降，再一次要求提高收入，那么以上过程将重复。

（三）混合型通货膨胀

许多经济学家认为，单纯用需求推动或成本推动都不足以说明一般价格水平的持续上涨，多数通货膨胀的发生实际上总是包含了需求和供给两方面的因素。

(1)如果通货膨胀是从总需求方面开始的，这时过度需求会引起物价水平上升，形成通货膨胀。但在过程中，物价水平的上升又会引起货币工资增加。因此，在需求拉动型通货膨胀中不能排除成本推动的作用。

(2)如果通货膨胀是从总供给方面开始的，即货币工资的增加使成本增加，从而引起物价水平上升，那么，除非在这一过程中有总需求的相应增加，否则通货膨胀也不会持续下去。

（四）结构型通货膨胀

由于经济结构因素的变动所引起的通货膨胀称为结构型通货膨胀。这种理论从各生产部门之间劳动生产率的差异、劳动力市场的结构特征以及各生产部门之间收入水平的赶超速度等角度，分析了由于经济结构特点而引起的通货膨胀。它认为，社会经济结构中，一些部门生产率提高的速度快，而另外一些则慢；一些部门正迅速发展，而另外一些则在衰落；一些部门同世界联系密切，而另外一些则相反。虽然名义工资的增长速度往往是由劳动生产率较高的部门来决定的，但由于工资能上不能下的刚性，劳动生产率较低部门的工人却会由于攀比行为而向高工资看齐，从而使得整个社会的工资增长率超过了劳动生产率提高的程度以及经济增长的程度，从而导致了通货膨胀。

（五）惯性通货膨胀

惯性通货膨胀，指无论何种原因引起了通货膨胀，即使当初引起通货膨胀的原因消失后，通货膨胀也常常会由于其本身的惯性而持续下去。

造成这种惯性的是政府的财政与货币政策以及人们在决定工资与价格时的相互参照的心理。政府要在财政与货币政策中考虑此前的价格上涨因素；而工人和企业在决定自己的工资和价格时也会参照已经上升的工资和价格。这样，通货膨胀就会由于这种惯性而持续下去。只有在经济严重衰退时，通货膨胀才可能由于工资与物价的被迫下降而终止。

以上介绍了几种主要的通货膨胀类型，它们分别从不同角度揭示了通货膨胀的形成机理，都具有一定程度的合理性。一国经济发展中出现的通货膨胀，其原因通常是相当复杂的，很难通过一种理论就能找出通货膨胀的原因。因此，要联系具体的经济因素、政策因素、社会因素等深入分析，才能真正找到症结，有效治理。

知识窗 11－3　　休克疗法整垮俄罗斯

休克疗法是激进式的反经济危机措施，得名自医学上临床使用的一种治疗方法。美国哈佛大学经济学教授杰佛瑞·萨克斯将它应用于经济学领域，适用于严重通货膨胀的地区。此种经济药方的基本用意在于：采取严格从紧的金融货币政策，辅以压缩消费的手段，强行弥合总供给与总需求之间的缺口，达到短时间内遏制通货膨胀的目的。

1991 年底，苏联解体，俄罗斯联邦独立，继承了原苏联的大部分家底。丰厚的遗产令叶利钦喜上眉梢，可穷家难当，一大堆半死不活的企业，外加 1 万亿卢布内债和 1 200 亿美元外债，也让新总统坐卧不安。此时，年仅 35 岁的盖达尔投其所好，在萨克斯点拨下，炮制了一套激进的经济改革方案，叶利钦"慧眼识珠"，破格将盖达尔提拔为政府总理。

1992 年初，一场以休克疗法为模式的改革，在俄罗斯联邦全面铺开。休克疗法的重头戏，也是第一步棋，是放开物价。俄罗斯政府规定，放开 90％的消费品价格和 80％的生产资料价格，与此同时，取消对收入增长的限制。物价放开的头三个月，似乎收效明显，购物长队不见了，货架上的商品琳琅满目，习惯了凭票供应排长队的俄罗斯人，仿佛看到了改革带来的实惠。可没过多久，物价扶摇直上，到了 4 月份，消费品价格比 1991 年 12 月上涨 65 倍。政府的如意算盘落了空，市场秩序乱成一锅粥。

休克疗法的第二步棋，财政、货币"双紧"政策与物价改革几乎同步出台。财政紧缩主要是开源节流、增收节支。紧缩的货币政策包括提高央行贷款利率、建立存款准备金制、实行贷款限额管理，以此控制货币流量，从源头上抑制通货膨胀。可是，这一次政府再次失算，由于税负过重，企业生产进一步萎缩，失业人数激增，政府不得不加大救济补贴和直接投资，财政赤字不降反升。

休克疗法的第三步棋是大规模推行私有化。为了加快私有化进程，政府最初采取的办法是无偿赠送，以前财产是大家的，现在分到个人， 也要人人有份。于是，每个俄罗斯人领到一张1万卢布的私有化证券，可以凭证自由购股。可是时过境迁，此时的1万卢布只够买一双高档皮鞋。因此，这个措施使大批国有企业落入特权阶层手中，他们最关心的不是企业的长远发展，而是尽快转手盈利，职工既领不到股息，又无权参与决策，于是生产经营无人过问，企业效益每况愈下。

休克疗法的失败使俄罗斯GDP几乎减少了一半，GDP总量只有美国的1/10。俄罗斯科技开发支出全面减少，投资不足，对创新重视不够，使得俄罗斯在国际市场上具有价格和质量竞争力的产品越来越少。居民生活水平更是一落千丈，到2000年底俄罗斯人的货币收入总量不足美国人的10%，健康状况和平均寿命也在恶化。

（资料来源：百度百科，http://baike.baidu.com/。）

四、通货膨胀的效应

（一）通货膨胀的产出效应

（1）促进论。许多经济学家坚持温和的通货膨胀对经济增长具有一定的刺激作用。他们认为，温和的需求拉动型通货膨胀的出现促进企业增加投资和储蓄，扩大产出；而工人则增加劳动力供给和消费支出。这对产出和就业将有扩大的效应，有助于经济的发展。

（2）促退论。非爬行式的通货膨胀则不利于经济增长。它扭曲国民经济价格机制，造成效率损失，打乱产业结构合理分布秩序；通胀的持续发展将使社会实际投资减少，也引起产出和就业的下降。

（二）通货膨胀的分配效应

（1）有利于利润收入者，不利于工资收入者。对利润收入者来说，具有垄断地位的厂商通过通货膨胀获得更大的好处；而对于工资收入者来说，其工资的实际购买力却在下降。另外，领取救济金、退休金或依靠转移支付和福利支出的固定收入者的实际收入也在下降。

（2）有利于债务人，不利于债权人。通货膨胀常使得债务人还款时的资金已经贬值了。

（3）有利于政府，不利于公众。因为一方面，政府常常负债累累，大量的债券掌握在居民手里，等到债券兑换时，货币已贬值；而另一方面，所得税一般是累进制的，在通货膨胀时，人们要多交税。

另外，通货膨胀还会导致可变价值的财产增值，而不变价值的财产贬值。如发生通货膨胀时，房地产价格上扬，因此，拥有房地产的人财富会跟着增值，但是没有房地产的人则将更加买不起房。

知识窗11－4　　中国经济转型时期的通货膨胀

1. 资料与数据

1980～1999年我国零售物价指数（RPI）增长率见图11－3。

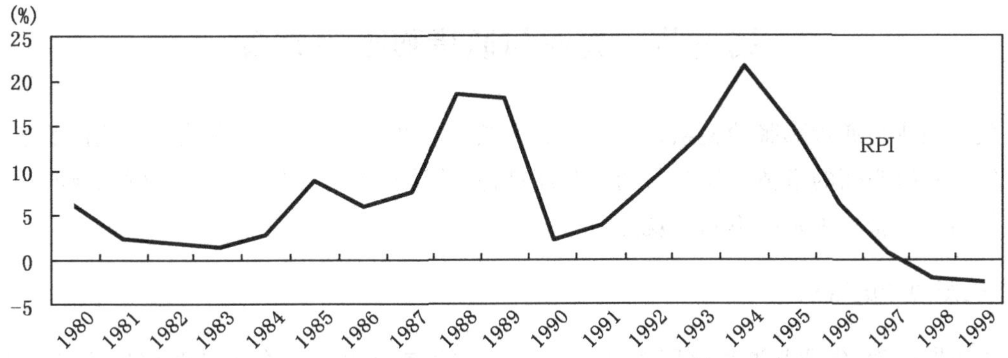

图 11—3　中国历年来通胀率

2. 我国 4 次通货膨胀高峰及其原因

(1)1980 年的通货膨胀高峰(6%)

第一,高额的财政赤字。不包括国债在内的财政赤字 1979 年为 170.6 亿元,1980 年为 127.5 亿元。

第二,高额的财政赤字导致货币超额投放。货币流通增长率 1979 年为 20.8%,1980 年为 22.6%。

(2)1985 年的通货膨胀高峰(8.8%)

第一,信贷规模的膨胀。国家银行贷款余额增长率 1984 年为 32.8%,1985 年为 23.9%。

第二,信贷规模的膨胀导致货币超额投放。货币流通增长率 1984 年为 33.1%,1985 年为 19.8%。

(3)1988 年的通货膨胀高峰(18.5%)

第一,政策调控导致货币超额投放。为了治理通货膨胀,1985 年国家采取了较为激烈的紧缩政策,导致连续三年的经济疲软。为了启动经济,1988 年货币流通量增长了 31.8%。

第二,通货膨胀预期导致消费者抢购,使消费需求膨胀,引起了较高的通货膨胀。

(4)1994 年的通货膨胀高峰(21.7%)

第一,政策调控导致货币超额投放。为了治理通货膨胀,1988 年底和 1989 年初国家再次采取较为激烈的紧缩政策,并又一次导致连续三年的经济疲软。为了启动经济,1992 年货币流通量增长了 43.2%。

第二,投资的高速增长导致货币超额投放。1992 年以后,我国经济进入新一轮的高速成长期,社会投资增长率 1992 年为 8.3%,1993 年为 12.1%。

(资料来源:《中国统计年鉴》。)

第三节 失业与通货膨胀的关系

关于失业与通货膨胀的关系，长期以来，尤其在1929～1933年世界性经济危机发生后，一直是各国政府头痛的事情。失业与通货膨胀就像“跷跷板”，一端抚平，一端又起。经济学界对失业与通货膨胀的关系有不同的观点。

一、凯恩斯的观点

凯恩斯认为，失业与通货膨胀两者是不会并存的，在未达到充分就业时增加总需求并不会引起通货膨胀，只有在充分就业后再增加总需求才会引起通货膨胀。其理由为，在未实现充分就业时，即资源闲置的情况下，总需求的增加只会使国民收入增加，而不会引起价格水平上升；而在充分就业时，即资源得到充分利用后，总需求的增加无法使国民收入增加，只会引起价格上升。该观点和凯恩斯提出的需求拉动通货膨胀理论是一脉相承的。

凯恩斯对失业与通货膨胀关系的论述，有其适用的时代背景，它适用于20世纪30年代大萧条时的情况，并不符合第二次世界大战后各国的实际情况。

二、菲利普斯曲线

伦敦经济学院教授菲利普斯于1958年在英国《经济学报》发表了《1861～1957年英国失业和货币工资变动率之间的关系》一文。在该文中，菲利普斯根据英国1861～1957年的统计资料，利用数理统计方法计算出一条描述失业率与货币工资增长率之间关系的曲线，反映了失业率与通货膨胀率、货币工资增长率之间的交替关系，该曲线被西方经济学家称为菲利普斯曲线。如图11－4所示，横轴代表失业率(U_t)，纵轴代表通货膨胀率$\left(\frac{\Delta P}{P}\right)$或者货币工资增长率$\left(\frac{\Delta W}{W}\right)$，则菲利普斯曲线$PC$表现为一条向右下方倾斜的曲线。

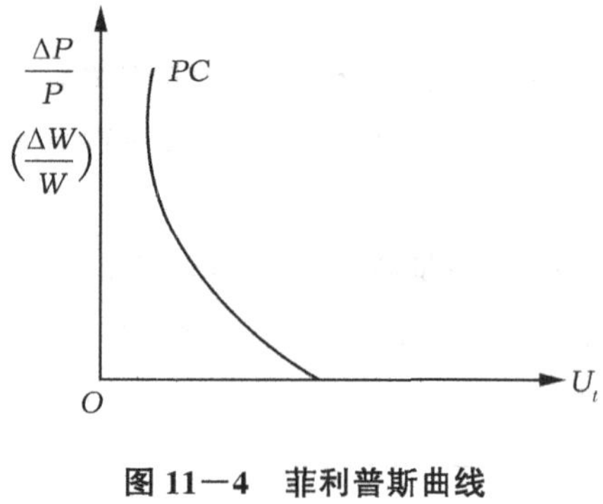

图11－4 菲利普斯曲线

从该曲线可以看出，失业率与通货膨胀率呈一种明显的负相关关系，即通货膨胀率高则失业率低，通货膨胀率低则失业率高。可见，与凯恩斯观点相反，菲利普斯曲线表明失业和通货膨胀可以并存，两者“跷跷板”关系是与生俱来的，是无法克服的。

菲利普斯曲线也是有时代背景的，它所反映的失业与通货膨胀之间的交替关系基本符合20世纪50～60年代西方国家的实际情况；但70年代末期后，由于滞胀的出现，失业与通货膨胀之间的这种交替关系发生了变化。

菲利普斯曲线主要具备四层含义：

第一，通货膨胀是由于工资成本推动所引起的，这就是成本推动通货膨胀理论。正是根据这一理论把货币工资增长率与通货膨胀率联系了起来。

第二，承认了通货膨胀与失业的交替关系。这就否定了凯恩斯关于失业与通货膨胀不会并存的观点。

第三，当失业率为自然失业率时，通货膨胀率为零。因此，也可以把自然失业率定义为通货膨胀率为零时的失业率。

第四，为政策选择提供了理论依据。既可以运用扩张性宏观经济政策，以较高的通货膨胀率来换取较低的失业率；也可以运用紧缩性宏观经济政策，以较高的失业率来换取较低的通货膨胀率。这也是菲利普斯曲线的政策含义。

如图11－5所示，若政府认为失业率或通货膨胀率超过4%社会就无法承受，即两者只能被控制在区域b内。若通货膨胀率达到6%，位于a点，政府可通过紧缩性的宏观经济政策使失业率增加，从而使失业率和通货膨胀率都控制在区域b内；反之，失业率过高，政府可采用扩张性的宏观经济政策使通货膨胀率提高，以换取较低失业率，使两者处于区域b内。

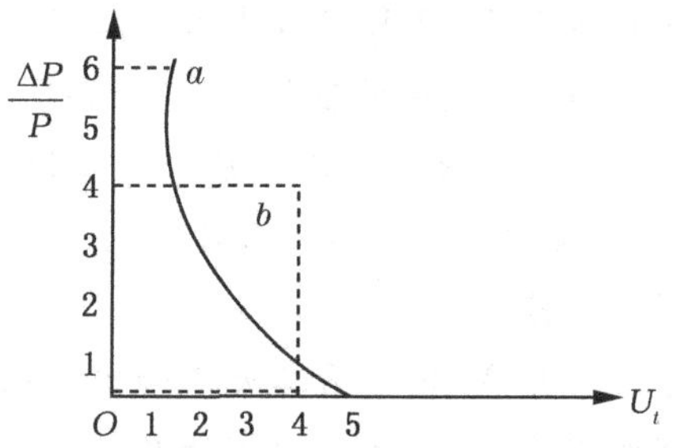

图11－5　菲利普斯曲线

三、长期菲利普斯曲线

菲利普斯曲线所揭示的现象已经在一些国家得到证实，但自20世纪70年代以来，菲利普斯曲线所描述的失业率和通货膨胀率的交替关系发生了新的变化，即该曲线向右上方移动了，表现为只有用比过去更高的通货膨胀率为代价，才能把失业率降到一定的水平。

货币主义认为，在工资谈判中，工人们关心的是实际工资而非货币工资。当货币膨胀率不太高，工人还未形成新的通货膨胀预期时，失业与通货膨胀之间存在的替代关系就被称为短期的菲利普斯曲线。随着时间的推移，工人们发现他们的实际工资随物价的上涨而下降，就会要求雇主相应地增加货币工资，以补偿通货膨胀给自己造成的损失。由于工人不断形成新的通货膨胀预期，使换取一定失业率的通货膨胀率越来越高，这样，菲利普斯曲线不断向右上方移动，最终演变成一条垂线，这就是长期的菲利普斯曲线（见图11－6）。长期的菲利普斯曲线表明失业率与通货膨胀率之间不存在交替关系。

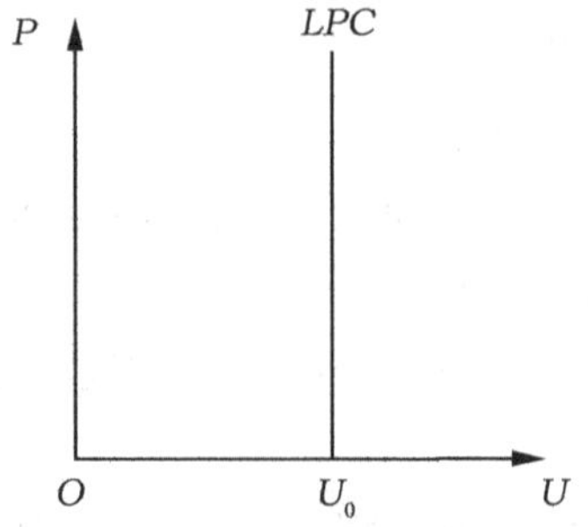

图 11－6 长期的菲利普斯曲线

图 11－6 中，U 代表失业率，P 代表通货膨胀率。LPC 为长期的菲利普斯曲线，它是一条从自然失业率(U_0)出发的垂线，说明长期中失业率是自然失业率，失业率与通货膨胀率之间不存在交替关系。

知识窗 11－5　三次石油危机

第一次危机(1973 年)：1973 年 10 月第四次中东战争爆发，为打击以色列及其支持者，石油输出国组织的阿拉伯成员国当年 12 月宣布收回石油标价权，并将其原油价格从每桶 3.011 美元提高到每桶 10.651 美元，使油价猛然上涨了两倍多，从而触发了第二次世界大战之后最严重的全球经济危机。持续 3 年的石油危机对发达国家的经济造成了严重的冲击。在这场危机中，美国的工业生产下降了 14%，日本的工业生产下降了 20%以上，所有工业化国家的经济增长都明显放慢。

第二次危机(1978 年)：1978 年底，世界第二大石油出口国伊朗的政局发生剧烈变化，伊朗亲美的温和派国王巴列维下台，引发第二次石油危机。此时又爆发了两伊战争，全球石油产量受到影响，从每天 580 万桶骤降到 100 万桶以下。随着产量的剧减，油价在 1979 年开始暴涨，从每桶 13 美元猛增至 1980 年的 34 美元。这种状态持续了半年多，此次危机成为 20 世纪 70 年代末西方经济全面衰退的一个主要原因。

第三次危机(1990 年)：1990 年 8 月初伊拉克攻占科威特以后，伊拉克遭受国际经济制裁，使得伊拉克的原油供应中断，国际油价因而急升至每桶 42 美元的高点。美国、英国经济加速陷入衰退，全球 GDP 增长率在 1991 年跌破 2%。国际能源机构启动了紧急计划，每天将 250 万桶的储备原油投放市场，以沙特阿拉伯为首的欧佩克也迅速增加产量，很快稳定了世界石油价格。

此外，2003 年国际油价也曾暴涨过，原因是以色列与巴勒斯坦发生暴力冲突，中东局势紧张，造成油价暴涨。几次石油危机对全球经济造成了严重冲击。

【关键术语】

失业　自然失业　周期性失业　隐蔽性失业　充分就业　通货膨胀　需求拉动型通货膨胀　成本推动型通货膨胀　混合型通货膨胀　结构型通货膨胀　惯性通货膨胀　菲利普斯曲线

【课堂讨论】

一个小女孩瑟瑟发抖地问她的妈妈:“妈妈,天气这么冷,咱们为什么不生起火炉呢?”

妈妈叹了口气说:“因为我们家里没有煤。你爸爸失业了,我们家没有钱买煤。”

小女孩又问:“那爸爸为什么会失业呢?”

妈妈无奈地说:“因为煤太多了。”

试结合本章和前一章所学内容,分析这种现象出现的原因。

【复习自测】

1. 什么是失业?失业有哪些类型?
2. 什么是通货膨胀?简述通货膨胀的类型。
3. 简述关于通货膨胀成因的几种理论观点。
4. 什么是菲利普斯曲线?

第十二章　宏观经济政策

【学习目标】

1. 了解宏观经济政策的发展与变化；
2. 理解宏观经济的政策目标；
3. 理解并掌握财政政策、货币政策的内容及其在不同时期的运用。

【重点】

财政政策、货币政策、财政政策与货币政策的相机抉择

【难点】

财政政策、货币政策

导入案例

格林斯潘的巨大威力——货币政策

格林斯潘是谁？他是美联储的前任“掌门人”。1987 年由美国时任总统里根任命的艾伦·格林斯潘执掌美联储，一直到 2005 年本·伯南克接替格林斯潘，出任下任美联储主席。格林斯潘为白宫工作 18 年，历经里根、布什、克林顿、小布什四位总统任期，成为美国史上任期时间最长的美联储主席。

对中央银行的掌门人，美国金融界评论：“格林斯潘一开口，全球投资人都要竖起耳朵”，“格林斯潘打个喷嚏，全球投资人都要伤风”。“笨蛋！谁当总统都无所谓，只要让艾伦当美联储主席就成。”——这是 1996 年美国大选前夕《财富》杂志放在封面上的一句口号。

美国的中央银行是联邦储备委员会，简称“美联储”。从 1913 年起至今，美联储一直控制着美国的通货与信贷，起着“最后的借款人”的作用，并运用公开市场业务、银行借款贴现率和

金融机构法定准备金比率三大杠杆调节经济，旨在为美国“提供一个更安全、更稳定、适应能力更强的货币金融体系”。格林斯潘之所以“打个喷嚏，全球投资人都要伤风”，原因在于他是美国中央银行的掌门人，手握重要法宝——货币政策。

货币政策指的是中央银行为实现既定的经济目标，运用各种工具调节货币供给和利率，进而影响宏观经济的方针和措施的总和。通过中央银行调节货币供应量，影响利率及经济中的信贷供应程度来间接影响总需求，以实现总需求与总供给趋于理想的均衡。

（资料来源：陈涛涛：《每天三分钟读懂经济学》，中国法制出版社 2015 年版。）

西方经济学者认为，经济政策是一国政府对经济进行总量调控、为实现一定目标而制定的解决经济问题的原则或措施。经济政策与经济目标紧密地联系在一起。政策为实现既定的经济目标服务，实现的目标不同，采用的经济政策也就不同。

第一节 宏观财政政策

按照西方经济学的解释，宏观经济政策有四大目标，即实现充分就业、物价稳定、经济增长和国际收支平衡。

充分就业是指维持自然失业率情况下的就业状况。

物价稳定是指保持一般价格水平的稳定或物价总水平的稳定。

经济增长是指在一定时期内经济社会的人均产量和人均收入的持续增长。

国际收支平衡是指国际收支既无赤字又无盈余的状态。

宏观经济的四大目标在总体上是一致的，是经济持续稳定增长所必需，但四大目标之间不完全统一，政府并不总能同时实现以上所有的目标，在这种矛盾的情况下，政府要么在一定阶段内确定重点目标，要么在多目标中进行协调。其次，政府在制定目标时，还要考虑国内外各种政治经济因素，考虑政策本身的协调和对时机的把握程度。这些都会影响政策的有效性，即关系到政府经济目标实现的可能性和实现的程度。

在政策目标确定后，采用什么手段达到目的是一个重要的政策问题。一般来说，常用的政策工具有需求管理、供给管理和对外经济管理。本章主要介绍需求管理。需求管理就是在总供给既定的前提下，政府通过调节总需求实现整体经济的稳定，它主要包括财政政策和货币政策。

一、财政政策的内容

任何一个国家都会有一定的公共开支，如基础设施、文教科卫、政法国防、环境保护等，相应地，政府就会筹措一笔收入来应付这些开支。正如一个家庭的收支安排需要理财人精打细算一样，国家的收入和花费也必须经过严密的计划，以尽可能满足公共需要和维持经济稳定，而这一经济活动的担当者便是政府预算。预算实际上是一张收支表，它表明的是一年中政府各项计划的预计支出与可望从税收中取得的收入。收大于支是预算盈余，收小于支是预算赤字；而当税款收入与政府开支大体相等，那么，我们便说它达到了预算平衡。

财政政策是指政府为了实现宏观经济政策目标而对政府支出和收入水平所进行的决策。财政收入主要是税收，财政支出主要是政府购买和政府转移支付。

（一）税收

税收是政府收入中最主要的部分，它是国家为了实现其职能按照法律预先规定的标准，强制地、无偿地取得财政收入的一种手段。因此，税收具有强制性、无偿性和固定性三个基本特征。正因为如此，税收可作为实行财政政策的有力手段之一。根据不同的角度，税收可分为多种类型。

(1)依据税收对象的不同，税收可分为所得税、财产税和货物税等。所得税是对个人收入和公司利润征收的税种，在税收中占有较大比重。财产税是对不动产、房地产即土地和土地上的建筑物等所征收的税。货物税是对生产流通和消费等各个环节的货物征税。

(2)依据纳税方式的不同，税收包括直接税和间接税。直接税是指由纳税人直接负担的税收，如所得税、社会保险税、遗产税和赠与税等。间接税是指对商品和服务征收的、可由纳税人将税收负担转嫁出去的税，如货物税、销售税、消费税、进口税等。

(3)依据税率变动的不同，税收可分为累进税和比例税。累进税是指随着财产或收入的增加，边际税率累进提高的税，如所得税。比例税是指按固定不变的税率征税，如营业税、财产税等。

除税收外，资本主义国家的财政收入还包括公债。公债可由中央政府发行，也可由地方政府发行。政府通过发行公债(短期、中期、长期债券)取得货币资金，这一方面可弥补财政收入的不足，另一方面又可调节货币流通量。居民购买债券，一般都免税。

（二）政府购买

政府购买主要包括两个方面：

(1)政府公共工程的支出，如政府对社会需要而私人经济主体无力承建或私人不愿承建的公共设施和公共建筑、桥梁、高速公路、机场、港口、公园、学校和水利等的投资。

(2)政府管理各种社会事业的支出，包括政府因对国家安全、政府行政、科学研究、教育、文化、环境保护、卫生等管理的需求而购买商品和劳务的支出，以及向公务人员支付的薪金等。

政府购买是总支出的一部分，对总支出水平有直接影响，是决定国民收入水平的重要因素，因而是政府最常用的财政政策工具。

（三）政府转移支付

政府转移支付是指政府不以取得商品和劳务为目的的支付，如政府的社会保障与社会救济支出、政府公债的利息支出以及对农业的补贴等。这类支出不是对物品或劳务的直接购买，而是对收入的再分配，是通过政府将一部分人的收入转给另一部分人，它体现了政府在促进社会公平方面的作用。转移支付对总需求有间接影响，影响程度不如政府购买强烈。

二、财政政策的运用

政府的财政收支及其变动会直接或间接地影响宏观经济的运行。第二次世界大战后，西方发达国家虽然仍有周期性经济波动，但同 20 世纪 30 年代大危机相比，波动幅度大为减小，衰退时间也大为缩短。究其原因是多方面的，但其中有两种力量起到了重要的作用，分别为自动调节和主动调节。

（一）自动调节

自动调节作用也称自动稳定器，是指财政制度本身有着自动抵消经济波动、维持经济稳定发展的作用。主要通过税收和政府转移支付来实现。

1. 税收的自动变化

税收，尤其是累进所得税是最重要的一个自动稳定器。当经济繁荣时，失业率下降，税收会随着人们收入增加而自动增加，人们税后的可支配收入上升幅度就小于收入增加的幅度，从而使消费需求增长自动得到抑制。显然，税率越高，税收的自动调节作用越显著，如实行累进所得税，自动调节的作用将更大。当经济萧条时，国民产出水平下降，个人收入减少，税收将自动减少，这使得人们可支配收入下降幅度小于收入下降的幅度，从而消费支出下降幅度也会小一些。可见，税收可使总需求波动自动得到某种程度的控制。

西方经济学家认为，税收因素对经济的自动稳定作用，取决于税收的起征水平、税率大小及累进程度的高低。显而易见，税收的起征水平、税率、累进程度越高，对经济的自动稳定作用也越大。

2. 政府转移支付的自动变化

当经济繁荣时，失业人数减少，失业救济金和其他福利费支出自然减少，因而抑制了可支配收入和消费的增长。当经济出现衰退和萧条时，劳动者失业增加，有条件领取失业救济金和其他福利费的人数增加，这就抑制了人们可支配收入的下降，从而消费需求的下降幅度也会小一些。

只要政府支出和收入这些制度存在，各种自动稳定器就会起作用。而且财政制度中稳定因素越多，稳定制度规定越健全，自动调节作用就越大。

因为政府转移支付乘数和税收乘数所产生的效果都比一般自发性支出（如政府购买支出、投资支出等）所能产生的效果要小，所以这种自动调节作用只能减轻与缓和经济波动，不能消除波动。尤其是对于剧烈的经济波动，自动稳定器更难以扭转。因此，财政政策的自动稳定器只是经济社会的第一道防线，它们的作用是有限的。为了使经济社会实现稳定增长，使失业人口减少，使通货膨胀水平降低，政府必须对社会经济进行强有力的干预，根据具体情况，斟酌地使用财政政策。

3. 农产品价格的变化

政府通常对农产品实行制度性的价格调控。当总需求过大、国民收入增加时，社会对农产品的需求增加，农产品价格上升，政府依据农产品价格维持制度，减少对农产品收购并抛售库存农产品，以抑制农产品价格上涨。这样会有助于抑制农民收入过快上涨，并在一定程度上抑制总需求。反之，当总需求过小时，农产品价格下降，政府按支持价格或保护价格收购农产品，即增加财政支出，以保护农民利益和保障农民收入，这样会在一定程度上支持总需求，对经济起稳定作用。

自动稳定器的作用毕竟有限，当经济波动较大、经济失衡现象严重时，要采取更加有力的宏观调节政策。

(二)主动调节

政府需要采用更积极的财政政策来主动应对经济的波动。当经济处于萧条、失业增加时,应采用扩张性财政政策;当经济过热时,应采用紧缩性财政政策。这种交替使用的扩张性财政政策和紧缩性财政政策,称为补偿性财政政策。究竟何时采取扩张性财政政策、何时采取紧缩性财政政策,应该由政府权衡经济发展形势而作出判断和选择,即要"逆经济风向行事"。财政政策不应长期不变,而应灵活运用,并要与货币政策相配合。

1. 扩张性财政政策

西方经济学家认为,当失业率连续3个月超过一定界限或国民生产总值持续几个月下降时,就应使用扩张性财政政策。其主要手段有:

第一,增加政府购买。为了避免经济持续地萧条和衰退,政府应扩大对商品和劳务的需求。最初,政府购买的增加主要是兴建公共工程、修筑公路。政府就业计划是近几年出现的一种稳定经济的政策工具。政府就业计划一般由地方政府发起,雇用失业工人的期限较短,一般为一年左右,能对经济产生较快影响。由于政府就业计划不能使失业者获得稳固的工作机会,因而批评者认为,它对经济稳定的作用较弱,该政策工具的作用十分有限。

第二,增加政府的转移支付。在政府的转移支付项目中,有些可以起到稳定经济的作用。萧条时期,政府可以酌情制订各种转移支付的计划,如延长失业工人救济金的期限、增大其他福利开支等。但这些计划实施应慎重,因为转移支付易上难下。

第三,降低税率。适当降低税率,有利于经济的复苏。税率的降低会增加个人可支配的收入,因而能对消费起一定的刺激作用。在实际生活中,降低税率要经过长期辩论,所以在实行中常会遇到阻力。

以上是扩张性财政政策的几种手段。当政府实行扩张性财政政策时,会造成年度财政收支的不平衡。但凯恩斯主义认为,坚持年度财政收支的平衡有害无益。因为在衰退时宜用扩张性的政策,年度预算中会出现赤字,如果坚持年度预算平衡,弥补赤字,势必要增加税收、减少支出,这反而会加剧衰退。

2. 紧缩性财政政策

紧缩性财政政策是政府在一般价格水平上升幅度超过一定限度时必须采用的。紧缩性财政政策的手段主要有:

第一,降低政府购买水平。这有助于抑制总需求,减缓膨胀的压力。

第二,减少政府转移支付。

第三,提高税率。

应当指出,政府在运用各种财政政策手段时,都存在着一些问题。比如,政府应把握运用财政政策手段的时机,准确预测经济的变动趋势,恰当选择和确定何时用扩张性政策、何时用紧缩性政策。但这绝非易事。所以,财政政策的困难在于把握时机,其作用并非理想。又如,在运用财政政策手段时,其有效期限也应准确掌握;否则,现在的扩张政策可能加剧未来的膨胀,或现在的紧缩政策有可能加剧未来的萧条。

知识窗 12－1　　肯尼迪的减税政策

1963 年，美国的失业率达到 5.5%，这是一个令人难以接受的高水平，而 10 年前，美国的失业率是 2.8%。为了振兴美国经济，肯尼迪总统任命凯恩斯主义经济学家海勒为总统经济顾问委员会主任。海勒在其老师、著名凯恩斯主义经济学家托宾的帮助下，提出了一个充分体现凯恩斯主义精神的经济增长政策。该政策的一个重要内容就是减税。肯尼迪总统经济顾问们相信，降低个人所得税可以促进居民更多地消费，这将会增加总需求。在经济具有过剩的生产能力、工人和机器处于闲置状态时，总需求的增加将导致产量的增加，而价格水平并不提高。为了实现充分就业和经济增长，肯尼迪政府进行了全面的减税。个人所得税最高税率从 91%降至 65%，公司所得税税率从 52%降到 47%。此外，还采取了加速折旧、投资减税优惠等变相的减税政策。在减税的同时又增加政府支出，包括用于“向贫穷开战”的社会福利支出和用于越战的军事支出。

这些扩张性财政政策的实施对经济起到了有力的刺激作用。从 1964 年到 1966 年，美国实际 GDP 以引人注目的 5.5%的速度增长，失业率在 1965 年下降到 4.4%，在 60 年代的其余年份，美国的失业率一直保持在低于 4%的水平，而物价上涨速度每年仅在 2%左右。肯尼迪减税政策的实施带来了 20 世纪 60 年代美国经济的繁荣，该政策的成功被认为是凯恩斯主义经济学的主要成就之一。

（资料来源：张亚丽：《经济学教程》，中山大学出版社 2005 年版。）

三、财政赤字和公债

当政府支出超过政府收入时，会出现财政赤字；而当政府支出小于政府收入时，会出现财政盈余。前文已指出，在萧条情况下，凯恩斯主义者主张年度财政预算平衡是不足取的。此时，财政赤字的运用并非坏事。而在膨胀条件下，政府宜使财政出现盈余，以利于反通货膨胀。

公债是政府举借的债务，分内债（国内公债）和外债（国外公债）两种。本节所讲的公债，是指内债。当政府实行赤字财政时，会发行公债。据西方经济学家解释，发行公债是可取的。第一，它是政府欠公众的债，而政府举债是为了公众的利益。同时，公债可一代代传下去，政府迟早要归还，不会出现信用危机。第二，政府举债不会危及子孙。因为举债实行赤字财政，有助于社会财富增长，反而为子孙带来更多的消费。第三，政府举债，其数额不会无限增大，因为只要把公债用于投资，经济就会好转，国民收入就会增加，从而税收增加，公债就可以偿还。但事实上，以美国为例，战后债务却一直处在增长状态。20 世纪 80 年代初期，美国公债已高达 5 万亿美元，几乎比 70 年代初期翻了一番；90 年代初期，美国公债又有所增加。

在经济高涨期，政府应增加税收，使财政出现盈余。但盈余不能直接偿还公债，因为如果此时偿还公债，反而会加剧膨胀，宜将盈余冻结，留在萧条时用。

主要资本主义国家的财政政策在资本主义经济生活中，曾取得过一些实效。特别是在 20 世纪 50 年代和 60 年代，一些经济学家和政府人士相信，依靠财政政策可以有效地调控宏观经济的运行。然而，好景不长，70 年代末，特别是 80 年代，由于经济波动依然存在，政府的财政政策干预不但没有收到预期的效果，有时反而加剧了经济的波动。20 世纪 70 年代末以来的"滞胀"已成为西方宏观财政政策无法解决的难题。可见，财政政策的应用远不像经济学家理论分析的那样美好。基于这种情况，西方理论界已开始注意宏观货币政策的作用，并主张在运用财政政策时应与货币政策相结合。

趣味窗 12－1　　从"富"走向"负"的加利福尼亚州

在美国联邦政府的破产法律中有一个特别的章节——政府重组破产保护。在美国，自 1937 年政府重组破产保护程序实施以来，先后有 600 个地区的政府使用这个程序"幸免于难"。2008 年 12 月 1 日，加利福尼亚州政府宣布正式进入财政紧急状态。据统计，该州在 18 个月内，财政赤字增加到 280 亿美元。

根据各州"自负盈亏"的法律规定，美国经济第一大州——加利福尼亚州——政府在面临破产时，在没有国家扶植与帮助的情况下，最终选择了申请政府破产保护。如此一项举措，令整个加利福尼亚州瞬间出现了政府债券投资者血本无归，百姓在裁员、加税的漩涡中挣扎的混乱局面。于是，加利福尼亚州从"富"的巅峰，跌向了"负"的低谷。

对于弥补财政赤字的方式，在现代世界，增加税收往往要经国家法律程序，耗时长、限制多、争议大。英美式民主选举的国家里，对于增加税收的问题，稍有不慎，参与竞选的政客就会被选民无情地抛弃。

不过，公债也不是十全十美。当国家经济不景气时，为了还上民众买的国债和利息，国家很有可能通过增发钞票的方式还钱。此外，有些国家喜欢向别的国家借债。你会发现欧洲许多政客大谈民众福利，然而入不敷出，为了维持高福利，于是产生高债务。近年来，债务危机困扰着许多高福利国家(前几年希腊的事情大家都知道)。

(资料来源：黄典波：《趣味经济学 100 问》，机械工业出版社 2009 年版。)

四、财政政策的局限性

财政政策在实际执行中往往会遇到各方面现实条件的限制而难以尽如人意。

(一)时间滞后问题

任何一项财政政策从方案的提出，再经一定过程得到认可，到最后落实执行都需要有一个过程，难以立竿见影地收到成效。然而，与此同时，经济形势却在发展变化，由此造成政策滞后于现实，使得财政政策很难充分发挥预想的作用，甚至由于时过境迁而起到负面作用。

时间滞后具体包括三种滞后：其一，认识时间滞后，是指政府对经济形势的判断与决策时间落后于现实发展。因为收集与分析经济资料需要时间，然后才能做出判断。如果能对未来经济运行做出预测，认识时间滞后则会很小，甚至为负数。其二，执行时间滞后，是指决定采取行动和实施该行动之间的时间差。财政政策实施需要等待比较有利的时机。例如，将政府购买的增加安排在下一财政年度就会比较从容，可以避免在本财政年度进行调整的混乱。以上两种时间滞后统称为内在时间滞后。其三，反应时间滞后，又称外部时间滞后，是指一种政策从付诸实施到最后影响经济之间的时间差。公众和厂商对政策变动都有一个调整与适应的过程。例如，增加税收后，纳税人通常并不马上调整其支出，而是要经过数月之后才能完成调整。

时间滞后在现实中主要体现在公共工程项目上。因为公共工程项目一旦决定实施，就要制订开工计划、绘制设计蓝图、征用土地等，这些都需要很长的时间才能完成。由于其滞后时间长，而往往失去针对性，甚至时常会错过经济周期的阶段而起到负面作用。另外，税收的变动要经过一个冗长的政治过程才能最终得以执行，这意味着其执行时间滞后期很长。因此，各种时间滞后问题的存在，限制了稳定政策的有效性，甚至可能出现加剧而不是铺平经济波动的后果。

（二）公众预期的影响

政策所要影响和作用的是社会公众，如果社会公众不对政策变化做出应答，则政策目标难以实现，而公众的反应又同他们对政策和经济形势的预期有关。例如，如果公众认为减税措施只是暂时性的权宜之计，而非持久性的，则减税就不会起到增加消费和投资的作用，从而以减税刺激总需求的招法便无效了。如果公众认为现已发生的衰退是长期性的，则减税也难以刺激总需求。这表明只有政策是长期的，被稳定执行时，公众才能产生预期不变的心理，并且公众对经济形势的预期和政府的预期相同时，才会对政策变化做出反应，使得政策充分发挥其作用。财政政策能否实现既定的目标，关键在于能否得到社会公众的响应，这又同公众的预期有着密切的关系。

（三）经济利益的影响

财政政策往往具有利益倾向性，因而不同的财政政策便可能受到不同阶层和利益集团的反对。从税收政策方面看，增税会遇到社会公众的普遍反对，因而实行起来不得不谨慎。从财政支出政策方面看，政府要减少对商品与劳务的购买，往往会遭到大企业的强烈反对；政府削减转移支付，也会遭到公众的反对；政府增加公共工程支出，会被认为是与民争利而受到某些利益集团的反对。在现代经济条件下，经济福利或经济利益具有不可逆反的特征，即增进经济利益容易，削减经济利益困难。这使得财政政策缺乏变通的灵活性，从而抑制财政政策的作用效果。

（四）非经济因素的影响

其中主要是政治因素对财政政策的影响。它导致经济生活随着政治节奏而摆动，以致财政政策偏离经济运行的实际需要，而服从于政治领导人的政治利益的需要。另外，国际政治格局的重大变化，乃至突发事件都会在不同程度上影响到财政政策的作用效果。

尽管财政政策受到以上四个主要方面因素的影响，但它作为需求管理的重要手段仍是必不可少的。只不过较之于货币政策而言，财政政策的作用相对较小而已。

第二节　宏观货币政策

财政政策直接影响总需求的规模，这种直接作用是没有任何中间变量的，而货币政策则不同，它需要通过中间变量即利率的变动来影响总需求，所以是间接发挥作用。所谓货币政策，是指中央银行通过控制货币供应量来调节利率，进而影响投资和整个经济以达到一定经济目标的行为。这主要是凯恩斯主义者的观点，也是西方目前的主流观点。

一、货币政策工具

为了实现货币政策的最终目标，中央银行可以使用以下三种政策工具：再贴现政策、公开市场业务和变动法定准备金率。

（一）再贴现政策

这是中央银行最早运用的货币政策工具。在经济生活中，把客户持未到期商业票据向商业银行申请贷款的行为称为贴现，而把商业银行由于资金不足持未到期商业票据向中央银行申请贷款的行为称为再贴现。这时，中央银行向商业银行收取的贷款利率就称为再贴现率。它一般低于商业银行向客户贷款的利率。

再贴现政策是指中央银行通过变动再贴现率来调节货币供应量。提高再贴现率，商业银行向中央银行的借款就会减少，从而货币供给量就会减少；反之亦然。由于中央银行对商业银行的再贴现主要用于满足商业银行临时准备金的不足，因此，中央银行并不经常使用再贴现政策来控制货币供给。而且，这个政策本身也存在一些问题。比如，当商业银行十分缺乏准备金时，即使贴现率很高，商业银行依然会向中央银行借款；又如，尽管中央银行降低再贴现率，商业银行仍愿意通过同业拆借或其他途径筹借资金而不依赖于再贴现。如此一来，中央银行就不能有效地控制货币供应量。另外，如果随时调整再贴现率会导致市场利率经常波动，并且只能影响利率的总水平，无法起到影响利率结构的作用。

目前再贴现政策在货币政策中的重要性和先前相比已大大减弱。事实上，再贴现政策往往作为补充手段而与公开市场业务政策结合在一起执行。

（二）公开市场业务

公开市场业务是指中央银行在金融市场上公开买卖政府债券以控制货币供给和利率的政策行为，是目前中央银行控制货币供给最重要也是最常用的工具。政府债券由政府的短期债券、国库券、长期债券等构成。这些债券到期后按固定利率计息。由于政府税收是这些债券偿付本金的保证，所以，政府债券比其他债券风险小。这些被初次卖出的政府债券在普通居民、厂商、银行、养老基金等单位中被反复不断地买卖。

当经济萧条时，为了刺激总需求，中央银行在公开市场上购买政府债券，从而增加货币供应量，降低利率，起到放松银根、增加消费和投资、扩大总需求的作用；反之，当经济过热时，中央银行在公开市场上出售政府债券，起到银根紧缩、抑制总需求的作用。

公开市场业务之所以能成为中央银行控制货币供给最主要的手段，是因为运用这种政策手段有着比用其他手段更多的优点：

第一，在公开市场业务中，中央银行可以及时按照一定规模买卖政府债券，从而准确地控制银行体系的准备金，使其符合政策目标要求。

第二，中央银行可以连续、灵活地进行公开市场活动，自由决定有价证券的数量、时间和方向，因而会有一种连续性效果，使社会不易对公开市场业务作出强烈反应，而且中央银行即使有时出现某些政策失误，也可以及时进行纠正。这是再贴现政策和变动法定准备金率政策所不具备的优点。

第三，公开市场业务对货币供给的影响可以按照货币乘数比较准确地预测出来。

（三）变动法定准备金率

法定准备金率是指中央银行规定的商业银行在吸收存款中必须作为准备金留下的比率。中央银行要求商业银行保留准备金有两个主要目的：一是保证银行的资产流动性和现金兑付能力，以避免银行现金短缺时出现挤兑风潮以及由此引发的银行破产。二是控制货币供给量。我们知道，货币的供给不能只考虑中央银行最初投放了多少货币，而必须更重视派生货币，它和法定存款准备金率直接相关。法定存款准备金率越大，创造的货币就越少；反之亦然。所以，提高准备金率可以减少货币供给量，降低准备金率可以增加货币供给量。

各国中央银行很少使用调整法定存款准备金率的政策工具。一是因为变动法定存款准备金率的作用十分猛烈，微小的调整会引起货币供给的巨大波动，因此不适合作为日常的货币政策工具。二是若频繁变动法定存款准备金率，会干扰银行正常的财务计划和管理，从而使银行无所适从。正是由于上述原因，目前变动法定存款准备金率主要作为公开市场业务的一个辅助手段。

上述三大货币政策工具常常需要配合使用。例如，当中央银行在公开市场业务中出售政府债券使市场利率上升（即债券价格下降）后，再贴现率必须相应提高，以防止商业银行增加贴现。于是，商业银行向其顾客提供的贷款利率也将提高，以免产生亏损。相反，当中央银行认为需要扩大信用时，在公开市场业务中买进债券的同时，也可同时降低再贴现率。再贴现政策和公开市场业务虽然都能使商业银行准备金变动，但变动方式还是有区别的。当中央银行在市场出售债券时，一般能减少银行准备金，但究竟哪个银行会减少以及会减少多少却无法事先知道，因而究竟会给哪些银行造成严重影响也无法事先知道。原来超额准备金多的银行可能没什么影响，即使其客户提取不少存款去买债券时，也只会使超额准备金减少一些而已。然而，那些本来就没有什么超额准备金的银行马上就会感到准备金不足，因此当其客户提取存款后，准备金马上就会降到法定准备金以下。在这种情况下，中央银行之所以还大胆进行公开市场业务，就是因为有再贴现政策作补充。当中央银行出售债券使一些银行缺乏准备金时，这些银行就可以向中央银行办理再贴现以克服困难。

（四）其他工具

货币政策除了以上三种主要工具外，还有其他一些工具，如道义劝告、选择性控制、分期付款信贷控制、抵押贷款控制。

1. 道义劝告

所谓道义劝告，是指中央银行运用自己在金融体系中的特殊地位和威望，通过对银行及其他金融机构的劝告，影响其贷款和投资方向，以达到控制信用的目的。如衰退时期鼓励银行扩大贷款，通货膨胀时期劝阻银行扩大信用，也往往收到一定效果，但由于道义劝告没有可靠的法律地位，因而并不是强有力的控制措施。

2. 选择性控制

对特定项目的货币信贷需求，政府可以实行选择性控制。选择性控制不同于全面信贷控制。实行对特定项目的有选择性的信贷控制，虽不影响整个社会的信贷状况，但对被控制的特定项目的信贷有很大影响。实行选择性控制的手段主要是，规定现金最低支付数额和最大偿还期限。当想放松这些项目的信贷时，就降低最低现金支付数额和延长偿还期限；相反，提高最低现金支付数额和缩短偿还期限就会使这些特定项目的信贷紧缩。在美国，为了限制证券投机，规定了证券交易的最低现金比率。证券价格上涨时提高证券交易的现金支付最低比率，证券价格下降时降低证券交易的现金支付最低比率，从而对证券信贷实行控制。

3. 分期付款信贷控制

在西方，分期付款较为普遍，一般用在耐用消费品的购买上，现在也扩展到机器设备的购买方面。政府可规定偿还期限和第一次付款的数额，从而影响信贷的总规模。

4. 抵押贷款控制

抵押贷款是以不动产（主要是住宅）为抵押品所获得的贷款。政府可规定抵押贷款本息偿还期限和第一次付款额，从而起到调节社会信贷水平的作用。

知识窗 12—2　美联储加息历史

第一轮加息周期为 1983 年 3 月～1984 年 8 月，基准利率从 8.5%上调至 11.5%。

当时，美国经济处于复苏初期，里根政府主张减税帮助经济复苏，制造了更多工作机会。1981 年美国的通胀率已达 13.5%，接近超级通胀。1980～1981 年间经济处于极端的货币紧缩状态，通胀率从 1981 年的超过 13%降至 1983 年的 4%以下。

第二轮加息周期为 1988 年 3 月～1989 年 5 月，基准利率从 6.5%上调至 9.812 5%。

当时，美国经济通胀抬头。1987 年“股灾”导致美联储紧急降息救市。由于救市及时，股市下跌对经济影响不大，1988 年起通胀继续上扬，美联储开始加息应对，利率在 1989 年最终升至 9.75%。此轮紧缩使经济增长放缓，随后的油价上涨和 1990 年 8 月份开始的第一次海湾战争相关不确定性严重影响了经济活动，使货币政策转向宽松。

第三轮加息周期为 1994 年 2 月～1995 年 2 月，基准利率从 3.25%上调至 6%。

当时，市场出现通胀恐慌。1990～1991 年经济衰退之后，尽管经济增速回升，失业率依然高企。通胀下降令美联储继续削减利率直到 3%。到 1994 年，经济复苏势头重燃，债券市场担心通胀卷土重来。10 年期债券收益率从略高于 5%升至 8%，美联储将利率从 3%提高至 6%，使通胀得到控制，债券收益率大幅下降。此次加息也被认为是导致此后 1997 年爆发亚洲金融危机的因素之一。

第四轮加息周期为 1999 年 6 月～2000 年 5 月，基准利率从 4.75%上调至 6.5%。

当时，互联网泡沫不断膨胀。1999 年 GDP 强劲增长，失业率降至 4%。美联储将利率下调 75 个基点以应对亚洲金融危机后，互联网热潮令 IT 投资增长，经济出现过热倾向，美联储再次收紧货币，将利率从 4.75%经过 6 次上调至 6.5%。2000 年互联网泡沫破灭和纳斯达克指数崩溃后，经济再次陷入衰退，“9・11 事件”更令经济和股市雪上加霜，美联储随即转向，由次年年初开始连续大幅降息。

第五轮加息周期为 2004 年 6 月～2006 年 7 月，基准利率从 1%上调至 5.25%。

当时，房市泡沫涌现，此前的大幅降息激发了美国的房地产泡沫。2003 年下半年经济强劲复苏，需求快速上升拉动通胀抬头，2004 年美联储开始收紧政策，连续 17 次分别加息 25 个基点，直至达到 2006 年 6 月的 5.25%。直至次贷危机引发全球金融危机，美联储再次开始降息至接近零的水平。

第六轮加息周期为 2015 年 12 月至今。

随着美国经济的温和扩张，就业市场持续改善，美联储于 2015 年 12 月正式宣布加息，联邦基金利率上调 25 个基点到 0.25%～0.5%的水平，由此开启了新一轮加息周期。

二、货币政策的效果分析

货币政策既然是通过变动货币供应量调节利率进而影响投资和国民收入的，那么，影响货币政策效果的因素也就有以下几点：

第一，如果货币需求对利率变动反应很灵敏，利率稍有变动，货币需求就会大幅度变动，在此情况下，央行增加货币供应量时，利率只会小幅下降，从而投资增加幅度不大，国民收入增加不多；反之，则货币政策效果大。

第二，如果投资对利率变动反应灵敏，即利率稍有降低，投资就会增加很多，则央行变动货币供给对投资和国民收入变化的影响就大，即货币政策效果大；反之，则政策效果就小。

三、货币政策的局限性

西方国家实行货币政策常常是为了稳定经济，减少经济波动，但在实践中也存在一些局限性。

第一，在通货膨胀时期实行紧缩性货币政策可能效果比较显著，但在经济衰退时期实行扩张性货币政策效果就不明显。那时候，厂商对经济前景普遍悲观，即使中央银行松动银根，降低利率，投资者也不肯增加贷款从事投资活动，银行为安全起见，也不轻易贷款。特别是由于存在着流动性陷阱，不论银根如何松动，利率都不会降低。这样，货币政策作为反衰退的政策，其效果就相当微弱。在西方有些学者把货币政策制止通货膨胀的效果比喻为马用缰绳拉车前进，意思是说效果很好；然而，他们却把货币政策促进繁荣的效果比喻为马用缰绳使车后退，即政策很难发生作用。

进一步说，即使从反通货膨胀看，货币政策的作用也主要表现为反需求拉动型通货膨胀，而对成本推动型通货膨胀，货币政策效果却很小。因为物价的上升若是由工资上涨超过劳动生产率上升幅度引起或由垄断厂商为获取高额利润引起，则中央银行想通过控制货币供给来抑制通货膨胀就比较困难了。

第二，从货币市场均衡的情况看，增加或减少货币供给要影响利率的话，必须以货币流通速度不变为前提。如果这一前提并不存在，货币供给变动对经济的影响就要打折扣。在经济繁荣时期，中央银行为抑制通货膨胀需要紧缩货币供给，或者说放慢货币供给的增长率，然而，那时公众支出一般来说会增加，而且物价上升快时公众不愿意把货币持在手上，希望尽快花费出去，从而使货币流通速度会加快，在一定时期内本来的 1 美元也许可以完成 2 美元交易的任务，这无异于在流通领域增加了 1 倍货币供给量。这时候，即使中央银行把货币供给减少

1倍，也无法使通货膨胀率降下来。反过来说，当经济衰退时期，货币流通速度下降，这时候中央银行增加货币供给对经济的影响也就可能被货币流通速度下降所抵消。货币流通速度加快意味着货币需求增加，流通速度放慢意味着货币需求减少，如果货币供给增加量和货币需求增加量相等，*LM* 曲线就不会移动，因而利率和收入也不会变动。

第三，货币政策作用的外部时滞也影响政策效果。中央银行变动货币供给量，要通过影响利率来影响投资，然后再影响就业和国民收入，因而货币政策作用要经过相当长一段时间才会充分得到发挥。利率下降以后，厂商扩大生产规模需要一个过程，利率上升以后，厂商缩小生产规模更不是一件容易的事，已经上马在建的工程难以下马，已经雇用的职工要解雇也不是轻而易举的事。总之，货币政策即使在开始采用时不用花很长时间，但执行后到产生效果却要有一个相当长的过程，在此过程中，经济情况有可能发生和人们原先预料相反的变化。比方说，经济衰退时中央银行扩大货币供给，但未到这一政策效果完全发挥出来经济就已转入繁荣，物价已开始较快地上升，则原来扩张性货币政策不是反衰退，却为加剧通货膨胀起了火上浇油的效果。

第四，在开放经济中，货币政策的效果还会因为资金在国际上流动而受到影响。例如，一国实行紧缩性货币政策时，利率上升，国外资金会流入，若汇率浮动，本币会升值，出口会受抑制，进口会受刺激，从而使本国总需求比在封闭经济情况下有更大的下降。若实行固定汇率，中央银行为使本币不升值，势必抛出本币，按固定汇率收购外币，于是货币市场上本国货币供给增加，使原先实行的紧缩性货币政策效果大打折扣。

货币政策在实践中存在的问题远不止这些，但仅从这些方面看，货币政策作为平抑经济波动的手段，作用也是有限的。

知识窗 12—3　　英国病

所谓“英国病”，是指在第二次世界大战结束后英国经济出现的滞胀状态，而且这种状态持续了近30年，被一些经济学家戏称为英国病。（第二次世界大战后，英国经济发展相对缓慢，英国在世界列强中的实力地位下降，人们通常称它为英国病或英国的衰退。）

英国病的出现还有着复杂的背景。战后的英国奉行凯恩斯的市场供求经济学说，无论在什么阶段，政府都喜欢用凯恩斯经济理论来解决。不错，在战后的一段时期内，凯恩斯主义的确帮助英国解决了不少问题。在就业、投资、国家干预等问题上都具有一定的权威性，成为英国各届政府挽救经济的法宝。然而这种过于迷信的崇拜，让英国经济策略变得单一，缺乏针对不同经济问题的灵活性。而且最致命的是，政府受到了凯恩斯主义的诱导，忽略了社会基本矛盾，而将注意力单纯放在了供求关系上，给国家的经济安全埋下了重大的安全隐患。

英国学者萨姆·艾伦诺维奇说：“英国发展不快，生产率低，增长速度慢，实际收入增加不多，支配世界已不可能”，“相对衰退不可避免”。戴维·科茨和约翰·希拉德说：“自19世纪末以来，所谓英国病，已经广泛渗透到现代社会的每一个领域”，“几乎所有舆论都认为情况不妙，衰退加剧”。有人则把英国病和19世纪“欧洲病夫”土耳其的状况相比。

英国病的症状，从纵向看，表现为主要经济指标增长缓慢；从横向看，表现为英国在世界的经济地位日趋下降。对英国病根源，国内外学者众说不一。有的强调其深植于国家的社会结构和精神环境之中，有的强调导致其衰退的不同政治、经济因素。

第三节 财政政策与货币政策的相机抉择

一、相机抉择

根据前述分析，财政政策与货币政策均是实现宏观经济目标的手段，并且又各有优劣。如何依据不同的经济形势，将各项政策组合起来使用，以便更好地达到预期的效果，乃是政策运作过程中一个极其重要的问题。

所谓财政政策与货币政策的相机抉择，是指政府在进行需求管理时，应根据不同的经济形势和各项政策的特点，机动地选择适当的政策工具，以形成合力来稳定经济。

以下从政策特点、经济形势两个方面来进行简要说明。

首先，政策特点方面。宏观财政政策和货币政策各有特点，主要表现在：第一，作用的猛烈程度不同。例如，政府支出的增加与法定准备金率的调整作用都较为猛烈；税收政策与公开市场业务的作用就较为缓慢。第二，政策的时滞不同。例如，财政政策的内在时滞较长，而外在时滞较短；与此相反，货币政策的内在时滞较短，而外在时滞较长。第三，政策作用的范围不同。例如，政府支出政策影响面相对较大；公开市场业务的影响面相对较小。第四，政策所受阻力不同。例如，增税与减少政府支出的阻力较大；而货币政策遇到的阻力较小。由此可见，政府只有依据不同的经济形势，才能具体选择确定哪一项或几项政策手段去进行富有成效的宏观经济调控。

其次，经济形势方面。经济形势的演化有程度的不同，因此，只有根据不同形势采取不同的政策。当经济发生严重的衰退时，只有采取作用较猛烈的政策，才能有效地抑制经济形势的进一步恶化，而不能运用作用迟缓的政策；当经济出现衰退的征兆时，要采取作用缓慢的政策，使经济运行和缓地恢复到正常状态，而不能采取作用猛烈的政策实施矫枉过正的打压。总之，只有对症下药，才能最大限度地减少政策实施不当对经济的负效应，从而最大限度地发挥政策对经济的正效应。

从西方国家特别是美国的实际情况看，财政政策通常被用来解决衰退及其失业问题，货币政策通常被用于医治通货膨胀。由财政政策的特点和西方国家的性质所决定，导致政府财政赤字在衰退时期增加，但是到了经济繁荣时期财政赤字却不下降，从而诱发通货膨胀。为此，迫使中央银行采取紧缩的货币政策。这反过来抑制投资，造成低投资、低经济增长的趋势。由此可见，现实中经常实行的是扩张性财政政策和紧缩性货币政策，由于制度因素的阻碍，导致它难以应变而具有极大的副作用。针对这个现实问题，经济学家认为，只有采取扩张性货币政策和紧缩性财政政策，才能实现高投资、高经济增长。

二、财政政策与货币政策的混合使用

为了达到理想的政策目标，必须将财政政策与货币政策协调使用，如表 12－1 所示。一般来说，财政政策与货币政策的配合主要有以下几种类型：

（一）双松政策

即实行松的财政政策和松的货币政策。所谓松的财政政策，又称为扩张性财政政策，是指通过减少税收和扩大政府支出规模来增加社会的总需求；所谓松的货币政策，又称为扩张性货币政策，是指通过降低法定准备金率及利率，扩大支出规模，增加货币的供给。当经济严重萧条时，采用该组合会扩大社会总需求，刺激经济增长，扩大就业，同时扩张性货币政策会降低利率，减少“挤出效应”，但会带来通货膨胀的风险。

（二）双紧政策

即实行紧的财政政策和紧的货币政策。前者是指通过增加税收、削减支出规模来限制消费与投资，抑制社会的总需求；后者则是指通过提高法定准备金率及利率来压缩支出规模，减少货币的供给。当经济发生严重的通货膨胀时，可采用这种政策组合，一方面压缩总需求来抑制经济的增长，另一方面有效地制止通货膨胀。

（三）紧的财政政策与松的货币政策

前者可以抑制社会总需求，后者可以保持经济的适度增长。当经济出现通货膨胀但又不太严重时，采用该政策组合可以在控制通货膨胀的同时使经济保持适度增长。

（四）松的财政政策与紧的货币政策

前者能够刺激需求，有效克服经济萧条；后者可以避免较高的通货膨胀。当经济萧条又不太严重时可以采用该政策组合，在保持经济适度增长的同时尽可能地避免通货膨胀。

表 12－1　财政政策与货币政策混合使用的经济背景及具体政策

	双松政策	双紧政策	紧财政松货币	紧货币松财政
经济背景	社会需求严重不足，生产资源大量闲置，解决失业和刺激经济增长成为宏观调控首要目标	社会总需求极度膨胀，社会总供给严重不足，物价大幅攀升，抑制通胀成为首要目标	政府开支过大，物价基本稳定，经济结构合理，但企业投资并不旺盛，促使经济较快增长成为主要目标	通胀与经济停滞并存，产业结构和产品结构失衡，治理滞胀、刺激经济增长成为首要目标
具体政策	财政扩大支出，降低税率；同时央行采取扩张性货币政策，增加货币供应，降低市场利率，以抵消财政政策的“挤出效应”	财政削减政府支出，提高税率；央行采取紧缩性货币政策，减少货币供应，调高市场利率	财政削减政府支出，提高税率；央行采取扩张性货币政策，增加货币供应，降低市场利率	采取紧缩性货币政策同时实施减税和增加财政支出，利用财政杠杆调节产业结构和产品结构

如何选用财政政策和货币政策的混合，不仅取决于当时的经济形势，还取决于政治因素。因为财政政策和货币政策作用的结果，会使国民生产总值的比例发生变化，从而对不同人群的利益产生不同的影响。比如，政府在经济过热时，实行紧缩性财政政策，提高税率，这对中等收入以上的那部分人来说，他们收入中会有较多部分上缴国家财政，国家利用税收进行公共投

资，如用来改善公共交通等，这时不论是穷人还是富人都可共同享受这些公共物品。再如，当经济处于萧条状态，政府可以采用扩张性货币政策，降低利率，从而投资增加。若政府采用减税的扩张性财政政策，有利于增加个人可支配收入，从而可增加消费支出。若采用的是增加政府支出的扩张性财政政策，如兴办教育、防止污染、培训职工等，则人们的收益情况又不同。而两者都会使利率上升，排挤私人投资，尤其是受利率影响大的住宅投资。正因为不同政策措施会对国民生产总值的比例产生不同影响，进而影响不同人群的利益，所以政府在作出混合使用财政政策和货币政策的决策时，必须统筹兼顾，充分考虑各方面的利益。

第四节 开放环境下的 *BP* 曲线及相关政策

一、开放经济下政策调节的基本原理

我们已经知道，一国宏观经济调控有四大目标：充分就业、物价稳定、经济均衡增长和国际收支平衡。在前面三个小节，我们讨论的是在封闭经济中如何运用财政政策和货币政策来达到充分就业、物价稳定和经济均衡增长，即内部均衡目标。而在开放经济下，不得不多考虑一个外部均衡目标，即国际收支平衡的问题。如果此时仍像封闭经济下一样单纯运用控制社会需求总量的政策进行调控，就会在很多情况下造成内外均衡的冲突。因此，政策间协调配合的问题就成为开放经济下一国政府面临的重大课题。

荷兰经济学家简·丁伯根最早提出了关于政策协调的“丁伯根原则”。这一原则的核心就是：要实现几种独立的政策目标，至少需要相互独立的几种有效的政策工具。换言之，如果一个经济体具有线性结构，决策者有 N 个相互独立的目标，就至少需要 N 种线性无关的政策工具来实现。

丁伯根原则包含如下假设：各种政策工具可以供决策当局集中使用。但在许多情况下，不同的政策工具往往掌握在不同的决策者手中，例如货币政策隶属于中央银行，财政政策由财政部门掌管。在各自分散决策的情况下，是否能够达到最佳的调控目标呢？蒙代尔于 20 世纪 60 年代提出的关于政策指派的“有效市场分派原则”给了这个问题一个肯定的回答。

所谓有效市场分派原则，是指每一目标应指派给对这一目标有相对最大影响力，因而在影响政策目标上有相对优势的工具。因此，蒙代尔得出的结论是：如果每一工具被合理地指派给一个目标，并且在该目标偏离其最佳水平时按规则进行调控，那么在分散决策的情况下仍有可能得到最佳调控目标。

在表 12－2 中所列示的几种情况下，可以分别采取不同的财政政策和货币政策。

表 12－2　　开放经济下财政政策与货币政策的搭配

经济状况	财政政策	货币政策
失业/国际收支逆差	扩张	紧缩
通货膨胀/国际收支逆差	紧缩	紧缩
通货膨胀/国际收支顺差	紧缩	扩张
失业/国际收支顺差	扩张	扩张

比如，在国内经济衰退、失业增加，国际收支又处在逆差的情况下，财政政策就应该主要解决经济衰退的问题，货币政策主要解决国际收支的问题。这样，即便是不同的部门使用这两种政策，最后仍能达到内外均衡。

二、国际收支平衡的含义

简单而言，所谓国际收支平衡，就是国际收入等于国际支出，即经常项目及资本项目的借方和贷方相等。由于在经常项目中，占主要地位的是进出口，因而为分析方便，就以净出口（NX）代表国际收入。当一国国民收入增长时，对国外的资源、商品的需求会增加，所以国民收入的增加会促使进口增加。由于出口主要取决于国外市场，所以可以假设出口为一个不变的常量，由此可得净出口（NX）为国民收入（Y）的减函数。

以 K 表示资本项目下资本净流出额，假定国外利率既定，则 K 为本国利率（r）的函数。如果本国利率提高，资本为追求更高收益流入的资本额会增加，流出的资本额会减少。因此，资本净流出为本国利率的减函数。

国际收支平衡意味着：

$$NX=K$$

三、BP 曲线的推导过程

如图 12－1 所示，四个象限的横轴和纵轴代表的经济变量均为正值。第二象限的横轴 K 为资本净流出，它是利率（r）的减函数，即 r 越大，K 越小。第四象限的横轴 Y 为国民收入，纵轴 NX 为净出口，NX 为 Y 的减函数，即 Y 越大，NX 越小。第三象限的 45°线上的任意一点表示 $NX=K$，即国际收支均衡。

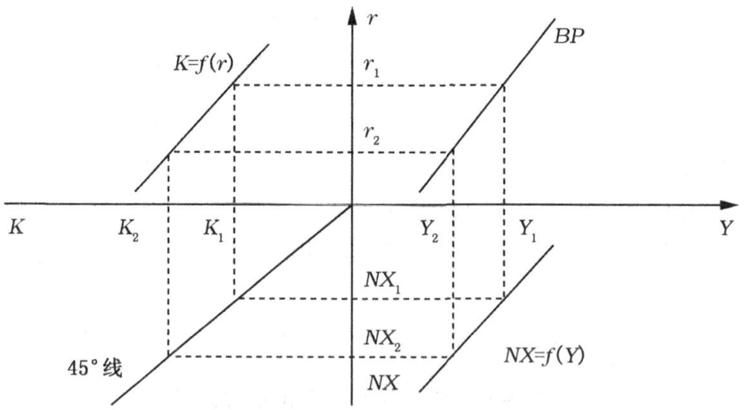

图 12—1　BP 曲线的推导

图 12－1 中显示 r_1 的利率与 Y_1 的国民收入组合会使国际收支均衡，r_2 与 Y_2 的组合也会使国际收支均衡。诸如此类的点连接起来，便得到 BP 曲线。可见，BP 曲线上的任意一点所表示的利率与收入的组合都会使国际收支均衡。

不难看出，BP 曲线右边的任意一点表示国际收支存在逆差，即 $NX<K$，因此 BP 曲线

右边为逆差区域；BP 曲线左边的任意一点表明国际收支存在顺差，即 $NX>K$，因此 BP 曲线左边区域称为国际收支顺差区域。

四、开放经济下的财政政策

（一）固定汇率制下

积极的财政政策会使国民收入增加，也会使利率水平上升。利率水平的上升使资本与金融账户得到了改善，而收入的上升却使进口上升，经常账户恶化了。此时，国际收支状况就取决于这两种效应的相对大小。在边际进口倾向不变的时候，资金的流动性也就是 BP 曲线的斜率决定了最后的国际收支状况。我们可以按以下三种情况来分析：BP 曲线斜率小于 LM 曲线斜率，BP 曲线斜率等于 LM 曲线斜率，BP 曲线斜率大于 LM 曲线斜率。我们这里只讨论第一种情况，其他两种情况读者可自行推导。

如图 12—2 所示，在初始状态下 IS、LM、BP 曲线相交于 E 点，达到均衡状态。此时，如果政府采取积极的财政政策，会使 IS 曲线向右移动到 IS'，与 LM 曲线相交于 E' 点。E' 点位于 BP 曲线的上方，表示利率上升所带来的资本与金融账户的改善大于收入上升带来的经常账户的恶化，国际收支顺差。根据自动调节的原理，顺差会使 LM 曲线右移至新的均衡点 E''。此时利率有所下降，但国民收入又有所上升。

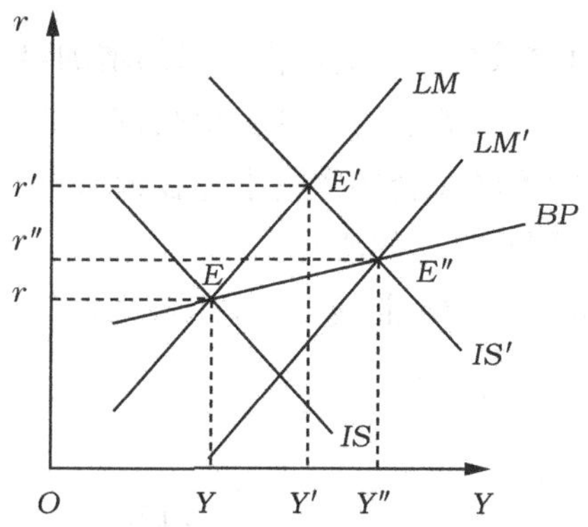

图 12—2　固定汇率制下的财政政策

在固定汇率制下，当政府财政支出增加时：

(1)在短期内，利率上升，收入增加，国际收支依资金流动性高低会出现多种可能。

(2)在长期内，利率和国民收入的变化会出现多种可能，但与期初相比，利率与收入都有提高。

（二）浮动汇率制下

在浮动汇率制下的财政政策效果仍要分三种情况，我们在这里也只讨论 BP 曲线斜率小于 LM 曲线斜率的情况。

如图 12—3 所示，初始均衡点为 E。通过扩张性财政政策，IS 曲线向右移动到 IS'，与 LM 曲线相交于 BP 曲线上方，说明利率上升对国际收支的正效应大于收入增加对国际收支的负效应，国际收支顺差。国际收支顺差会导致本国货币升值，再通过利率机制和货币—价格

机制使得 IS' 曲线移动到 IS''，BP 曲线移动到 BP'，最后达到新的均衡点 E''。在新的均衡点上，本国货币升值，收入和利率都高于期初水平，但低于封闭条件下财政扩张后的水平。

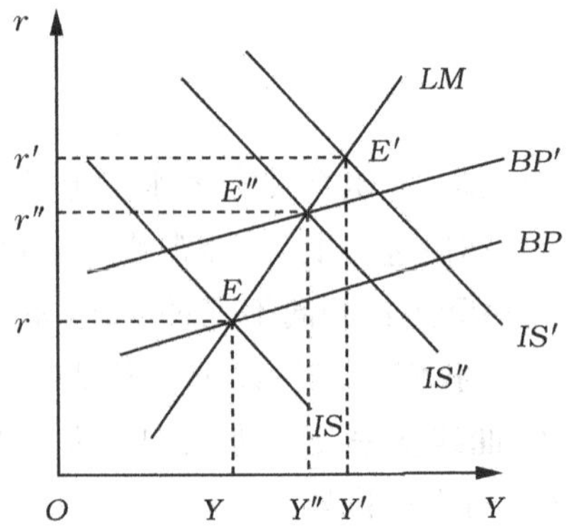

图 12—3 浮动汇率制下的财政政策

在浮动汇率制下，政府扩张性财政政策一般会提高收入和利率，是比较有效的。

五、开放经济下的货币政策

(一)固定汇率制下

中央银行实行扩张性货币政策会带来货币供应量的增加，导致利率的降低，继而刺激投资需求的上升，带动总需求的上升。总需求的上升会提高国民收入，从而带来进口的增加，导致经常账户的恶化。同时，利率的下降又会导致资本与金融账户的恶化。所以，在短期内扩张性货币政策会带来收入的上升和国际收支的恶化。

这一过程用图 12—4 表示就是 LM 曲线向右移动到 LM'，与 IS 曲线相交于 E' 点。此时，利率下降到 r'，国际收支逆差。

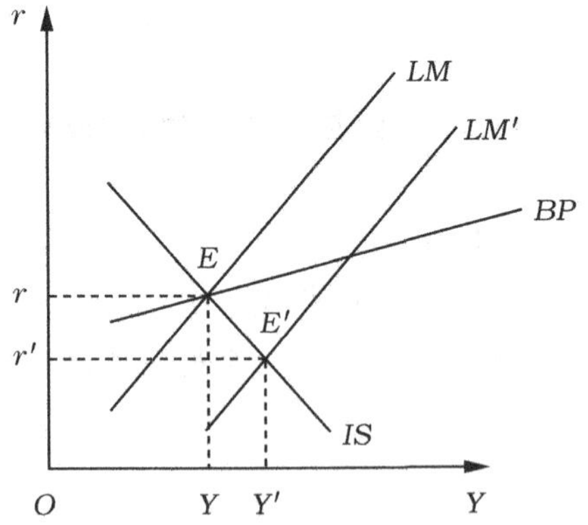

图 12—4 固定汇率制下的货币政策

但在长期内，国际收支的赤字会通过外汇储备的减少而使 LM' 曲线左移，直到恢复原状为止。此时，均衡点仍为 E 点，除基础货币的内部结构发生变化外，货币供应量、利率、收入、国际收支等均恢复原状。

在固定汇率制下，货币供给的一次性扩张会带来以下后果：

(1)在短期内，利率下降，收入上升，国际收支恶化。

(2)在长期内，利率、收入、国际收支均恢复到期初水平，但基础货币的内部结构发生变化。所以在固定汇率制下，货币政策在长期内是无效的。

(二)浮动汇率制下

采取扩张性货币政策后，LM 曲线右移到 LM'。此时，利率下降，进口增加，国际收支恶化。

如图 12—5 所示，在浮动汇率制下，国际收支的恶化就会带来本国货币的贬值。通过利率机制和货币—价格机制，IS、BP 曲线均发生移动，直至三条曲线相交于新的均衡点 E''。在新的均衡点上，收入上升，本国货币贬值。而利率的变化取决于各条曲线的相对弹性。如果利率上升，就说明经常账户恶化了，即贬值带来的正效应小于收入增加带来的负效应；反之亦然。

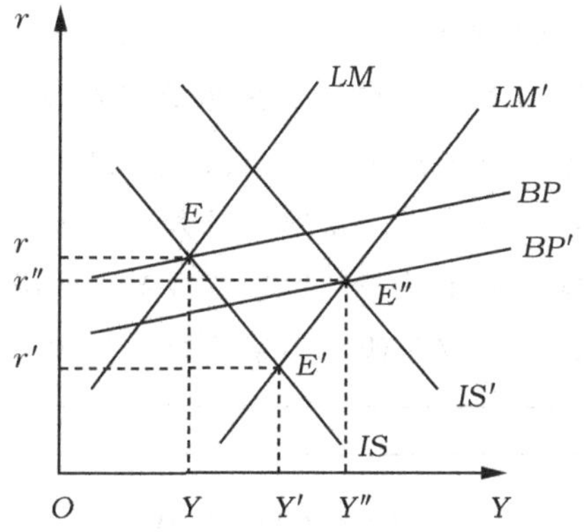

图 12—5　浮动汇率制下的货币政策

在浮动汇率制下，扩张性货币政策可引起本国货币贬值、收入上升，对利率的影响难以确定。此时，货币政策是比较有效的。

知识窗 12—4　　华盛顿共识的破产

华盛顿共识(Washington Consensus)，是指 20 世纪 80 年代以来位于华盛顿的三大机构——国际货币基金组织、世界银行和美国政府——根据 20 世纪 80 年代拉美国家减少政府干预、促进贸易和金融自由化的经验提出的一系列政策主张。

1989 年，陷于债务危机的拉美国家急需进行国内经济改革。美国国际经济研究所邀请国际货币基金组织、世界银行、美洲开发银行和美国财政部的研究人员，以及拉美国家代表在华盛顿召开了一个研讨会，旨在为拉美国家经济改革提供方案和对策。美国国际经济研究所的约翰·威廉姆森(John Williamson)对拉美国家的国内经济改革提出了已与上述各机构达成共识的 10 条政策措施，称作华盛顿共识。

具体内容包括：(1)加强财政纪律，压缩财政赤字，降低通货膨胀率，稳定宏观经济形势;(2)把政府开支的重点转向经济效益高的领域和有利于改善收入分配的领域(如文教卫生和基础设施);(3)开展税制改革,降低边际税率,扩大税基;(4)实施利率市场化;(5)采用一种具有竞争力的汇率制度;(6)实施贸易自由化,开放市场;(7)放松对外资的限制;(8)对国有企业实施私有化;(9)放松政府的管制;(10)保护私人财产权。

华盛顿共识的主张不是经济增长优先,而是稳定市场优先,稳定的办法不是加强而是废除政府管制。他们认为,放开汇率和价格管制后,市价升高会刺激厂商增加生产,从而使物价回落。但是,拉美和东欧国家放开汇率和价格管制的结果,都立即导致本国货币大幅贬值,引发恶性通胀,进一步造成银行危机、企业破产、失业大增、资金外逃。政府为稳定货币,不得不提高利率,进一步加深经济萧条,政府用于失业救济的开支急剧增加,导致巨额赤字。政府在宏观经济恶化造成的财政危机情形下,不得不拍卖国有资产,加速私有化,结果不但没有创造就业,反而导致失业工人急剧增加,高级人才大量外流。推行华盛顿共识的国家几乎都处于经济危机困境之中。

推行华盛顿共识的结果:拉美国家发生一连串的经济危机,20 世纪 90 年代的经济增长率平均比 80 年代降了一半。更为严重的是,实行华盛顿共识的国家贫富差距急剧扩大。苏联国家的平均寿命下降,结婚率减少。东欧大批知识妇女流落西方当妓女,造成严重的社会问题,使得一向采取性宽容政策的西欧国家不得不立法限制妓女。东欧经济的萧条和政治主导下的欧盟东扩,也大大加重了西欧国家的经济负担。

知识窗 12—5　　“保姆券”的衰退

华盛顿特区总是有着灯红酒绿的社交生活,夫妇们也时不时想享受一下两人世界,所以保不齐哪一天某些家长们就要晚上外出,不能照顾自己的子女。一次两次还好,老是去麻烦别人照顾自己的子女也不太好。于是,这些在美国政治中心工作的聪明人就想出了一个好主意:在参加托儿合作组织的成员内部发行一种“保姆券”,每张券对应一小时照看孩子的服务。外出的家长把孩子交付他人照顾后,必须支付保姆券,按对方照顾自己孩子的小时数支付相应的张数。保姆券一开始发行的数量是一定的,成员可以通过在空闲的夜晚帮别人照顾小孩来赚额外的保姆券,以备不时之需。

这貌似是一个万无一失的制度,但是实际上它运行了一段时间后几乎陷入崩溃的境地。首先,有些当下空闲时间比较多的夫妇开始利用这些时间努力为他人照顾小孩,多囤积一些保姆券,以便以后能更灵活地利用时间。由于保姆券的数量一定,有人开始囤积,就必然有人的券会减少。那些保姆券减少的人也开始慌了,生怕今后要外出,没人照看小孩,于是减少了外出的次数,也开始努力照看别人的小孩来赚富余的券。突然间,在没有新加入成员和没有新宝宝诞生的情况下,流通的券越来越少了,流通券减少的结果就是保姆服务也越来越少。如果把这个托儿合作看做一个经济体,把保姆服务看做它的产出(GDP),这就是对衰退的经典定义。

【关键术语】

财政政策　自动稳定器　货币政策　法定准备金率　公开市场业务　再贴现率　*BP* 曲线

【课堂讨论】

最近，政府正式决定对公务员进行加薪，并完善了公务员加薪的相关制度，请讨论一下，公务员加薪的政策含义及综合经济影响。

【复习自测】

1. 简述宏观经济政策的主要目标。
2. 宏观财政政策的主要内容是什么？不同时期该如何运用？
3. 自动稳定器和积极的财政政策有何区别？
4. 凯恩斯主义货币政策的主要工具有哪些？不同时期该如何运用？
5. 请简要分析财政政策和货币政策混合使用的政策效应。
6. 开放经济中，固定汇率制和浮动汇率制下的财政政策有何异同？
7. 开放经济中，固定汇率制和浮动汇率制下的货币政策有何异同？

参考文献

[1]刘涤源，谭崇台. 当代西方经济学说(修订本)[M]. 武汉大学出版社，1993.
[2]宋承先. 现代西方经济学(微观经济学)[M]. 复旦大学出版社，1994.
[3]周大璞，刘禹昌，王启兴. 古文观止注译[M]. 湖北人民出版社，1994.
[4]梁小民. 微观经济学[M]. 中国社会科学出版社，1996.
[5]郭羽诞. 新编现代西方经济学教程[M]. 上海财经大学出版社，1996.
[6]黄亚钧，姜维. 微观经济学教程[M]. 复旦大学出版社，1998.
[7]斯蒂格利茨. 《经济学》小品和案例[M]. 中国人民大学出版社，1999.
[8]吴易风，刘凤良. 西方经济学[M]. 中国人民大学出版社，1999.
[9]萨缪尔森. 经济学[M]. 华夏出版社，2000.
[10]王秋石. 宏观经济学原理[M]. 经济管理出版社，2001.
[11]厄恩斯特·冯·魏茨察克. 四倍跃进[M]. 中华工商联合出版社，2001.
[12]王花球. 西方经济学概论[M]. 经济科学出版社，2002.
[13]刘凤良. 西方经济学[M]. 中国财政经济出版社，2002.
[14]陈荣耀，方胜春，吉余峰. 宏观经济学[M]. 东华大学出版社，2003.
[15]蔡继明. 宏观经济学[M]. 人民出版社，2003.
[16]梁小民. 西方经济学基础教程[M]. 北京大学出版社，2003.
[17]迈克尔·帕金. 微观经济学[M]. 人民邮电出版社，2003.
[18]迈克尔·帕金. 宏观经济学[M]. 人民邮电出版社，2003.
[19]武康平. 高级微观经济学[M]. 清华大学出版社，2003.
[20]杨长江，石洪波. 宏观经济学[M]. 复旦大学出版社，2004.
[21]谢识予. 经济博弈论(第二版)[M]. 复旦大学出版社，2004.
[22]张淑云. 经济学的理论与实践[M]. 化学工业出版社，2004.
[23]张世晴，耿作石. 现代西方经济学主要学派[M]. 南开大学出版社，2004.
[24]王秋石. 微观经济学原理[M]. 经济管理出版社，2004.
[25]杨伯华，缪一德. 西方经济学原理[M]. 西南财经大学出版社，2004.
[26]韦鹏飞. 西方经济学教程[M]. 立信会计出版社，2004.
[27]托马斯·谢林著. 谢静译. 微观动机与宏观行为[M]. 中国人民大学出版社，2005.
[28]约翰·梅纳德·凯恩斯著. 宋韵声译. 就业、利息和货币通论[M]. 华夏出版社，2005.
[29]邹恒甫，张定胜. 高级微观经济学[M]. 武汉大学出版社，2005.
[30]张亚丽. 经济学教程[M]. 中山大学出版社，2005.